高校学生工作理论与实践丛书

大学生创业能力

刘 平 王 婷 著

DAXUESHENG
CHUANGYE NENGLI
PEIYANG JI TISHENG

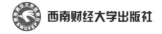

西南财经大学出版社

图书在版编目(CIP)数据

大学生创业能力培养及提升/刘平，王婷著．—成都：西南财经大学出版社，
2017．12
ISBN 978－7－5504－2892－8

Ⅰ．①大… Ⅱ．①刘…②王… Ⅲ．①大学生—创业—高等学校—教材
Ⅳ．①G647．38

中国版本图书馆 CIP 数据核字(2017)第 055499 号

大学生创业能力培养及提升
刘平 王婷 著

责任编辑：李特军 冯雪
封面设计：墨创文化
责任印制：封俊川

出版发行	西南财经大学出版社(四川省成都市光华村街 55 号)
网　　址	http://www.bookcj.com
电子邮件	bookcj@foxmail.com
邮政编码	610074
电　　话	028－87353785　87352368
照　　排	四川胜翔数码印务设计有限公司
印　　刷	四川五洲彩印有限责任公司
成品尺寸	170mm×240mm
印　　张	14
字　　数	235 千字
版　　次	2017 年 12 月第 1 版
印　　次	2017 年 12 月第 1 次印刷
书　　号	ISBN 978－7－5504－2892－8
定　　价	84.00 元

前 言

创业是国家经济发展的重要推动力量，与之伴随的科学技术、管理制度变革、行业产业演化都将对整个社会的政治、经济、文化发展产生深刻的影响。当前，经济全球化、互联网模式及大数据时代的到来将传统的创业格局打破，创新型创业成为当前各国发展的主要战略。中国在经过几十年的改革开放后进入了经济结构调整的新时期，如何紧跟时代步伐，如何进一步保证机会性创业、发展创新型创业、提升创业机会的成长性和创新性成为当前的新问题。

大学生作为最具创新、创业潜力的群体之一，更应该抓住机遇，勇于担负起国家改革和发展的历史使命。大学生创业不仅可以解决日益严峻的就业问题，还可以创造和提供更多的就业就会。大学生参与创业活动一方面可以将先进文化技术向新的产业转化，另一方面，可促进教育制度的各项改革。

1989 年在北京召开的“面向 21 世纪教育国际研讨会”上，柯林·博尔的“三本教育护照”理论被介绍到国内，他提出了 21 世纪新的教育哲学观念，即未来的人都应该具有三本“教育护照”：第一本是学术性的“教育护照”——反映其学术能力；第二本是职业性的“教育护照”——反映其职业能力；第三本是创业性的“教育护照”——证明其事业心和开拓技能。1998 年，清华大学举办首届大学生创业计划大赛，拉开了我国高校创业教育的序幕，也引发了高校对大学生创业问题的关注。1999 年 1 月，我国教育部颁布的《面向 21 世纪教育振兴行动计划》中提出“加强对教师和学生的创业教育，鼓励他们自主创办高新技术企业”，这是首次对创业教育理念的正式回应。2000 年 1 月，教育部还公布了一项有关“大学生、研究生（包括硕士、博士研究生）可以休学保留学籍创办高新技术企业"的政策。2002 年 4 月，清华大学、中国人民大学、北京航空航天大学等 9 所院校被国家教育部确定为开展创业教育的试点院校，从此，我国高校创业教育与创业人才培养进入局部试验阶段。此后，陆续有许多高校加入，这标志着我国创业教育步入了正轨。2010 年，《教育部关于大力推进高等学校创新创业教育和大学生自主创业工作的意见》（教办〔2010〕3 号）要求：各地大力推进创新创业教育，加强创业基地建设，进一步落实和完善大学生自主创业扶持政策，强化创业指导和服务，推动创新创业教育和大学生自主创业工作实现突破性进展。高等学校创新创业教育要面向全体学生，融入人才培养全过程。要在专业教育的基础上，以转变教育思想、更新教育观念为先导，以提升学生的社会责任感、创新精神、创业意识和创业能力为核心，以改革人才培养模式和课程体系为重点，大力推进高等学校创新创业教育工作，不断提高人才培养质量。

随着高校、政府对创业教育的日益重视，我国大学生对创业的认知度在不断提升，参与创业活动的热情也在不断增强，但是我国大学生创业率却不高，仅为 1%，创业失败率高达 70%，创业成功率只有 2%~3%。① 究其原因，除了资金、经验、人脉、创业环境这些客观因素外，创业能力不强是一个重要的制约因素。

创业者的创业能力是驱动创业活动顺利开展并取得成功的关键因素，激发个体的创业意愿并有意识地培养其创业能力能保障创业活动的顺利进行和成功实施，创业能力对于新企业的创建、成长或者对创业者取得创业成功都发挥着重要作用，因而理解创业能力的本质和内涵，了解创业能力在创业中发挥的作用，对于完善既有创业理论和指导创业实践都具有十分重要的意义。

对大学生创业而言，如何进一步培养和提高大学生的创业能力是高校创业教育工作开展的关键。与美国、英国、日本等国家相对完善的创业教育体系相比，我国的创业教育实践和经验还不足。受传统的应试教育影响，高校在创业教育的

① 大学生创业教育委员会. 大学生创业教程［M］. 上海：立信会计出版社，2010：3.

理念、认识方面还不够重视，仍然存在重知识轻能力、重结果轻方法、重理论轻实践的现象；很多学校的创业课程教学体系不完善，缺乏专业的创业教育方面师资等。虽然很多学者一直在对创业教育进行研究，但对创业型人才应该具备哪些方面的能力和素质也没有一个相对统一的认识，在哪些因素会影响大学生的创业能力以及什么因素的影响程度更大等方面也存在差异。因此，如何运用科学的方法分析影响创业能力的因素以及如何培养创业型人才，已经成为当前创业教育探索的一个热点问题。

在查阅大量文献资料并进行梳理的基础上，我们进一步澄清大学生创业、大学生创业教育、大学生创业能力的内涵，对大学生创业能力的维度进行进一步解释，并对大学生创业能力培养和提升的途径和方法进行了阐述，以期为高校大学生创业教育提供更多的思考维度。

本书旨在提升辅导员的综合素质和业务水平，帮助他们理论结合实际，有针对性地对本校大学生开展就业创业指导工作，此外，本书得到了重庆工商大学领导的大力支持。

刘平作为本书的总策划，对全书进行了知识体系梳理确认、综合汇总与校改，并撰写了第一章、第四章；王婷参与了本书的知识章节梳理，并撰写了第五章、第六章；邹佩耘撰写了本书第二章、第三章；刘有斌撰写了本书的第七章、第八章；谭彩荷撰写了本书的九章、第十章。

本书在编写过程中还得到了重庆工商大学罗勇教授、艺术学院副书记冉涛的指导和建议，在此，对他们表示最诚挚的感谢。

由于本书主要作者能力及水平有限，而当前大学生创业形势蓬勃发展、日新月异，所著内容难免有诸多不足之处，请各位读者批评指正。

目　录

第一篇　大学生创业能力培养和提升的背景

第二篇　大学生创业能力培养和提升的内涵

第三篇　大学生创业能力提升

第四篇　大学生创业能力培养的实践

第一篇
大学生创业能力培养和提升的背景

第一章　大学生创业能力培养和提升概述

第一节　中国大学生创业现状

党的十八大报告提出："引导劳动者转变就业观念，鼓励多渠道多形式就业，促进创业带动就业。"李克强总理在2014夏季达沃斯论坛上提出"大众创业、万众创新"，并将其写进了2015年政府工作报告。

目前，中国经济发展处在市场统一化、价值共享化与技术革新周期快的时期，创业者可以获得的创业信息、经验与知识更加繁多，可以支持创业的政策资源、资本资源、人力资源与其他服务资源极其丰富。经济的高速发展，人民生活水平的提高，社会需求呈现层次化、多样化、多元化的发展，必然产生许多新的需求和市场空间。及时地抓住这些商业机会，既有利于经济的健康发展，增加社会财富，满足国民需求，又可以给社会提供更多的就业机会，把更多的剩余劳动力纳入就业体系。

大学生作为一个富有激情和创造力的青年群体，不仅在年龄上有创业的优势，而且正面临更好更大的创业环境和氛围——中央和各级政府的扶持政策、高校积极开展的各类创业教育、社会各界的创业帮扶，众多创业前辈的引导，媒体搭建的各种平台，等等。

在此背景下，我国大学生的创业活动蓬勃开展起来。麦可思研究院2015年发布的《中国大学生就业报告》指出，从2010年开始，我国大学毕业生自主创业人数呈上升趋势，截至2014年年底，我国大学生约有21万人选择自主创业，这个比例占到了当年毕业生的2.9%。具体情况如图1.1所示。

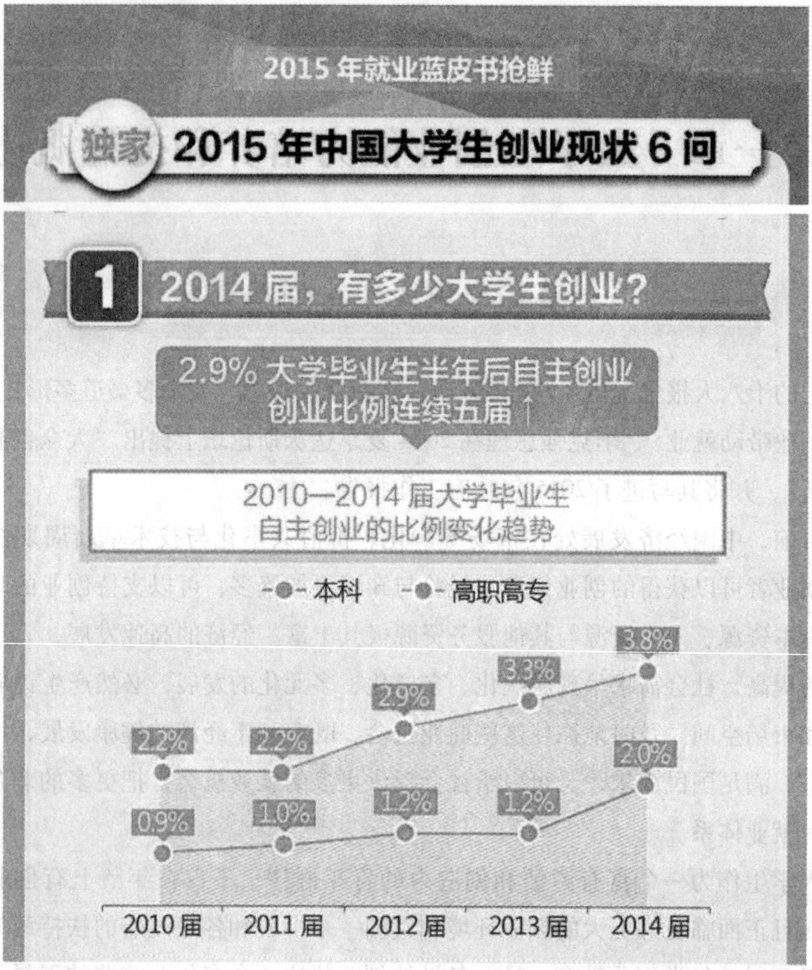

图 1.1　2010—2014 届大学毕业生自主创业的比例变化趋势

但是，这个呈上升趋势的数据和国外发达国家的数据相比，我国的大学生创业率还是非常低，美国大学生的创业率达到了 20%~30%，英国、日本、韩国以及处于发展中国家的印度的大学生创业率都要高于我国。

麦可思研究院同时对 2011 届创业的毕业生做了创业 3 年后的调查，数据如图 1.2 所示。

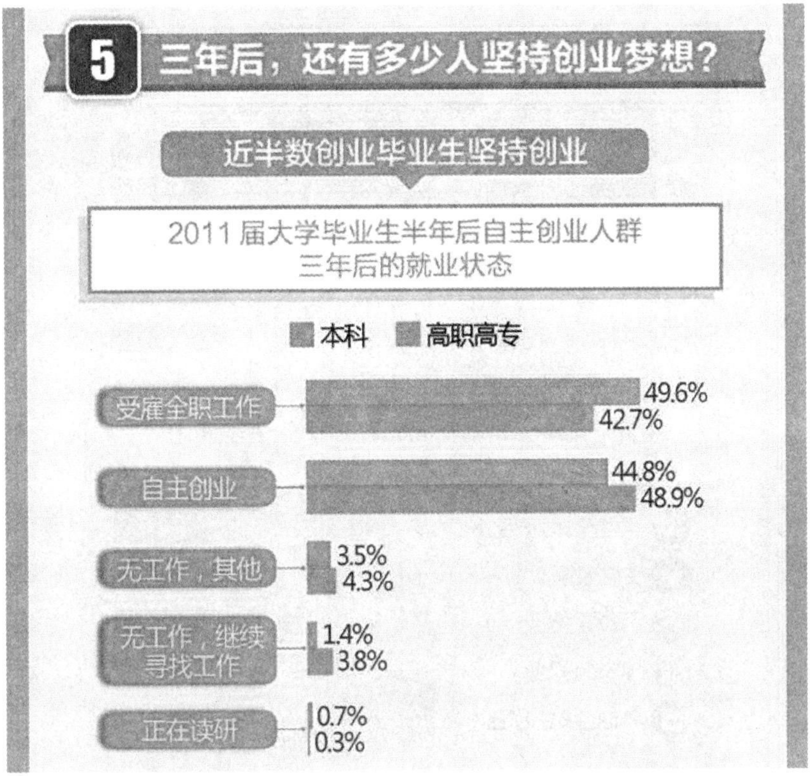

图 1.2 2011 届大学毕业生半年后自主创业人群三年后的就业状态

数据显示有过半数的毕业生已经放弃了创业，这与我国大学生创业失败率高不无关系，有学者研究后指出："我国大学生创业失败率高达 70%，创业成功率只有 2%~3%。"①

创业人数少，创业失败率高，那么，创业项目和创业领域如何呢？有学者指出，"创业的最佳年龄一般在 25 岁到 30 岁，这段时期是创新思维最活跃、精力最充沛、最好动脑筋、创造欲最旺盛的高峰期。尤其是在网络软件、广告、策划、咨询、证券、投资等知识密集型行业。"② 我国的大学生创业，年龄上非常符合创业的优势，但是，从行业上看却主要集中在了传统的行业，这与我们的期待相去甚远。从图 1.3 可看出，众多的大学生创业者，主要集中在了教育培训、餐饮、百货零售和其他金融零售等行业，而高新技术产业却涉足不多。

① 大学生创业教育委员会. 大学生创业教程［M］. 上海：立信会计出版社，2010：3.
② 陈石清，伊文斌. 加强创业能力培养力促大学生就业［J］. 江西理工大学学报，2008（5）：131.

图 1.3　2014 届本科毕业生和高职高专毕业生半年内自主创业最集中的行业

当然，这与全国创业的大环境密不可分。2015 年清华大学发布的《全球创业观察报告（2014）》中将青年创业者界定为年龄在 18~44 岁的创业者，报告也指出："中国青年创业者在中高技术上并没有优势，中国只有不到 2%的青年创业者是基于中高技术的。"

当前，我国经济发展进入新常态，正从高速增长转向中高速增长，经济发展方式正从规模速度型粗放增长转向质量效率型集约增长，经济结构正从增量扩能为主转向调整存量、做优增量并存的深度调整，经济发展动力正从传统增长点转向新的增长点。经济发展方式的转变就是要把原来主要依靠增加稀缺物质资源消耗来实现增长的方式向主要依靠科技进步、劳动者素质提高和管理创新的方式转变。然而，据有关数据显示，我国科技成果转化率不足 30%，先进国家这一指标为 60%~70%。即使是北京中关村的科技成果转化率也仅有 20%，远低于美国硅谷 60%~80%的转化率。

这充分凸显了我国大学生创业活动的两个巨大的矛盾：

（1）创业机会多、创业空间大，但是大学生创业率和创业成功率低。

（2）经济增长方式发生转变但科技成果转化率低。

我们不禁要问，问题到底出在哪里？一个很重要的原因在于：创业活动是创业机会与创业能力合成的结果，而当前中国大学生创业面临的主要问题是创业机会多而创业能力弱。[①] 麦可思学院也对此也进行了相关探讨。

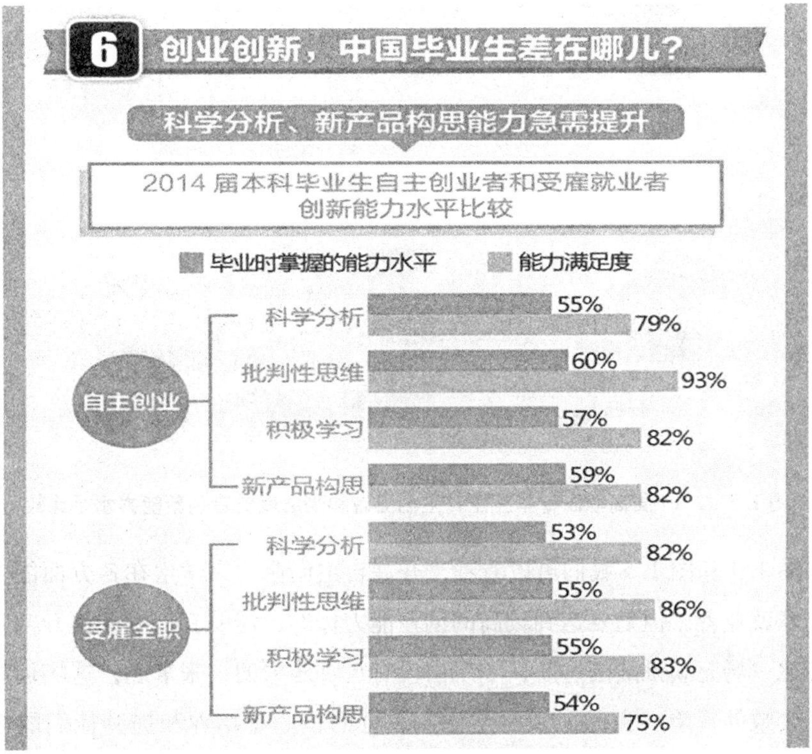

图 1.4　2014 届本科毕业生自主创业者和受雇就业者创新能力水平比较

---

① 高建，程源，李习保，等. 全球创业观察中国报告（2007）——创业转型与就业效应［M］. 北京：清华大学出版社，2008.

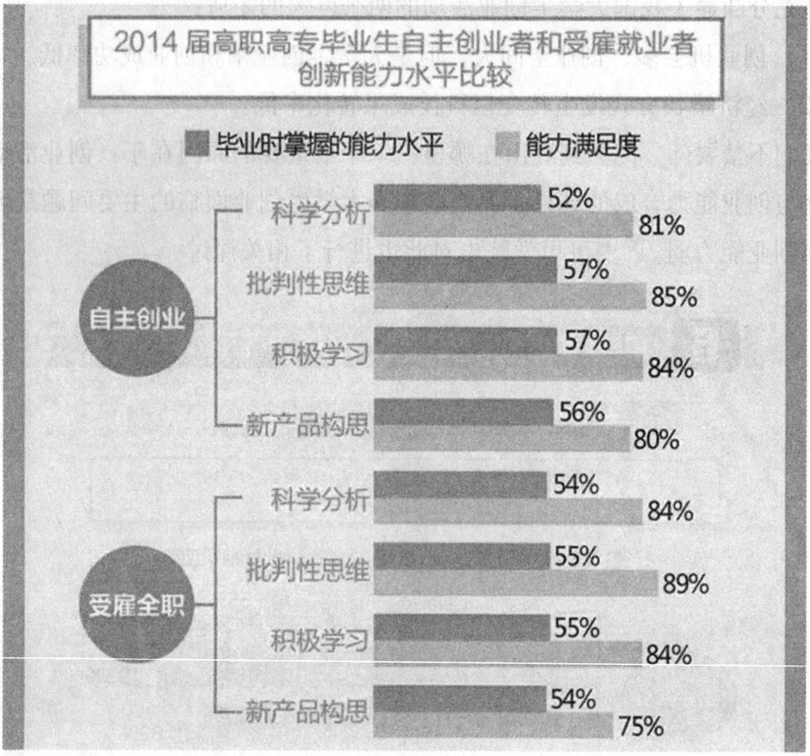

图 1.5　2014 届高职高专毕业生自主创业者和受雇就业者创新能力水平比较

从图 1.4 和图 1.5 我们可以看到，开展自主创业的大学生在各方面能力上均高于受雇就业者，但是要达到较高的创业能力标准还需要有很大的提升空间。创业就好比一场充满挑战的远航，如果由没有足够能力的人来掌舵，这场远航注定是一场失败的冒险。由此，大学生创业教育的核心是培养和提升他们的创业能力。那到底什么是创业能力，创业能力到底包含哪些维度，如何进行有效的培养和提升，这就是我们需要进一步解决的问题。

第二节　国内外高校大学生创业能力研究现状

创业能力的研究和实践最早在美国兴起，关于大学生创业能力的研究比较成熟的国家有美国、德国、英国、日本等。国外关于创业能力的研究主要集中在概念定义、体系的构建及评估、创业能力的培养、培养的意义及培养的途径等方面。国外对这个领域的研究已从最初的追求领域的广度扩展到对成果的深度研究。目前国外对于大学生创业能力的研究已走上专业化、系统化和规范化道路。

我国于20世纪90年代初期开始研究大学生创业能力，近年来，大学生创业能力培养问题受到越来越多学者的广泛关注和研究，并在相关论文发表的数量、质量、研究的视角以及研究的内容等方面都取得了非常大的进步。

在研究的角度方面，过去的研究大多是从教育学、教育心理学、心理学和社会学这四个角度进行。近几年，研究的角度略有创新，相关研究在管理学、经济学、社会学领域也略有涉猎，为后来学者研究大学生创业能力提供了崭新的视角。

在研究的内容方面，大学生创业能力研究涉及的范围很宽泛，有探讨大学生创业能力理论问题的，有探讨大学生创业能力培养实证问题的，有探讨大学生创业能力基本状况的，网络上可以检索的文章中大约80%都是集中于探讨上面的内容，剩下的20%探讨的是关于大学生创业能力关系研究、实证研究或者对大学生创业能力的思考。

一、国外大学生创业能力研究

目前，美国、德国、英国、日本等主要发达国家关于大学生创业能力的理论研究与实践已发展到比较成熟的阶段，相关的研究成果相当丰硕。利用SpringerLink和ScienceDirect文献搜索，依次输入关键词“Enterprise education”（创业教育）、“Entrepreneurship”（创业能力）、“College Students”（大学生）进行关于College students' entrepreneurial competence（大学生创业能力）的检索，可得到以下检索结果（见表1.1、表1.2）。

表1.1 SpringerLink **文献检索表**

关键词	数量
“Enterprise education”（创业教育）	87 285
“Entrepreneurship”（创业能力）	28 351
College students' entrepreneurial competence（大学生创业能力）	3 665

表 1.2　ScienceDirect 文献检索表

关键词	数量
“Enterprise education”（创业教育）	65 990
“Entrepreneurship”（创业能力）	18 529
College students’ entrepreneurial competence/ capacity（大学生创业能力）	176/204

从以上数据可以看出，国外关于大学生创业能力的研究比较深入。

从搜集到的文献来看，创业能力研究始于 20 世纪 90 年代，主要由西方学者发起。此时期，创业能力研究还处在起步阶段，大多采用理论研究方法来探讨创业能力的内涵及其必要性问题。

21 世纪以来，创业能力研究取得了迅速的发展，国外有许多学者（Man & Lau，2000；Man et al.，2002；Phillips & Tracey，2007；Rasmus - sen et al.，2011）开始采用不同的方法来研究创业能力问题。他们不仅采用定性研究方法和案例研究方法来探讨创业能力的概念以及创业能力在创业过程中发挥的作用等问题，而且开始运用定量研究方法来研究创业能力问题，如采用调查分析法等。

国外大学生创业能力研究成果主要集中于创业能力的概念，创业能力培养的作用及意义，创业能力培养的具体方法与途径，创业能力体系的构建与评估等方面。通过查看收录上述研究成果的刊物，笔者发现国外创办了大量专载创业研究成果的学术期刊，例如《美国新闻》《世界报道》《成功》和《创业者》等，为创业学研究者们提供了发表和交流研究成果的平台，同时也大大调动了美国各高校实施创业能力研究的积极性。

目前，国外所面临的关于创业能力研究的挑战不再是如何拓展这个领域的范围，而是如何对已有的研究成果进行更进一步深化和推进。为此，国外高校有针对性地开设了一些新的创业课程，例如小企业管理、创建和运营新企业、如何写创业计划书、创业财务、非公商管理专业学生的创业等，均以提高大学生的创业能力为主。据统计，截至 2005 年，在美国 2 000 多所高校中，大约有 1 600 所大学开设了 2 200 多门相关的创业课程，其中许多大学和学院还开设了创业学或创业研究专业，成立创业教育中心和创业教育研究会等。①

① 熊飞，邱菀华. 中美两国创业教育比较研究［J］. 北京航空航天大学学报（社会科学版），2005，18（4）：73-77.

对于大学生创业，英国政府开展了积极研究并给予了大力支持。在 1998 年英国政府发表的《我们竞争的未来：建设知识推动的经济》白皮书中明确提出“有稳定的金融和经济背景，支持创业的社会和商业环境，教育精良和技术熟练的队伍，创业教育就能取得成功”①。

印度作为亚洲的另一发展中国家和中国有着很多的相似之处。然而，他们很早就提出并发展了创业教育，印度在 1966 年就提出了“自我就业教育”的理念，旨在鼓励学生毕业后自谋出路，并培养学生使他们不仅是求职者，还应是工作机会的创造者。1986 年《国家教育政策》要求要培养学生“自我就业所需的态度、知识和技能”。为了解决就业问题，印度政府提出的创业教育注重培养大学生创业技能、提升大学生综合素质和就业能力。②

日本创业教育非常注重大学生创业能力的培养。首先，日本非常重视家庭教育和过程教育。日本家庭从小就培养孩子的自主意识和顽强毅力，向其渗透诸如社会奉献、创造财富的喜悦等信息，这其实是创业的启蒙教育。为成就未来创业者，日本倡导从小学到大学的连贯体系，以企业家精神教育为主线，针对学生的学习能力和思维发展，进行创业能力的培养：小学阶段就注重激发创业意识，培养创业精神，利用早上上课前的两三个小时勤工俭学，如给人送报纸等；中学阶段在创业精神教育的基础上，开始企业经营方法的教育，比如日本文部省通过新的课程改革，在“综合学习时间”内开设“商店街活动”“创业发明大王”等活动和课程；而大学阶段则在创业精神教育的基础上，进一步加强企业经营方法的教育，同时开展创业知识、创业技能的培养。③ 其次，日本注重实践能力的培育。企业家精神并不是风险企业经营者必备的唯一资质，还应该包含各种职务和行业所必需的共通知识和能力。日本文部科学省在最新的指导要领中提到生存能力的必要性。也就是说，在激烈竞争的社会，学生们除了需要具有相关知识和技能外，还应该具备求知欲，具备自己发现、判断、解决问题的资质和能力，即学习能力。再加上丰富的人性和健康、体力，这三者综合起来即为生存能力。④ 对于大学生的创业教育，他们在创业教育中基于原有的专业课程，再结合创业知识

---

① 牛长松. 英国高校创业教育研究［M］. 上海：学林出版社，2009：13.

② 董晓玲. 国外创业教育政策比较分析与启示［J］. 消费导刊，2007（9）：152-153.

③ 李志永. 日本大学创业教育的发展与特点［J］. 比较教育研究，2009（3）：40-44.

④ 柳沼寿. 企業家能力と教育［J］. 地域イノベーション，2011（3）：63-77.

开发出创业相关课程，比如创业工学、创业管理学、创业经营等课程；同时注重产学结合，通过高校与企业联合的方式，融合大学知识和社会知识，培养大学生的企业家精神，以此建立起学术和产业的新中心。比如早稻田大学设置了风险企业家诞生的基础课程和资产运用的世界、风险企业的创造等创业课程。最后，日本在培养大学生创业能力的过程中注重结合地域特色。从振兴地域经济的角度出发开设创业课程，切实培养学生的创业技能。

韩国，作为大学生创业意愿最高的国家，其政府强调，培养大学生的创业精神和能力不仅仅是解决就业难的一时之举，也是国家经济创新发展的持续动力。韩国的创业教育主要由中小企业厅、相关社会机构、高校创业支援中心参与。韩国中小企业厅设立专项的创业基金，用于奖励扶持大学生创业；一些相关社会机构积极为大学生开展创业培训，提供与创业相关的信息服务，举办与创业有关的专业培训班，帮助大学生提高创业意识和能力，并做好网络服务、会员服务和跟踪服务；高校设立以大学为依托的“创业支援中心”，大学生可以得到“一条龙”式服务，中心既可以帮助校内的风险企业获得政策或校外投资机构的资金和经营技术，还可以协助大学生们进行创业可行性调查，并提供必要的设备和场地。韩国中小企业厅的一项调查结果表明，韩国大学生创办的风险企业76%集中在信息、因特网、电子等专业领域。大学生结合学习实践和专业特长开展创业活动，能够更加有效地获得创办风险企业的经营方式和技巧，更好地服务于社会。

由此可见，目前国外大学生创业能力的研究已朝着专业化、规范化和系统化的方向发展，非常值得我国高校借鉴和学习。

二、国内研究现状

我国对大学生创业能力的研究起步较晚，目前还处于探索阶段。

在国外学者开始对创业能力进行研究的时候，国内对创业能力的研究几乎是一片空白。据李家涛和杨静钰（2008）分析，当时我国的市场化转型才刚刚开始，市场信息高度不对称，创业者大多可以利用信息不对称来获取高额利润。那时我国的创业者主要是“下海”经商的政府官员，他们依靠自己的从业背景就能取得创业成功。这样的创业者，除了利用人脉关系的能力之外，几乎没有什么其他创业能力可言。因此，当时创业能力问题没有引起我国学者的重视。而大学生创业者在当时本来就凤毛麟角，对于大学生创业能力的研究就更少了。

近年来，随着高校扩大招生，大学生“就业难”问题日益凸显，学术界对大学生创业能力的关注度日益增强，学者们纷纷从教育学、经济学、心理学、社会学以及管理学等不同学科角度对大学生创业能力进行研究和论述，并取得了一定的成果。利用中国学术期刊网依次输入关键词“创业教育”“创业能力”“大学生创业能力”对 1999 年至 2015 年相关中文文献进行检索（依次在前一搜索结果内续查），检索结果见表 1.3。

表 1.3 中国学术期刊网文献检索表

关键词	中国期刊论文数据库	中国优秀硕博论文数据库
创业教育	697 847	200 347
创业能力	870 849	220 798
大学生创业能力	200 620	60 167

为了让大家对我国各阶段大学生创业能力研究状况有一个更清晰的认识，笔者将历年收录于中国学术期刊网的相关论文数据统计如下（见表 1.4）。

表 1.4 2002—2016 年有关大学生创业能力的论文发表情况

年份	2002	2003	2004	2005	2006	2007	2008	2009	2010	2011	2012	2013	2014	2015	2016
篇数	4 160	5 462	7 078	9 289	13 157	17 105	19 837	28 997	32 095	32 955	33 341	34 099	35 175	39 938	21 512

注：数据统计日期为 2016 年 8 月 17 日。

从表 1.4 可以看出，从 2003 年至 2009 年，论文数量呈递增趋势，尤其是 2007 年至 2009 年，这三年间相关论文数量呈更大幅度增加，由此反映出学术界对大学生创业能力的关注度日益增加。而 2003 年前后有关大学生创业能力的论文发表数量之所以有如此大变化，主要是因为 2003 年恰好是我国高校扩招后本科学生毕业的第一年，就业市场不能满足毕业生需求，大学生就业遇到前所未有的压力，各高校希望通过提高大学生的创业能力，培养创业型人才，缓解由扩招带来的就业压力，因此，关于高校大学生创业能力的研究迅速增多。2015 年开始，在国家“大众创业、万众创新”的号召下，高校的大学生创业教育进一步推动，对于大学生创业能力的研究也与日俱增。

关于大学生创业能力的研究除表现在相关论文数量猛增外，还体现在相关书籍的出版。如樊一阳、叶春明、吴满琳编著的《大学生创业学导论》以大学生创业为主题，分章讨论了创业环境、创业者素质、创业者能力、创业管理、创业计划书的编制以及创业训练等；刘穿石编著的《创业能力心理学》针对现代大学生特点与现代社会创业环境，论述了创业理念与创业能力、创业能力的构成以及创业能力的培养；郭训武主编的《大学生就业与创业教程》在第三节中详细分析了大学生创业能力的现状；谢一风编著的《我国高校创业教育与创业实践研究》结合当前高校改革和大学生创业的现状，系统地探究了大学生创业教育模式、创业教育课程体系、创业师资队伍以及创业能力评价指标体系的构建；王革主编的《大学生就业与创业指导》针对我国大学生目前的就业形势，在第四章探究了大学生创业能力的培养和提高。纵观我国大学生创业能力的相关研究成果，按内容可划分为五方面：

（1）对大学生创业能力培养的作用与意义的论述。例如，高树琴、杨艳萍著的《高校创业教育与大学生创业能力培养》简单论述了培养大学生创业精神、提高大学生创业能力是当前高校的重要任务，且越来越受到世界的重视和关注；王春明、莫光政著的《经济管理类大学生创业能力培养的实践与探索》初步论述了正确认识大学生创业能力的形成和创业型人才的培养规律，努力探索财经类院校创业型人才培养体系，对于培养大学生创业能力具有重要的现实意义；蔡鑫萍著的《论大学生创业能力的培养》以知识创新、现阶段就业形势和新的教育目标为视野，论述了培养大学生创业能力的必要性以及创业能力形成的重要意义。

（2）对大学生创业能力培养模式的研究。例如，胡振宇、章德林著的《高等中医院校大学生创业能力培养模式的研究与构建》提出应积极采取应对措施，构建充满活力的大学生创业能力培养模式，即以点带面辐射模式、产学结合模式和多学科渗透模式等；徐茗臻、臧明军、钟云萍著的《构建“三个课堂”教学管理模式，培养大学生创业能力》紧紧围绕大学生创业能力培养这一主旨，提出应构建有利于创业能力培养的“三个课堂”教学模式，以实现教学管理优化及学生创业能力提高的“双赢”；王取银著的《软件与硬件的准备，理论与实践的结合——谈大学生创业能力的培养》提出在大学生创业能力培养过程中，要形成理论与实践相结合的模式，不断提高实际的创业能力。

（3）对大学生创业能力培养的具体方法和途径的研究。例如，李蕊、郑炳章、赵磊著的《大学生创业能力培养的途径研究》从创业能力的界定入手，根据创业教育的基本理论，分析探讨了大学生创业能力培养的具体途径和方法；陆伟家、张厚军、施险峰著的《大学生科技创新与创业能力的培养途径》从理论和实践的结合上探索大学生科技创新与创业能力培养的具体途径；蔡鑫萍著的《论大学生创业能力的培养》从转变教育观念、改变教育模式、营造新环境、组织创业活动等方面探讨了培养大学生创业能力的具体途径。

（4）对大学生创业能力研究中出现问题的反思。例如，贾少华著的《大学生创业能力的获得——对浙江义乌创业者创业实践调查的启示和思考》针对我国目前大学生创业成效不明显的状况，批判我国高校创业能力培养模式的弊端，强调学生应通过亲身实践培养创业能力；孙强著的《大学生创业能力培养的几点思考》针对大学生创业能力培养过程中面临的困难，诸如受教师自身条件的限制、受高校教学计划和教学内容的限制等，提出应在反思中吸取教训、大胆尝试，在实践中磨炼自己；王培华著的《关于培养大学生就业与创业能力的思考》针对高校在培养大学生创业能力过程中遇到的问题，提出应让学生积极参与社会变革，主动开创事业成就。

（5）对大学生创业能力的构成维度、影响大学生创业能力的因素等方面进行研究。对大学生创业能力测量的维度的研究目前已经进一步细化，不少学者对创业能力的构成进行分析，以构建大学生创业能力评价指标体系，并通过实证研究检验，评估所建指标模型的有效性。高桂娟、苏洋在《大学生创业能力的构成：概念与实证》中通过对创业能力概念的推演以及对大学生创业能力构成的分析，构建了由专业能力、方法能力与社会能力组成的大学生创业能力的三维结构图。并通过专家调查法，对大学生创业能力构成的共识性要素进行实证检验和筛选。徐才千、陈权在《大学生创业能力的测量与实证研究》中，基于创业能力理论，参考现有创业能力量表自编大学生创业能力测量问卷，并进行了实证分析。结果表明大学生创业能力量表具有较高的信度、效度，且其主要由机会识别能力、关系能力、管理能力、创新能力、学习能力、承诺能力和战略决策能力七个因子构成。王柳映在《大学生创业能力评价指标体系研究》中通过对创业能力相关文献的综述和理论模型的研究，再结合大学生的实际情况，初步构建大学生创业能力评价指标体系，并通过实证研究检验，评估所建指标模型的有效性。

第三节　当前大学生创业能力培养和提升现状

对大学生创业能力的培养一直未得到我国高校、政府等的重视，起步比较晚。1998年，清华大学举办首届大学生创业计划大赛拉开了我国高校创业实践活动的序幕，从而也引发了高校对大学生创业问题的关注。1999年1月我国教育部颁布的《面向21世纪教育振兴行动计划》中提出“加强对教师和学生的创业教育，鼓励他们自主创办高新技术企业”，这是首次对创业教育理念的正式回应。随后，我国还颁布了《关于深化教育改革全面推进素质教育的决定》。江泽民在第三次全国教育工作会议的讲话中提出：“要帮助受教育者培养创业意识和创业能力，通过教育部门的努力，培养出越来越多的不同行业的创造者，就可以为社会创造更多的就业机会，对维护社会稳定和繁荣各项事业发挥更大的作用。”2000年1月，教育部还公布了一项有关“大学生、研究生（包括硕士、博士研究生）可以休学保留学籍创办高校技术企业”的政策。2002年，为响应由联合国教科文组织在“面向21世纪教育国际研讨会”上正式提出“创业教育”，其会议报告里阐述的“21世纪的教育哲学”提出了学习的“第三本护照”，即“创业能力问题，并要求把创业能力提高到与学术性和职业教育同等的地位”，我国个别高校从此开始试行创业教育。中国人民大学、清华大学等9所高校率先进行试点工作，创业教育由此进入高校，这也标志着我国创业教育步入正轨。

我国大学创业教育包含三种较有影响力的模式。第一种是以中国人民大学为代表的“第一课堂与第二课堂结合起来开展的创业教育”的模式。第一课堂注重理论，即在教学方面，增设有关创业能力培养方面的选修课程。第二课堂注重实践，即开展创业教育讲座以及各种创业竞赛和社团活动，使学生尽可能的投身于各种创业实践活动中。这也是大多数高校试行的模式。第二种是以黑龙江大学、北京航空航天大学为代表的“以组建职能化、实体化的创业教育教学机构来推进创业教育”的模式。黑龙江大学成立了创业教育学院、创业教育领导小组等6个校级创业教育试点单位，全面推进创业教育。北京航空航天大学成立了专门负责与学生创业事务有关的“创业管理培训学院”。两所大学以这些职能化、实体化的创业教育教学机构为依托，开设有关创业能力培养方面的课程，创建大学生创业园区，设立创业基金等具有特色的创业能力培养的理论课程和实践活动。

第三种是以上海交通大学、复旦大学和武汉大学为代表的“以创新为核心的综合式创业教育”模式。三所大学在创业教育的指导思想和办学理念以及在理论知识的传授和实践课程的学习方面都有明确的规定，同时在资金和技术上都给予学生一定的帮助。

除了高校为大学生提供的创业教育，国家也出台了一系列的政策鼓励大学生创业。如：2016 年《国务院关于进一步做好新形势下就业创业工作的意见》中对税收、注册场所、推进创客空间、贷款优先转移科技成果等方面对大学生创业予以政策支持。但是这些优惠和鼓励的政策基本上只是处在一种暂时为大学生找工作的阶段，还没有提高到“发展国家经济‘驱动力’”的高度。教育部最新的一项报告显示，大学生创业的成功率仅为 2%~3%。可见，我国对大学生进行创业能力培养的发展任重而道远。为此，要真正全面培养大学生的创业能力，使更多的大学生走上创业之路，必须深入研究我国大学生创业能力培养。

当前，大学生创业教育得到到了国家和高校的普遍重视，各高校也结合自身实际工作开展了积极的探索和实践，取得了较好的效果。然而，相对传统的大学生创业能力培养和提升工作，未来的大学生创业能力培养和提升要面向全体大学生、融入人才培养全过程。按照这个标准来衡量，当前大学生创业能力培养和提升依然面临着制约性问题。主要表现在五个方面：

1. 创业动机和价值观引导不够，功利化倾向明显

由于中国高校的创业教育开展的一个重要原因在于急需解决庞大的毕业生就业问题，所以“创业促就业”也就成为创业教育的“指挥棒”。在这样的导向下，难免会导致学生创业动机和价值观的偏离。再加上当前大学生价值取向的多元化，创造财富、成为“人上人”便成了大部分创业大学生进行创业活动的动机。有学者连续 3 年对 500 名在校大学生进行问卷调查，认为创业目的是为自己挣钱的竟占 70%，是为国为民的只占 20%，还有 10%是为了荣誉，这样的结果反映出我国创业教育价值导向的偏离。①

同时，我们也发现一些大学生不同程度地存在着政治信仰迷茫、理想信念模糊、价值取向扭曲、诚信意识淡薄、社会责任感缺乏、艰苦奋斗精神淡化、团结协作观念较差、心理素质欠佳等核心价值观偏差问题，特别是一些学生还产生了

① 程达，罗燕．中印美人口大国创业教育比较研究［J］．当代教育论坛，2007（8）：94-101．

一夜成名等急功近利的想法。在创业的过程中或者准备创业时，有的大学生过分看重“关系”、金钱和眼前利益，缺少当代青年应有的共同理想和担当精神。

此外，教育主体认识有失偏颇、教育方法不当、教育环境有待优化也是社会主义核心价值观指导下的大学生创业教育应该正视的问题。造成我国当前创业教育中存在这些问题的原因是多方面的。既有历史的原因，也有现实的原因；既有政府宏观层面上的原因，也有大学生个人微观层面上的原因；既有客观上的原因，也有主观上的原因。因此，分析原因，对症下药，加强核心价值观指导下的大学生创业教育也就成为高校的当务之急。从教育内容来说，我们应将社会主义核心价值体系渗透到大学生的创业教育内容中去，并用以指导大学生创业的全过程。要教育大学生珍惜当前创业的美好时代，坚持马克思主义中国化最新成果的科学指导，提升自己的社会责任感、创新精神、创业意识和创业能力。帮助大学生正确分析和认识当前我国社会发展过程中的矛盾和冲突，使他们牢固树立中国特色社会主义共同理想。在创业之路上将个人理想与社会理想、个人需要与社会需要、个人命运与祖国前途、个人追求与人民期待紧密结合起来。加强大学生的民族精神教育，培养大学生的民族自尊心、自信心、自豪感，协调好个人利益与国家利益、个人创业与振兴民族经济的关系。培养他们锐意进取、敢为人先的改革创新精神。还要通过荣辱观教育，作用于大学生价值观的形成和培育过程，并以此作为道德标杆来规范和约束大学生的创业理念和行动。从教育机制来说，要从提高认知，启动需要机制；调动情感，启动激励机制；坚定信念，启动保障机制；磨炼意志，启动制约机制等方面入手。从教育原则来说，要贯彻晓之以理、动之以情、授之以实、导之以行等方面的原则。从教育途径来说，可从转变教育理念和模式、解读国家有关创业政策、帮助分析可行性创业项目、引导创业融资、扩大创业人脉等方面介入。

2. 培养方式过于简单、没能细致个性化培养

当前，高校培养大学生创业能力的主要途径是开设创业课程、举办创业知识讲座、组织创业计划大赛等，这些通识性培养方式对于普及创业基础知识具有积极的作用，但是，每个人的创业能力高低是和他的先天素质条件密切相关的。只有针对每一个人的不同条件开展针对性的个性化培养，才能最大限度地提升他的创业能力。按照当前高校现有的工作条件，要做到这一点相当困难；一方面，高校中从事大学生创业能力培养的专职人员并不多，大部分教师都属于兼职状态，

从人员分配来讲，实现个性化、“一对一”的创业培养比较困难。另一方面，从培养对象的特征来看，有高校类别、学力层次、专业行业、所属区域等多方面的区别，复杂多样的群体属性决定了要形成针对性较强的大学生创业能力培养模式很难。

3. 当前高校的创业教育形式单一，重理论轻实践

在创业能力培养上缺乏系统的课程设置，创业教育与学科专业教育“两张皮”，没有真正融入学校整体教学体系之中，造成大学生在专业背景基础上难以形成合理的创业知识结构，而创业教育失去了学科专业这一最有力的依靠，俨然成为课外时间进行的“业余培训”，致使创业学子难以将所学的先进的科学技术知识进行合理转化。

大学生创业能力的提高离不开创业能力培养活动，间断性和点位式的专项性创业能力培养活动是大学生创业能力提升的重要途径。但是，在专项性创业能力培养活动的设计和实施方面，往往没有从大教育观的目标出发，没能立足于学校学科教育的具体情况，就创业论创业，从而导致创业能力培养活动与基础知识学习和能力素质拓展的脱节。大学生创业能力培养是一个全面和可持续提升的过程，必须通过融入专业教育和人才培养全过程，紧密联系大学生的学科背景和成长路线才能取得实效。一方面，将创业能力培养活动融入学科教育时，要求我们在熟悉学科教学内容的基础上，准确把握学科内在的创业知识，并通过专业教学课堂引导学生掌握创业知识；另一方面，将创业能力培养活动融入人才培养全过程时，要求我们既要紧密结合大学生的年龄特征从纵向上分层设计创业能力培养活动，又要根据大学生的个人成长需求从横向上分类设计创业能力培养活动。创业能力培养活动融入了专业教育和人才培养全过程，涉及现有教育体制中人才培养规格、教育内容、教育方式方法和整个师资队伍的全面调整，是一个复杂的系统工程，需要统筹协调、逐步实现，难度较大。

4. 重创业知识传授，没能内化为学生的创业能力

当前，高校开展的创业能力培养活动更多是定位于“实质性的经营活动”或是“一般性的社会实践”，过多地偏重于对“创业学”知识的传递，教学的目标是培养职业经理人或是“高级白领”，而不是真正的“创业者”。这种简单的知识传递把创新与创造平庸化为单纯的技巧与操作，忽略创新能力和创业能力的深层内涵。事实上，大学生创业成功的过程是一个“发现、领悟、实践”的过

程，让学生简单地掌握创业的知识相对容易，但是让学生领悟到创业成功的真谛，把握创业的科学规律，进而转化成创业的实际行动就很难了。第一，我国大学生创业能力的培养相对于西方发达国家起步较晚，近年来虽然有一部分学者、专家进行了一些有益的积极探索，但到目前为止还没有一个较为成熟的大学生创业能力培养模式，缺乏大学生创业能力培养的理论支撑。第二，目前承担我国大学生创业能力培养的教师主要由负责学生就业的一线工作人员和负责商学教育的专职教师担任，由于受工作岗位和个人经历的局限，难免会出现教学技能相对欠缺、创业实战经验缺乏的问题。第三，由于长期应试教育的影响和创业能力培养的缺位，以及受目前我国大学生创业大环境的影响，大学生的创业意识淡薄，对于创业方面的知识只是当作学习任务来完成，而没有产生内在的需求，学习兴趣一直不高。第四，大学生创业能力培养的方法与途径单一，往往停留在课堂教授、比赛、报告会等浅层次形式上，这种形式在一定程度上是表面化、情绪化的创业能力培养，效果来得快，去得也快，很难全面提高大学生的创业能力。

5. 高校在创业能力培养和提升上没能真正做到和社会需求接轨

培养大学生创业能力是为未来经济发展培养合格企业家。大学生的创业是面向社会的，社会是真正检验大学生创业能力的场所，大学生创业能力的培养就是要以社会需求为基础，培养大学生适应社会、改变社会的能力。对于高校而言，因为高等教育有着完整的教育体系，所以如果只是关起门来，按照自己的意愿和想法开展大学生创业能力培养确实相对容易。但是，在实际工作中，却往往会出现高校内部的创业能力培养活动热火朝天，而大学生创业能力得不到社会认可的尴尬局面。大学生创业能力培养与社会需求的有机衔接和高度匹配很困难。照本宣科式的大学生就业能力培养不能从根本上满足大学生创业的现实需求，不能适应复杂多变的创业环境。一方面，由于高校和社会缺少有效的对接和沟通机制，大学生创业能力的培养没有随着社会的发展而调整，往往滞后于社会发展的需求；另一方面，大多教师缺乏亲身参与创业实战的经历，对创业的理解仅停留在理论阶段。

第四节　培养和提升大学生创业能力的意义

一、培养和提升大学生创业能力是发展创新创业国家发展战略的需要

新时代的竞争是各国综合国力与核心竞争力的抗衡，大学生创业成为国家竞争力的重要潜在基础。党的十八大报告提出："引导劳动者转变就业观念，鼓励多渠道、多形式就业，促进创业带动就业。"李克强总理在2014夏季达沃斯论坛上提出"大众创业、万众创新"这一概念，并写进了2015年政府工作报告。

当前，我国经济发展已经进入常态化，国内产业结构调整和企业改革步伐越来越快，并着重在传统产业的基础上用高科技和先进技术来改造、创新，高科技产业和新兴产业得到大力发展。创新型国家的建设需要大批具有创新意识和创业能力的人才，高校培养的大学生作为未来社会的中坚力量，将承担起不断发展国家技术创新水平的重任。培养具有创新精神和自主创业能力，善于将创新成果转化为实际生产力的高素质创业人才，是当前高校在新时期的重要任务。这些都为构筑我国的核心竞争能力提供了有利的条件。

目前，我国企业管理水平同西方发达国家的管理水平相比有很大差距。我国正处在由工业经济向知识经济转变的时期，知识经济对企业的管理者有着更高的要求。高校的创业教育和创业实践活动为打造新型企业管理者搭建了平台，创业教育从培养大学生的创新能力、专业技能、经营管理能力和自我发展能力入手，全面提高大学生的创业能力，为他们成为未来合格的企业家打下坚实的基础。同时，也为我国经济的高质量发展奠定了人才基础。

二、有利于深化高校教育改革，有效实施素质教育

长期以来，我国的高等教育一直以培养就业型人才为目标，要求学生被动地适应社会。在此目标指导下，只强调对知识的记忆、模仿和反复练习，而忽视对知识的再发现，忽视培养学生的批判思维能力。按照这样的目标培养的学生必然缺乏主动性，缺乏创造和创业意识，缺乏开拓的个性。创业教育作为一种面向未来的教育，指出了高等教育改革和发展的方向，也就是要把培养大学生创业能力作为高教改革的新目标。

对大学生进行创业能力素质的培养，不能仅仅止于字面上对“创业”的理解，而应通过一种新的教育理念，培养和提升大学生的能力，提高其综合素质。目前高等教育培养出来的毕业生综合素质普遍不高，传承能力有余，主动性和开拓性以及创新精神都存在不足。在人才培养质量上，应特别强调人的开拓精神和创业能力。高校应该改变传统的人才培养观念，培养和提高大学生的生存能力、竞争能力和创业能力，开发大学生的创业基本素质，促进大学生全面发展。

三、培养和提升大学生创业能力，能进一步缓解大学生“就业难”问题

改革开放以来，随着经济体制逐步向市场经济体制转轨，我国的劳动就业也逐步向市场化配置方式转变，用人单位和大学毕业生有了一定的自主选择权，开始了双向自主选择的改革。从 20 世纪 90 年代中期以来，大学毕业生的就业已基本上通过市场渠道来实现。同时，20 世纪末开始的高等学校扩招，使大学生毕业人数迅速增加，给就业带来了巨大困难。

随着我国高校扩招范围进一步扩大，近几年高校招生的总体规模达到了前所未有的高峰，给大学毕业生带来了沉重的就业压力。“就业难”不仅因为大学生就业人数多，更多地在于大学生择业态度和就业观，为了进一步方便大学生就业，需要高校在大学生中大力加强学生创业能力素质的培养，引导大学生积极转变择业观、就业观，克服由于我国长期的计划经济体制中形成的就业依附心理，改变那种到发展成熟、稳定的大企业、政府机关、事业单位等才算是找到好工作的观念，鼓励他们到具有新技术、新理念的小企业、基层去发挥才干，逐渐成为自主创业的先驱者和工作岗位的创造者。

第二篇

大学生创业能力培养和提升的内涵

第二章 大学生创业

改革开放以来，我国经济高速发展，社会主义市场经济日臻完善。但是这种发展方式建立在资源消耗上，发展方式持续性不强，进入21世纪后，创业对我国经济的稳定性更加重要。随着高等教育的普及，高校不断扩招、就业压力不断上升、学生自身要求创新等因素的增加，大学生已经成为创业主体人群，自主创业的大学生数量逐渐升高。今后选择创业的人数还将继续增多，大学生创业也成为大学生就业之外的一个社会新问题。大学生创业在提高社会价值和自我价值的同时，也为解决就业难问题提供一些方法。

一、大学生创业的内涵

创业有广义和狭义之分。广义的创业是指人类的创举活动，或指带有开拓性、创新性并有积极意义的社会活动。这种活动可以是营利性的，也可以是非营利性的；可以是经济方面的，也可以是政治、军事、文化、科学、教育等各个领域的。只要是人们以前没有做过的，对社会产生积极影响的事业，都可以说成创业。即一个人根据自己的性格、兴趣、知识与能力等选择自己的角色、职业和工作岗位，并在这一岗位上创造性地发挥自己的特长和才干，实现个人价值并为社会带来财富的活动，都属于创业，因而职业也有创业的含义。狭义的创业是指创业者通过发现和识别商业机会，成立一定的活动组织，利用各种资源，提供产品和服务，最终创造价值的过程。

大学生创业，是指在校大学生以及毕业两年内的大学生不通过传统的就业渠道谋取职业，而是依靠自身的学识智慧、科技发明、专利成果等资源，通过独立或与他人合作开办公司、创办企业等形式开创自己的事业。大学生创业还处于稚嫩阶段，但其对社会发展与经济增长的意义却十分重大，因此引导大学生自觉培养创新能力、创新精神和实践能力十分重要。

大学生创业者不仅贴着学生的标签，同时也被定义了继承者和创新者的新身份。在大学生创业过程中无论是新建企业还是在现有企业基础上开发新产品都是属于创新活动，因此要求创业者具有创新的思维和能力。创业活动需要联系实际生活，这就要求创业者按照企业实际情况进行创新，同时也需要反映创业者本人的知识和文化理念。

在创业活动中，大学生创业者具有许多不同的身份。首先，他们同时是宣传者和实践者。创业具有实践性，生产的产品可以是精神产品也可以是物质产品，能够满足社会特定人群的需求。另一方面，创业者本身从事生产实践活动，是宣传与实践的结合，创业者也是宣传者和实践者的结合体。

其次，大学生创业者也是管理者和参与人员。大学生在创业活动中往往处于管理地位，决定企业日常经营和日后战略等，与此同时，创业者本身也是企业中的普通员工，希望能够通过劳动获得收入，实现自我价值等。

二、大学生创业的要素

大学生创业的基本要素包括创业主体、创业意识、资金、经营等。大学生创业主体是指具有创业意识和责任意识，以及管理和领导能力的大学生。

创业意识是指在创业实践活动中对创业者起动力作用的个性意识倾向，它包括创业的需要、动机、兴趣、理想、信念和世界观等要素。创业意识集中表现了创业素质中的社会性质，支配着创业者对创业活动的态度和行为，并规定着态度和行为的方向、力度，具有较强的选择性和能动性，是创业素质的重要组成部分，是人们从事创业活动的强大内驱动力。

创业意识是大学生对创业活动的正确认识的心理过程，也是创业的主要内在动力。创业者需要承担风险和承受艰难，同时还需要具有创业激情和不畏失败的精神，以及能够不断创新的进取心和责任心。

创业者还需要具有良好的心理品质，这与创业者本身性格存在密切关系。

对于创业者来说，心理健康往往比身体健康更为重要。人的心理素质对于能否创业，有着至关重要的影响。心理上的偏差或失衡，又会演变为身体器官上的偏差或失衡。创业时期的劳动强度很大，创业者每天都会遇到意想不到的问题，要保持良好的心态是件困难的事情。良好的心态主要是指坚定自已的信心和保持头脑冷静，正确把握企业发展的方向，并不断弥补企业的不足。

创业教育理论研究工作者曾仔细研究创业心理品质，筛选出几个主要因素，包括独立性、合作性、适应性、道德感、克制性等，这种品质的核心是情感和意志。其中对创业实践活动有显著影响的因素包括独立性、敢为性、坚韧性等。独立性是指不受他人影响独立思考和行动的心理品质，敢为性是指敢于行动并承担后果的心理品质，坚韧性是指为达某一目的能够承担挫折和失败的品质。

无论从事什么创业领域都需要具有一定的启动资金，资金不足，可以从小生意做起，也可以从好友等处借贷，但没有资金就无法创业。大学生创业要求创业者本身具有一定的经营知识，经商者要求具备一定的经营之道，创业的大学生需向有经验的人学习。

三、大学生创业环境

当前社会对大学生创业给予了高度重视，大学生创业环境也随着社会的进步而不断优化。创业环境是指创业活动的舞台，所有的活动都需要在社会中开展，大学生在创业阶段同样需要在一定社会环境下进行，在这个环境中，任何要素和事物都紧密联系，创业环境对大学生创业有重要影响。

从大学生创业的宏观环境分析，大学生创业得到政府部门和金融界的普遍支持。为帮助创业大学生解决资金问题，各地政府均成立了专项资金支持和贷款，能够在短期内扶持多类大学生进行创业。同时政府部门从经济、行政[①]等角度为大学生创业提供各种经济条件和保护政策，如政府为鼓励大学生创业建立创业教育培训中心，为创业者提供创业风险评估，在经济方面针对大学生创业开展一系列财政优惠政策，大学生创建企业可以享受相关补贴等。

政府部门不仅从资金上支持，还成立了相关培训机构，对有意向创业的大学生提供相关理论指导和建议。培训内容包括心理素质、金融支持以及贷款程序等，通过系统培训，让大学生依靠自己的力量，建立更加完善的创业计划。学校方面为鼓励大学生创业，建立配套科技园，加强创业教育，培养大学生创业能力，并适度开放校园环境，搭建创业服务平台，为学生提供更加自主的创业平台，提高大学生经营管理能力。现实中大学生创业失败率较高，对此，审查机构查实非人为因素导致失败的可给予免除贷款利息支持，同时还会延长还贷期限，针对调整可行性计划重新创业的大学生，能够再次提供无担保贷款，为创业大学

① 夏人青，罗志敏，严军．中国大学生创业政策的回顾与展望（1999-2011 年）［J］．高教探索，2012（1）：123-127.

生提供更加宽容的创业环境。

从大学生创业的微观环境分析。大学生创业的微观环境是指对创业流程详细的分析，包括制订计划书、分析顾客、了解地址、掌握送货与进货渠道、分析供应商并进行产品定位。如想要开一个卖牛仔裤的店，需要制订计划书，分析各个环节间的相互联系，分析可能影响营销的各个环节。顾客群的定位直接影响到价格，在创业前需要仔细分析人流量，如牛仔裤的受众人群比较广泛，创业目标可以定为令每一个顾客能够买到适合自己的牛仔裤。大学生创业选址一般会选择自己比较熟悉的地址，如学校附近以及交通枢纽等地。送货前要求能够充分了解市场行情，分析销售趋势和人群购买能力；进货时能够详细分析和对比，适量进货，款式要多，为顾客提供更大的选择空间。供应商是指提供生产经营所需资源的企业，包括能源、材料以及设备等。由于大学生没有大量资金，因此可以根据自己店面的规模选择合适的供应商。大学生创业初期不会存在固定客户，因此可以降低产品定价，以提高竞争力。

四、大学生创业的过程与步骤

大学生创业过程和步骤大致可以分为前期准备、制定创业方向、资金解决三个阶段。大学生创业之前需要充分了解自己的优点和缺点，清晰了解社会发展趋势，还要具有足够的风险意识，能够承受风险，具有责任心，能够踏实做事。大学生在创业准备中需要培养自己的沟通能力，并具有基本的心理分析能力，若条件允许，可以选择专业人员制订前期计划。具体而言，要理清思路，明确自己想要干什么，能干什么。自我检查，制订商业计划书，规划企业财务供销商等所有要素。找对行业比较熟悉的人员做可行性论证，组建团队，建立合作关系，制订并实施计划。选择合理的创业方向，这个步骤中，大学生需要更加谨慎，尽量减少创业风险、投资资金，选择与自己专业相一致的项目。很多大学生创业仅仅是一时的想法，没有进行充分市场分析，很快消亡，因此在选择创业方向时需要充分分析市场需求，减少创业风险。

在大学生创业准备过程中关于市场调查、市场预测方面的内容值得特别重视。

市场调查，又称市场调研、市场研究，就是运用科学的调查方式，有目的、有计划、系统而客观地搜集有关商品产、供、销的数据与资料，并进行必要的整理与分析，预测其发展趋势，为企业决策提供依据的活动。在选择创业项目前进行市场调查，是创业者正确地选择项目的前提条件。市场预测是在市场调查的基础上，运用科学的方法对市场需求和企业需求以及影响市场需求变化的诸因素进行分析研究，对未来的发展趋势做出判断和推测，为企业制定正确的市场营销决策提供依据。市场预测的主要目的，是了解对未来的经营活动与决策有重要意义的各种不确定因素和未知事件，为决策提供可靠的依据。创业企业开展市场预测，能够根据各个市场商品的供求差开发适销的产品，确定适中的商品数量、价格和畅通的购货渠道，把企业及其产品定位在一个更合理的营销位置上。

任何投资都是以收益为目的的，创业也不例外。创业者需要对投资过程中的资金流进行预测与分析，从而保证创业过程中资金流的正常运转。创业需要资金，这是毋庸置疑的。大学生创业的起步阶段，一般需要三大部分资金：设立企业的资金，如前期可行性研究、公司注册登记费用等；推动项目起步所需要的资金，如技术获取费用、技术试验费用、场地租赁费、生产投资等；新创企业运行费用，如生产运行费用、企业管理费用等。

创业项目前景的不确定性和高风险性是大学生创业本身所具备的一个显著特点，为了规避风险，投资人在做出投资决定之前不得不三思而后行，这也是大学生创业在资金筹集过程中的难点所在。如果没有资金，一切就无从谈起。资金的来源可以通过各种渠道筹划，如自筹、外筹、所有权融资、租赁等。创业者要充分考虑创业初始阶段资金的筹措，适时、适量、适度地储备和使用，做资金使用的统筹安排，力求把风险降到最低程度。

资金的筹措分为自筹和外筹。大学生创业的起步阶段，贷款能力有限，相当一部分资金要依赖自有资本。创业者，尤其是创办有限责任公司形式的创业者，为了掌握控制权，必须有相当一部分自有资本，这部分资本通过自筹，主要依靠积蓄以及向亲戚、朋友、同事、同学等借钱。外筹属于融资，外筹的主要形式是银行贷款，银行贷款是最为传统的筹款方式。贷款先由企业申请，银行审查。企业向银行贷款，均应事前提出申请。与银行有长期业务关系的私营企业按年度、季度需款情况，在年初编制借贷计划，报给开户银行。临时性生产经营贷款的，须提前向银行申请，写明贷款数额、用途、还款期限。新开户的私营企业，以及以前从未发生过贷款关系的私营企业，要在法定时限前提前向开户银行提出申请贷款计划，并且提供申请书与证明本企业材料的文件、证件。银行根据私营企业的申请、计划，考察私营企业的贷款用途、还款能力、信用程度，确定贷或不贷。贷款额度确定后，私营企业再向银行办理手续、订立借据。根据国家颁发的经济合同法签订契约，双方恪守执行。

五、大学生创业的特征与分类

大学生创业主体不仅包括了毕业大学生，还包括未毕业大学生，年轻、敢于冒险是其共同特征。大学生创业基本以团队方式开展，成员主要以大学生为主，更加方便他们交流和沟通。从创业学生专业分析，创业多是技术性或服务性专业，具有很高的市场发展潜力，学生多是理工科院校学生，如我国第一届大学生创业计划比赛，90%是网络方面的作品，基本属于理工科领域。

1. 大学生创业的特征

大学生创业的特征表现在以下几个方面：①大学生创业资金来源部分是自己集资，更多的是风险投资。②大学生创业成功率低。[①] 大学生主要是将自己的知识产权转化为生产力，由于大学生缺乏生产经营经验，应变能力不高，知识产品很不成熟，协作不当，因此能够成功的是极少数。③大学生创业起点高，一般是知识型企业，能够引导产品结构的调整。④大学生创业利润高、风险大，具有很大的市场空间，同时也具有高风险特点。

2. 大学生创业的分类

依照组织形式，大学生创业可以分为个人独资、法人股份制、依托大公司、创业园等方式。个人独资是指个人或两三个人开个小店面，一般在校园周边，为大学生消费群体服务，属于一种过渡型创业模式，从业人员较多，更加自由和灵活，但是需要投入大量精力。法人制小型公司，是指以股份制形式从事创业活动，多分布在刚刚毕业的创业团队中，是民营经济发展的主要趋势，多从事高新科技产业。创业企业组织更加稳定，风险较高，企业文化建设不完善，辨别信息能力差，对企业初期发展不利。依托大公司客户关系进行创业，拓展自身市场，这是新经济时代主流的创业模式之一，如华拓网络，为企业提供更加全面的信息系统建设解决方案，创业成功率更高、成长周期短、风险小。进驻创业园，以技

---

① 李俊. 大学生创业意愿的调查与分析——以上海 1256 名大学生为样本 [J]. 现代大学教育，2008 (6)：96-101.

术创业为主，这种创业方式能够得到政府的支持，风险小，信息来源快，但是需要全面考虑各个环节。

依照大学生创业内容分析，可以分为生产型、管理型、市场型、科技型、金融型等类型。生产型创业者以生产技术为主，科技含量很高。管理型创业者对专业知识比较精通，能够带动企业的顺利前进。市场型创业者善于把握市场变化机会。科技型创业者多与高校科研机构联系，如北大方正、联想集团等。金融型创业属于风险投资，不仅参与经营方针，还参与资本运营和人力资源管理。

六、大学生创业的功能与意义

斯蒂文森定义，“创业是一个人——不管是独立的还是在一个组织内部——追踪和捕获机会的过程，这一过程与当时控制的资源无关”。大学生自主创业是指大学生改变就业观念，利用自己的知识、才能和技术，以自筹资金、技术入股、寻求合作等方式创立新的就业岗位，即创业者不做现有就业岗位的竞争者，而是为自己、为社会更多的人创造就业机会。大学生创业作为新生事物，对社会发展与经济增长有着积极的重大意义。

大学生创业有助于培养形成实创精神。创业本身对于创新精神和能力的高要求，使得想投身于此的大学生更加注意这两方面的提高。在创业的实践过程中，大学生创业者们不得不脱离学校、家庭、亲友的呵护去接受社会、市场的挑战和考验。在这一过程中他们实践能力的提高和成长的速度都是传统高等教育模式下的学生所无法比拟的。创业对大学生的影响不仅局限于参加创业的这部分同学。当代大学生是一个渴望成功、崇尚英雄的群体，成功者的榜样力量会激励所有人，会带动一大批学生对自己的知识结构、个人素质进行反思从而行动起来提高自己。这一点与学生素质教育的要求和青年学生的成长需要是一致的，同时也是对传统高等教育的一个冲击。大学生通过创业能够直接进入社会中，以更加积极和乐观的态度面对困难，树立正确的人生态度。

大学生创业会对社会的发展和经济增长做出贡献。在经济的发展中，资源的优化利用是其中的一个重要因素，但现代经济体系运行效率提高的余地逐渐缩小，因而创新成为经济发展的关键因素。创业不仅仅能提高个体的人均产出和收入水平，而且能促进新的社会结构和经济结构的形成，并具有积极的促进作用。① 大学生创业能够显著提高个体人均产出和收入水平，促进新社会结构的形成，为社会注入更加新鲜的活力，增加社会福利，促进社会生产力的快速发展，对社会发展有重要战略价值。同时大学生创业不论成功与否都将为社会培养储备一批具有高文化层次和丰富实践经验的人才，这对社会发展的战略意义，远远大于单纯的经济意义。

大学生创业能增加就业机会。近年来由于我国经济结构调整，并受到世界经济危机影响，高校大规模扩招，致使我国大学生的就业形势不容乐观。全国高等院校平均就业率在70%左右，本科生就业率在80%左右而这其中还包括回到原籍等待二次就业的学生和考上研究生继续深造的学生。对此政府也出台了各种相应的政策，例如允许学生将档案留在学校两年，增加研究生录取人数，等等，但是都不能从根本上解决问题。而大学生创业，不仅可以解决大学生本身就业困难的问题，还可以为社会提供就业岗位，解决我国目前由于经济结构调整造成的全国范围内的就业问题。

大学生创业产生的其他积极意义。大学生创业能够提供经济来源，减轻家庭经济负担，也能够缓解部分因经济问题出现的自卑心理。大学生创业是当前素质教育的主流发展方向，能够提高大学生综合素质能力。大学生创业有利于科技的进步，因为他们往往青睐于新创造和发明，对高新科技具有很敏锐的嗅觉，并具有强烈的创新精神，能够凭借自身技术创新吸引投资，开创高新科技企业，把更多投资吸引进来，促进国家经济、科技良性发展。

---

① 辜胜阻，洪群联. 对大学生以创业带动就业的思考［J］. 教育研究，2010（5）：63-68.

第三章　大学生创业教育

21世纪是信息时代、知识时代、创新时代，同样也是知识创新和可持续发展的新时代，传统的工业经济时代，经济的发展更多依赖于自然资源和现成的技术，而知识经济是以知识创新为基础、以知识直接进入生产过程为特征、以知识产业化为标志、以现代高科技为主导的经济。劳动者素质提升、科技进步则成为知识经济发展的必然要求。知识经济呼唤创新型人才。创新型人才指的是那些具有创新意识、创新能力和创新人格的人。每个正常人都有创造潜能，都有可能成为创新型人才。也就是说，创新型人才不是某个人的专利，每个人都可以成为其中一员。创新教育是培养人才的基本途径，这也是培养高校毕业生的创业素质能力进行创新与创业教育等策略能风行全球的主要原因。面向当下大学毕业生日益严重的就业问题，解决就业问题、提高人力资源建设，把人力资源优势转化为经济社会发展优势的过程急不可待。

一、大学生创业教育的内涵

1967年“Enterprise Education”（创业教育）一词正式出现。1989年，创业教育概念被提出，客观来看，创业教育理念当时并未达到理论范畴的既有高度，拓展技能、事业等成为创业教育主体。目前很多高等教育已经开展创业教育，内涵更加丰富，想要定义比较困难，我国学者发现创业教育内容包括的三个方面：第一，创业教育提高教育者创业理念；第二，提高创业者从事实践活动的知识技能和心理素质；第三，培养教育者的创业精神等。任何一种教育活动，都可以说是社会环境变革的产物，由创业教育的来源可知，创业教育是伴随着知识经济时代的到来而产生的一种新的教育思路，旨在完成对学生创新精神、创业素质、创业技能的培育。

大学生创业教育是指通过高校课程、内容等方面的改革增加大学生创业意识和能力，催化干预自主创业的教育。对于大学生创业教育的内涵可以分为三个方面：①大学生创业教育以能力为导向，本质是提高学生创业需要具备的素养，培养大学生明确创业需要什么，而不是要求大学生在学习期间或者是毕业后创业；②教育学生具备开拓精神，能够具有创业的基本素质；③提高大学生创业思维和创业品质，促进大学生全面发展。

大学生创业教育具有自身特点，与成人教育等教育相比较而言，我国创业教育建设相对剥脱，高校在开展创业教育中需要紧扣教育特点，突出高新企业需求，着重培养综合素质，形成更加合理的教育层次。大学生创业教育不能仅仅等同于创业活动，创业教育贯穿在教育体制整个环节中，包括基本技能培训，以及学生个性培养、综合素质以及创造性等，将创造教育一体化。

二、各国大学生创业教育概况

国内外对大学生创业教育的研究有很多，现有的研究分析切入点主要表现在创业影响、模式、对策等。GEM 报告中较明确界定创业环境要素体系，把创业环境分为金融支持、教育培训、基础设置等部分。Cluoes 等人在实证分析研究中发现大学生受过创业教育与创业成功性之间存在明显相关性，受过教育的学生能够做出更加有利于自己的决定。Chen 等人①在 MBA 调查中发现管理类教育与创业意愿呈现正相关，我国郭洪等人②构建创业意愿模型发现学生个人性格对创业态度影响显著，因此建议创业教育要有针对性的培养学生人格，对学生开展专门的指导和教育工作。

创业教育模型研究最早出现在 1967 年，经过近些年地不断研究，李华晶等人③在以往研究基础上提出架构模式，把国内既有的创业教育分为知识导向、社会导向、个体导向等类型，就此展开全面研究。刘林青等人也系统分析了创业生态系统，认为创业教育是推动生态系统不断进步的动力之一。梅伟惠等人分析美国创业教育，及其发展路径，认为国外创业教育是以学科建设为目标，以创业能力为本位。

---

① Jeng S H, Liao H Y M, Han C C. M. Y. Chen and Y. T. Liu. Facial Feature detection using Geometrical Face Model: an Efficient Approach [J]. Pattern Recognition, 1998, 31 (3): 273-282 (10).

② 郭洪，毛雨，白璇，等. 大学创业教育对学生创业意愿的影响研究 [J]. 软科学，2009，23：69-74.

③ 李华晶，王丹青，姚琴，等. 创业教育的研究导向与实践类型探析——基于四所高校的案例研究 [J]. 教育探索，2009：39-40.

在创业教育的策略分析与探索方面，李长安①指出，我国创业教育存在多方面的问题，如创业教育体系比较陈旧，学校基础建设设置不够完善，严重缺乏专业系统性，师资素质不高，教育经费严重不足，教育理念不够清晰，教育目标没有太大改进，等等。针对这几类问题，他提出相应的整改建议，包括创造良好创业环境，增加投资力度，尽快建设相关政策等，在研究中他还认为创业教育应倾向于培养创业型人才，建立具有我国特色的创业教育体系，包括课程体系以及目标体系等。李俊②在研究中指出高等院校迫切需要开展创业教育，培养学生创业意识。

三、大学生创业教育的内容与特征

创业教育的内容必须有利于实现创业教育的目标，教育目标是教育内容与教育方法的基础，明确创业教育目标，才能更好地探索教育内容，并采取科学的教学方法来实现目标。马克思在分析人的自觉活动同动物的本能活动的区别时指出"劳动过程结束时得到的结果，在这个过程开始时就已经在劳动者的表象中存在着，即已经观念地存在着。他不仅使自然物发生形式变化，同时他还在自然物中实现自己的目的，这个目的是他所知道的，是作为规律决定着他的活动的方式和方法的，他必须使他的意志服从这个目的"③。这揭示了人的活动的目的性决定了人的活动是自觉的活动。作为实践性教育内容之一，大学生创业教育的内容包括创业意识、创业心理品质、创业能力、创业精神、理论知识、实践技能等。

意识是人对客观事物的感官、思维等心理过程，是人类特有的高级形式，创业意识是创业实践中的个性意识倾向，包括供给、信念、需求等。目前我国绝大多数高校在学生培养中并没有重视创业意识教育，缺乏针对性，绝大多数学生毕业后需要依靠家庭等实现就业，因此这方面还需要改进。

创业心理品质是指创业实践中协调人心理和行为的意识特征，与人固有性格存在紧密联系，包括创业者的独立性、坚韧性、适应性等因素，健全的心理品质是创业成功的必要条件。创业心理品质教育可以提高大学生独立思考能力和冒险精神。

---

① 李耘，李长安．构建大学生创业教育体系的思考［J］．国家教育行政学院学报，2008，5：20-22.

② 李俊．大学生创业意愿的调查与分析——以上海 1 256 名大学生为样本［J］．现代大学教育，2008：96-101.

③ 中共中央马克思恩格斯列宁斯大林著作编译局．马克思恩格斯全集［M］．北京：人民出版社，1972：202.

创业能力就是一种与创业者个性心理特征紧密结合、影响创业实践活动效率的技能和能力的综合，是创业者创业成功的最基本的素质组成部分，主要包括沟通能力、学习能力、情绪控制能力等。大学生创业教育培养学生创业能力是核心内容，同时也是培养学生创业意识的重要途径。

创业精神是指大学生创业者需要具备的心理素质，是创业教育的重要内容之一。大学生创业者需要积极培养自身的进取精神、奋斗精神等。创业过程困难很多，要求创业者能够做好面对挫折的准备，善于预防风险，将风险降到最低，并能够抓住市场机会及时行动。

大学生创业想要取得成功不仅需要提高自己勇于创新的精神还需要具有足够的创业知识，这包括从事创业活动的理论基础和指导理念，减少创业风险性和盲目性，提高成功率。创业实践技能训练同样是创业教育的重要内容之一，可以分为模拟实践和创业实践，丰富大学生的创业理论，增强大学生创业的决心和信心。

大学生创业教育具有时代性、创造性和实践性等特征。任何一种教育理念都是在时代发展下出现的，当代社会是知识经济时代，更加具有开放性、竞争性和创新性。对于大学生创业教育来说，教育价值取向方面的时代性比较突出，把知识时代的教育理念有效地体现出来。大学生创业教育主要目标是培养具有创业素质的人才，要求人才具有鲜明的个性和创造力、开拓能力等，大学生创业教育的目标是在理念、内容、形式上都要体现出创造性。大学生创业教育要遵循创业活动实践性，创业教育同样强调提高学生时间管理能力，培养学生社会协调能力，时间管理在创业教育中占很大比例，还要培养大学生的综合协调能力，因此大学生创业教育方式具有实践性。

大学生创业教育内容具有综合性。大学生创业教育从内容角度分析，属于一种综合体系，同时包括了专业知识教育和素质教育，大学生创业教育要优化各类教育资源，有机结合经济学、心理学、法学以及社会学等学科，形成统一的综合体系。

四、大学生创业教育的组织与实施

创业教育是培养大学生创新素质的素质教育，是一种健全人格的主体性教育。培养创新精神，是高校义不容辞的责任，要将创业教育贯穿到学校人才培养的各个环节。

创业教育理念决定着创业教育的方向，因此，高校应更新创新教育理念。真正意义上的创业教育，应着眼于创业，以未来的持续发展为价值取向。也就是说高校的创业教育要着眼于整个民族的创新精神与创业意识的培养，改变把创业结果作为评价创业教育成功与否的标准的思想，不要仅限于为大学生提供开办企业的培训与指导，而应把开展创业教育的目标定位为培育全社会的创业文化、深化教育改革、全面推进素质教育，为创新型国家建设培养创新型人才。基于这种育人的目标定位，高校要树立知识、能力和态度、品德协调发展的理念；树立学生是教学主体和学生主动学习的理念；树立鼓励学生勇于和善于提问题的理念；树立充分发挥学生个性，让学生学会选择的理念；树立学习与研究相结合的理念。现代高校必须把创业教育理解为一种深层的根本性的教育体制，而不是枝节性的表层的教育环节。

当前创业教育正逐渐从传统的功利性职业训练教学目标过渡到非功利性的教育本能，这也表明，开展创业教育要循序渐进，切不可急功近利。虽然并不是每一个大学生都能走上创业之路，但是知识经济社会要求每一个大学生都需要具有创新精神和创业意识。同时，大学生创业教育的实施与国家的政策支持紧密联系，因此大学生创业教育在实施过程中，需要国家加大相关立法和管理控制力度，落实各相关政策，对大学生创业提供更加具有优势的政策支持和帮扶，积极引导大学生创业。需要各地政府部门重视大学生创业，为创业教育提供咨询和培训服务，落实相关政策，有效开展大学生创业教育。需要政府部门建立社会培训教育机构，帮助学生正确认识创业，有针对性地建立更加完善的制度，营造良好的环境，为教育提供有力保障。

全面进行校内外各种资源的拓展和整合，建立创业实践基地。进行就业教育要组织相关意识性培养教育，引导相关的社会实践，依托社会开展各级创业实践活动，推动大学生创业实践。充分利用高校内部科研成果，重点筛选有利于区域经济发展的项目。高校是培育学生的主要载体之一，各大高校在落实相关教育培训措施的基础上，需要做好师资队伍建设工作。组建高素质、多元化创业教师队伍，在已有师资力量基础上，探索创新人才培养机制，鼓励创业教育创新试点工作，有机结合创业教育和传统课堂教育。对相关教师开展培训工作，并开设大学生创业讲座，邀请一些成功人士进行讲解，为创业教育创造前期条件。目前大多数高校没有相关创业教育课程，针对创业特点和特殊性，建议各高校将大学生创业纳入课程范围内，开设选修课，为有需要的学生提供创业相关知识。建议高校内设置相关服务中心，为有意向的学生提供更加直接和具体的服务，包括相关政策制度，为学生提供相关信息，解答大学生创业出现的问题等。

为得到社会的关注，促进大学生创业教育更好的发展，需要建立成果考核机制并做好社会宣传教育工作。建立评价考核体系，确定创业教育的考评组织和相关责任人，做好创业教育体系评价的设计，定期评价创业教育和实践成果，促进创业教育良好发展。建设创业教育专题网站，营造创业教育良好氛围，为大学生创业提供指导意见和建议。建议高校开辟相关主题专栏，宣传教育开展情况，扩大创业教育社会影响力。

五、大学生创业教育的意义

创业教育能够提高大学生的竞争力、创业素质和积极竞争精神，保证大学生能够以更加积极的心态创业，从而具有足够的从业能力，保持自身优势。创业教育还能促进大学生选择新行业创业，既解决个人的就业问题，同时还能够提供更多的就业岗位。

从经济学角度来看，创业教育能够充分挖掘大学生创业潜力。进入 21 世纪以来，社会开始进入高新技术社会，我国想要在 21 世纪中叶达到中等发达国家水平，就必须能够充分利用国家优势，协调发展经济工业化和知识化，快速发展知识经济，增强经济发展水平。我国未来将会迫切需要更多的创业型人才，大学生是其中主要的人力资源，他们是高等教育的接受者，掌握着最高级的知识，也就具有最有价值的资本，创业资源得天独厚，对大学生开展创业教育，有助于充分挖掘其潜力，这也是经济时代发展的必然趋势。

从人才培养角度来看，创业教育能够推动人才培养模式的完善。自经济体制改革以来，我国高等教育也在不断地完善，但是不可否认，当前高等教育滞后于市场发展需求，毕业生素质无法满足社会需求，大学生对国家和社会依赖性过高，主动性不强，创新能力不足。社会进入知识经济时代，人才规格却明显跟不上时代的发展。高等教育有必要转变传统教育理念，创新人才培养模式，通过开展创业教育提高学生创业基本素质，提高学生竞争力和创业能力。

从高等教育发展的角度来看，创业教育对推动高等教育发展有重要意义。高等教育大众化是未来发展趋势，也是提高国民素质水平的主要途径之一。近些年高校扩招，高等教育入学率大大提高，但是同时也带来很多就业问题，就业形势非常严峻，大学生毕业即失业已经成为现实问题。推进创业教育，帮助大学生创业，既能缓解就业难问题，同时也能增加就业岗位，改善学生择业质量，推动高等教育大众化发展。

第四章　大学生创业能力

第一节　创业能力

能力，辞海中“能力”被解释为完成一定活动的本领，包括完成一定活动的具体方式以及顺利完成一定活动所必需的个性心理特征。在英文中“能力”一词对应着这几个单词：①“Capacity”表示能干，侧重指人的潜在能力，多指才智，尤指接受与领悟能力；②“Ability”是指智力或体力上具有做某事的能力，常用来表示“执行某种行动的技巧，包括复杂而协调的动作和理智问题的解决”；③“Capability”表示容量，多指胜任某项具体工作的能力，也指本身具有、尚未发挥的潜在能力；④“Competence”表示竞争力、胜任，侧重指令人满意的业务能力与水平，达到胜任某项工作的要求。关于大学生创业能力，国外学者中采用较多的是“Competence”一词。

1989 年 12 月，联合国教科文组织亚太地区办事处在泰国曼谷召开了“提高儿童青年创业能力的革新教育规划会议”。该会议提出了创业能力（Enterprise Competencies）的概念框架和开发创业能力的策略。为了避免“Enterprise Competencies”一词的英语含义过于宽泛而难以把握，与会代表华裔专家朱小奇才决定将其翻译为“创业能力”。在该会议上主要提出了三项有关创业的观点：①创业能力的概念；②开发创业能力的策略；③实施这一项目的地区行动计划。1991 年 1 月，联合国教科文组织亚太地区办事处在会议上进一步对创业能力的概念进行了界定，并提出了在现行课程中渗透创业能力教育的课程模式和评价模式。1999 年 4 月，联合国教科文组织召开了第二届国际职业技术大会。会议强调要加强创业能力的培养，并将创业能力作为一种核心能力。

从创业主体的类别来看，创业能力可以划分为个体创业能力、团队创业能力和企业创业能力。个体创业能力指个体创业者所拥有的有利于创业成功和创业企业成长，带来创业绩效的综合能力；团队创业能力是团队中个体成员创业能力的集合，是团队创业所需的知识、原则、技能、行为和概念，以及团队成员为了实现这一特定目标所持的态度；企业创业能力组织内多种因素（组织战略、组织结构、组织文化等）利于组织内整体创业行为成功实现的程度和水平，是企业超过对手模仿的、持续的创新能力。[①] 本书的讨论和研究对象，主要是个体创业能力的培养和提升。

由于研究的角度不同，国内外学者对“创业能力”一词有不同理解，主要观点如表 2.1 所示。

表 2.1 国内外学者对“创业能力”的理解

学者名	观　点
Man[②]	创业能力是创业者拥有的一种智力资本，包括创业所需的关键技能和隐性知识。它作为高层次的特征，其中包含个性、技能和知识，被视为创业者能成功履行职责的整体能力。
毛家瑞[③]	创业能力是一种与创业者的个性特征有关的具有很强实践性、综合性和创造性的能力；它是创业者通过对知识和技能的学习和实践，再经过类化和概括化的加工后，最终形成的创业者的一种稳定的心理范式。
彭刚[④]	创业能力是一种以智力为核心的具有很强实践性和创造性的能力，该能力会受到个性的制约和影响。
肖红伟、晏红洁[⑤]	创业能力本质上是一种成功智力，它既属于认知活动的范畴，也属于情感意志活动的范畴，是认知智力、情感智力和意志智力的整合结晶，是传统意义上的智力因素与非智力因素的有机结合。两位学者在综合有关创业能力的各种观点和阐述的基础上，给出了一个比较科学的定义，创业能力是指目标人口为了能从事承担风险的开拓性活动而应具备的一系列心理特征。
郁义鸿、李能志[⑥]	创业能力，是指在一定的条件下，人们发现和捕获商机，将各种资源组合起来并创造出更大价值的能力，即潜在的创业者将自己的创业设想成功变为现实的能力。

① 张霞，王林雪，曾兴雯. 基于创业企业成长的创业能力转化机制研究［J］. 科技进步与对策，2011，28（11）：77-80.

② Man T W Y，Lau. T，Chan K F. The Competitiveness of Small and Edium Enterprises：A Conceptualization With Focus on Entrepreneurial Competencies［J］. Journal of Business Venturing，2002，17（2）：123-142.

③ 毛家瑞，彭刚，陈敬朴. 关于创业教育的若干问题［J］. 教育研究，1992（1）.

④ 彭刚. 创业教育学［M］. 南京：江苏教育出版社，1995：91-93.

⑤ 肖红伟，晏红洁. 对创业能力本质特征的再认识［J］. 企业经济，2008（7）.

⑥ 郁义鸿，李志能，罗博特·D·希斯瑞克，等. 创业学［M］. 上海：复旦大学出版社，2000.

表2.1(续)

学者名	观 点
陈秀珍①	创业能力是一种能够影响创业实践活动效率的主体心理条件。这种主体心理条件不仅与创业者先天的某些性格、气质有关，而且后天的学习和锻炼，特别是教育和培养对其创业能力的形成很关键。她认为创业能力是一种通过将知识、经验、技能类比、概括化而内化于创业者身上的并能在创业实践活动中表现出来的复杂而又协调的行为活动。
严强②	创业能力是创业者的一种主体心理条件，它将关系到创业实践活动的顺利进行，并对它的效率产生影响。具体来讲，是一种以智力活动为核心的，具有较强综合性和创造性的心理机能；是与个性心理倾向、特征密切结合在一起的，在个性的制约和影响下形成并发挥作用的心理过程；是经验、知识、技能经过类化、概括化后形成的，并在创业实践活动中表现为复杂而协调的行为过程。

人类要使某项活动顺利进行，需要多种能力的有机结合，创业者在进行创业这项具有挑战性的活动时，必定要融合各种能力来达成目标。综合以上观点，我们认为创业能力就是“一种与创业者个性心理特征紧密结合、影响创业实践活动效率的技能和能力的综合”。大学生创业能力是指“在校正在接受大学教育的学生以及毕业 2 年内的大学生，通过学校、社会、家庭等的教育，发现和捕获商机，将各种资源组合起来进行创业这一活动过程中，必须具备的利于创业成功及新创企业成长的技能及能力。”

第二节 大学生创业能力的构成要素

创业能力是包括关键技能、隐性知识在内的，能够使创业者更好履行职能的整体能力，其具有差异性和可塑造性等特征。创业能力具备与否，对个体是否选择创业具有显著作用。研究表明，在创业环境同质或类似的情况下，有的新创企业能够生存甚至更好地发展，而有的新创企业不得不面临生存问题，归根结底，与创业者的创业能力有着直接的关联。比如：机会识别能力强的人，能对创业环境的变化做出迅速反应，抓住转瞬即逝的机会，成功创业；融资能力强的人，能

① 陈秀珍. 创业能力的内涵解读［J］. 职业技术，2007（4）：94.

② 严强. 社会发展理论［M］. 南京：南京大学出版社，2005.

利用网络资源、人际资源等获得新创企业生存和发展所需的人力资源、物质资源、资金支持等。因此，大学生创业教育的关键，就在于培养和提升他们的创业能力。创业能力可分解为不同的构成要素，要培养和提升大学生的创业能力就是要从这些能力和要素入手。

国内外学者根据各自研究的角度，对创业能力的构成要素进行了不同的归纳，情况如表 2.2 所示。

表 2.2　　国外学者对创业能力构成要素的归纳

国外学者	创业能力构成要素
杰弗里·蒂蒙斯①	①创业文化的形成技能：人际沟通的技能、领导技能、矛盾管理技能、人员管理技能和团队工作技能。 ②管理或技术才能：行政管理、法律和税收、市场营销、生产运作、财务和技术管理。
Chandler 和 Jansen（1992）②	成功创业的企业家应同时扮演三个角色：一是企业家角色，二是管理者角色，三是技术者角色。企业家角色的主要能力有机会识别能力和机会开发能力；管理者角色的主要能力有组织能力、策划能力和人际关系能力；技术者角色的主要能力有技术能力，特别是在特定领域中应具备的技术能力。
美国百森商学院③	①创新能力，②机会能力，③组建创业团队的能力，④营销能力，⑤创业融资能力，⑥领导力，⑦管理能力，⑧商业才智。
Chen④	基于潜在创业者应具备的技能，将创业能力划分为 5 个维度，即市场、创新、管理、风险承受和财务控制。
McLarty（2005）⑤	创业必须具备的才能：一是操作能力，包括人员管理能力、财务管理以及操作能力；二是策略能力，即能将事业长期发展的能力，如洞察力、计划能力等；三是个人能力，包括有领导、创意、持续学习、独立、冒险、野心、自信、团队精神、关心组织、团队能力等。

① ［美］杰弗里·蒂蒙斯. 创业学［M］. 周伟民，吕长春，译. 6 版. 北京：人民邮电出版社，2011.

② Chandler G N, Jansen E. Founder's Self-assessed Competence and Venture Performance［J］. Journal of Busi-ness Venturing，1992，7（3）：223-236.

③ Babson Entrepreneurship Program［EB/OL］.［2013-03-13］. http://www.babson.edu/enterprise-educationprograms/entrepreneurship-program/Pages/custom-programs.aspx.

④ 杨俊. 基于创业行为的企业家能力研究——一个基本分析框架［J］. 外国经济与管理，2005，27（4）.

⑤ 唐靖，姜彦福. 创业能力概念的理论构建及实证检验［J］. 科学学与科学技术管理，2008，29（8）：52.

表2. 2(续)

国外学者	创业能力构成要素
Man①	将创业能力划分为机会能力、关系能力、概念能力、组织能力、战略能力和承诺能力六个维度。
阿玛尔·毕海德(2004)②	受家庭背景、文化程度和经验影响的创业倾向；适应性调整能力，如果断、开明、控制内心冲突的能力、发现因果关系的能力等；获取资源的能力，如应变能力、自制力、洞察力和销售技巧等。
De Noble③	等人针对正在实施创业活动的创业者应具备的技能，将创业者能力要素划分为六个技能维度，即风险和不确定管理技能、创新技能、人际关系技能、机会识别技能、处理和配置关键资源的技能以及产品开发技能。
威克姆④	基于创业过程模型，认为创业者应具备的能力有决策能力、领导与激励能力、计划和组织能力以及创新能力等。

表 2. 3　国内学者对创业者能力构成要素的归纳

国内学者	创业能力构成要素
蒋乃平⑤	创业是一种高层次的综合能力，可以分解为专业能力、方法能力和社会能力。专业能力是指企业中与经营方向密切相关的主要岗位或岗位群所要求的能力。方法能力是指创业者在创业过程中所需要的工作方法，是创业的基础能力。社会能力是指创业过程中所需要的行为能力，与情商的内涵有许多共同之处，是创业成功的主要保证，是创业的核心能力。
吴燕⑥	吴燕通过编制大学生创业能力调查问卷，并将问卷分为个人能力和社会能力两大子问卷，通过探索性因素分析得出，个人能力包括专业技术能力和开拓创新能力两个维度；社会能力包括组织领导能力、经营管理能力和人际交往能力三个维度。

① 唐靖，姜彦福. 创业能力概念的理论构建及实证检验［J］. 科学学与科学技术管理，2008，29（8）：52.

② 阿玛尔·毕海德. 新企业的起源与演进［M］. 魏如山，译. 北京：中国人民大学出版社，2004.

③ 龙勇，常青华. 创业能力、突变创新与风险资本融资关系—基于中国高新技术企业的实证研究［J］. 南开管理评论，2008，11（3）：65-71.

④ 杨伦超. 经济管理类大学生创业能力要素体系探索［J］. 教育与职业，2008，5（14）：158-160.

⑤ 蒋乃平. 创业能力形成的动因、前提和基础［J］. 职教通讯，1999（2）：33-36.

⑥ 吴燕. 大学生创业能力的结构及其现状研究［C］. 北京：全国心理学学术大会，2009.

表2.3(续)

国内学者	创业能力构成要素
赵健（2010）①	赵健等人从创业观念和创业技能等方面对大学生创业能力的维度进行了划分，包括有深厚的知识功底、敢于质疑勇于创新的思维个性、机会识别与开发能力、沟通协调能力、组织和管理能力以及创业精神。
马琳（2009）②	将创业能力划分为创新意识与创造力、机会识别与利用、风险认识与决策和组织领导与管理四个维度。
张慧杰（2006）③	创新能力、决策能力、学习能力和人际沟通能力。
马月才等编④ 创业培训教材	①决策与决断能力：发现机会并及时利用时机做出果断、迅速地决断。②理财能力：在创业初期与创业过程中，合理、有效地运用和调配资金。③营销能力：引导产品和劳务从生产者流转到消费者或用户手中所进行的一切企业活动的能力。④谈判能力：包括谈判的艺术、策略、技巧等方面。⑤沟通能力：企业运作的各个环节随时都处于沟通之中，沟通能力的强弱，在创业过程中举足轻重。⑥创意能力：创业者运用自己的知识、素质对现实做了观察之后，在理解的基础上形成主意或想法。⑦组织能力：能使组织富有成效地把目标、人员、技术和其他资源以某种状态紧密地结合在一起的能力。⑧专业能力：业有所精，在某一领域有过人之处。
唐靖，姜彦福⑤	①机会能力，包括机会识别能力与机会开发能力。②运营管理能力，包括组织管理能力、战略能力、关系能力和承诺能力。
张文辉，胡蓓⑥	①核心创业力：行为力，包括组织管理能力、领导能力、社交能力、语言感染力与应变能力；心理力，包括自我效能、乐观、希望与兼容性。②辅助创业力：资本力，包括物质资本、知识资本与技术资本；思维力，包括认知能力、分析判断能力、风险意识与创新思维；公德力，包括个人品德、社会责任与诚信。
刘预和朱秀梅⑦	创业能力应主要包括捕捉市场机遇的能力、战略能力、分析决策能力、控制和协调能力、人际交往能力、接受和处理信息的能力等要素。
沈建华⑧	创业能力应包括专业技术能力、经营管理能力、社交沟通能力、分析和解决问题的能力、危机处理能力、把握机会以及创造机会等能力。

① 赵健，傅少伟，杨邦勇. 大学生创业能力培养研究［J］. 福建工程学院学报，2010，8（2）：113-117.

② 马林. 上海体育学院大学生创业能力现状与培养研究［D］. 上海：华东师范大学，2009.

③ 张慧杰. 基于企业生命周期的企业家能力研究［J］. 哈尔滨商业大学学报（社会科学版），2006（2）：76-79

④ 马月才. 创业者导读［M］. 北京：中国社会劳动保障出版社，2003：124.

⑤ 林强，姜彦福. 创业理论及其架构分析［J］. 经济研究，2001（9）：85-94.

⑥ 张文辉，胡蓓. 创业者核心创业力的实证研究［J］. 中国科技论坛，2010（5）：91-95.

⑦ 刘预，朱秀梅. 创业能力的构建与提升对策［J］. 中国职业技术教育，2008（30）：46-47.

⑧ 沈建华. 浅谈高职学生的创业能力及其培养［J］. 铜陵职业技术学院学报，2006（4）：78-80.

另外，我国现阶段的一些成功企业家或创业家也各自提出了他们对于创业及创业能力的不同理解，如表 2.4 所示。

表 2.4　　国内企业家对创业者能力构成要素的理解

国内企业家	创业能力构成要素
马云①	识别、评估与利用机会的能力、创新能力、团队建设能力、风险预期与处理的能力、卓越的领导能力、凝聚力、说服能力、决策能力、经营管理能力、专业技术能力、交往协调能力、创新能力、规避风险的能力、学习能力、敏锐的觉察能力、筹划资金的能力。
史玉柱②	冒险精神、勤奋、执着、坚强、对市场的敏锐感等。
俞敏洪③	目标能力、专业能力、营销能力、转化能力、社交能力、用人能力、把控能力和创新能力等。
李彦宏④	创新能力、人力资源整合与利用的能力以及把握市场需求的能力。
尹同瑞⑤	机会识别与应用的能力、创新能力、说服他人的能力、人力资源整合能力、分析市场的能力、重视经验的指导作用等对创业过程较为重要。
王健林⑥	危机应对与处理能力、创新能力、机会识别与评估能力、重视人才的作用。

上述学者和企业家们从不同角度对创业者能力要素进行了研究，虽各有侧重，但都抓住了创业能力要素的基本内容：创新相关能力、机会相关能力和企业管理相关能力。对于大学生这一特殊的创业主体，目前没有一个创业能力的构成要素标准。大学生和一般创业主体比起来有其特殊性，并且创业能力的获得和提升方式也不同，只有找出最核心的创业能力才能有效地融入创业教育，并有效地对其进行教育和提升。

1998 年 10 月世界高等教育大会宣言《21 世纪的高等教育振兴计划》第 17 条指出："为方便毕业生就业，高等教育应主要关心培养创业技能与主动精神，毕业生愈来愈不仅仅是求职者，而首先是工作岗位的创造者。"大会还特别提出"把创业能力的培养作为'第三本教育护照'，要求把事业心和开拓技能教育提

① 冯雷钢. 和马云一起创业［M］. 北京：中国工人出版社，2008.
② 彭征，姚勇. 史玉柱精彩语录［M］. 北京：中国纺织工业出版社，2009.
③ 宁泊. 俞敏洪如是说［M］. 北京：中国经济出版社，2008.
④ 徐旖. 创业能力量表的编制［D］. 上海：华东师范大学，2011.
⑤ 郑月铃. 创业大师如是说［M］. 北京：人民邮电出版社，2008.
⑥ 范爱民. 创新：中国最新经济年度人物创新之道［M］. 北京：经济管理出版社，2006.

到与学术性和职业性教育护照同等地位”。根据联合国教科文组织的概念，创业能力包括意识和行动技能两个层面。其中意识层面包括首创和冒险精神，行动技能层面包括创业的能力、独立工作的能力、技术能力、社交能力、管理能力。

大学生创业也同样必须在社会中参与市场竞争，如果不具备企业经营和融资能力则无法在市场中生存。大学生创业群体既是高等教育培养的对象，又是必须参与市场经济活动的竞争者，根据这种特殊性，我们认为创业能力可以划分为基础能力和操作能力两个部分，可以概括出创业能力的五个维度：创新意识与创造力、组织领导与管理、机会识别与利用、风险认识与决策和创业融资能力（如表2.5所示）。基础能力重点在创业教育的培养中实施，操作能力是需要进一步提升的能力。

表2.5　　大学生创业能力的构成要素表格

类别	能力划分	具体要素	要素内容
基础能力	创新意识与创造能力	学习能力	善于接受和理解与所办企业经营方向有关的新技术的能力。
		联想、迁移和创新能力	常常从另一问题、事件、物体等得到启发，从而解决当前的问题；以突破常规的思路或方法做事情。
		信息的接受和处理能力	擅长全面收集信息并妥善处理或接受信息。
		实践能力	能把自己的创意付诸实践。
基础能力	组织领导与管理能力	适应变化和承受挫折的能力	当遭遇失败时，能够很好地调整心态理性地面对问题，重新开始。
		合作能力	善于与他人共同做事，达到双赢。
		沟通能力	能够与他人进行良好的沟通或保持良好的关系。
		谈判能力	能够有效地进行谈判、展现自己的优势，获得他人的认可。
		用人能力	善于根据本行业的行为规范来判断、控制和评价他人的行为。
			具备发现和使用人才的能力，能够有效地组织和管理自己的团队。
		控制和调节能力	控制和调节能力能控制整个企业的运作。

表2.5(续)

<table>
<tr><th>类别</th><th>能力划分</th><th>具体要素</th><th>要素内容</th></tr>
<tr><td rowspan="7">操作能力</td><td rowspan="2">机会识别与利用能力</td><td>市场机会识别能力</td><td>能善于识别市场需求与变化，发现商机。</td></tr>
<tr><td>技术革新识别能力</td><td>能识别技术革新带来的创业机会。</td></tr>
<tr><td rowspan="2">风险识别与决策能力</td><td>创业风险的识别能力</td><td>明确创业风险的来源，预见不同发展时期的企业可能面临的风险。</td></tr>
<tr><td>创业风险的规避与承担能力</td><td>将创业过程中可能出现的风险控制在自己所能承担的范围之内。</td></tr>
<tr><td rowspan="3">创业融资能力</td><td rowspan="3">对创业过程中所需要的人力、资金、信息和技术等重要资源的汇聚能力</td><td>汇聚人力资源。</td></tr>
<tr><td>汇聚资金资源。</td></tr>
<tr><td>汇聚信息资源。</td></tr>
</table>

这五个维度涵盖了大学生创业者应该具有的关键技能、心理条件和隐性知识，也包括大学生创业者在不同创业阶段所应该具备的能力，能够从各方面很好的诠释大学生的创业能力。

第三节　大学生创业能力培养的目标和特征

大学生创业能力培养作为一项教育培养工作，具有系统性、复杂性，具备严格的结构体系。因此，要进行创业能力培养，就要明确培养的目标、特征、内容等。

一、大学生创业能力培养的目标

创业教育的目标是指创业教育所要达到的目的和标准。明确的创业教育目标关系到国家、社会相关制度政策的正确制定和相关支持体系的构建，对纠正创业教育实践中存在的认识偏差也有指导作用。在高校中，设立明确的创业教育目标是学校开展创业教育的基础与最终目的，也是事关创业教育课程方案等教育模式构建所要解决的基本定位问题。

国内外学者大多把创业教育目标按照知识、能力等创业所需的素质要素来分类。国外学者主要有以下几种观点：Jamieson（1984）认为创业教育需要达到三大类别目标：education "about" enterprise（创业意识）、education "for" enterprise

（创业所需的能力）和 education “in” enterprise（企业运营能力）。[①] Sexton 和 Kasarda（1992）则结合社会背景，认为创业教育课程要达到的目标有四个：一是帮助学生为将来生活做好准备，二是增加学生可持续的学习能力，三是帮助学生实现个人抱负，四是增强学生的社会责任感。[②] Johannisson（1991）则认为创业教育要达到五大目标：know why（培养学生正确的创业动机和态度）；know how（培育创业所需的能力和技能）；know who（知道在创业中与谁交往和合作）；know when（对时机有敏锐的洞察力）；know what（创业必备的知识）。[③] Bandura 和 Shane（2003）则从心理学的角度认为提高学生的自我效能感（self-efficacy）是创业教育的重要目标之一。他们认为自我效能感跟人的自信心和信仰有很大的相关性，自我效能感高的人更有可能去探索和把握创业机会。[④]

国内在创业教育目标的研究方面，大都是在借鉴国外一些研究成果的基础上，结合中国传统文化中的一些积极因素，归纳出创业教育需要达到的目标体系，其区别主要在于对目标的分类的多少，少则一个（如创业品质），多则五个（如创业意识、创业精神、创业知识、创业能力与技能、创业心理品质）。如李景旺认为，创业教育的目标是“培养受教育者的创业基本素质和开创型个性，使受教育者具有基本的创业意识、创业心理品质、创业能力，形成主动进行研究性学习的意识和习惯，具备独立生活、工作的能力和较强的社会适应能力”[⑤]。

《国务院办公厅关于深化高等学校创新创业教育改革的实施意见》中提出：“2015 年起全面深化高校创新创业教育改革，2017 年取得重要进展，形成科学先进、广泛认同、具有中国特色的创新创业教育理念，形成一批可复制、可推广的制度成果，普及创新创业教育实现新一轮大学生创业引领计划预期目标，到 2020 年建成健全将课堂教学、自主学习、结合实践、指导帮扶、文化引领融为一体的高校创新创业教育体系，人才培养质量显著提升，学生的创新精神、创业意识和

---

① Jamieson I. Schools and Enterprise ［G］ // Watts A G，Moran P（Eds） Education for Enterprise. Cambridge：CRAC Ballinger，1984：19-27.

② Sexton D L，Kasarda J D. The State of the Art of Entrepreneurship ［M］. Boston：P. W. Kent Publishing Co. MA，1992.

③ Johannisson B. University Training for Entrepreneurship：SwedishApproach ［J］. Entrepreneurship and Regional Development，1991，3（1）：67-82.

④ Shane S. A General Theory of Entrepreneurship：The Individual-Opportunity Nexus ［J］. Gemeral Intormation，2004，12：353-374.

⑤ 李景旺. 探讨高校创业教育课程体系的构建［J］. 教育与职业，2006（18）：22-24.

创新创业能力明显增强，投身创业实践的学生显著产加。”由此，我们认为大学生创业能力培养的目标是：根据我国国情，通过高校创业教育、国家政策制定等途径，培养和提升大学生的创业能力，培养创业品质，引导和帮助大学生成为新时代的创业者，为我国各行各业培养出更多创业型人才。培养目标中要突出五个方面：创业意识、创业知识、创业能力、创业品质、开创型个性。

（一）创业意识

创业意识是指在创业实践活动中对创业者起动力作用的个性心理倾向，主要包含创业需要、创业动机、创业兴趣、创业理想、创业信念和创业观等内容。创业意识集中表现了创业素质中的社会性质，支配着创业者对创业活动的态度和行为，是创业者素质的重要组成部分。

（二）创业知识

创业知识是指创业者在创业实践中所具有的知识结构与素养。创业者的知识素养决定着创业者的思想观念和思维方式及行为方式。要想创业成功，不仅要有创业精神与意识，而且还需要具备一定的创业知识，创业知识是开展各种创业活动的基础和前提。而创业知识又分为显性知识和隐性知识。显性知识不仅包含和专业相关的知识如创业领域的专业知识、经营管理知识、有关的法律法规知识、人文社会知识和现代科技知识等，还包括国家的各种创业政策、公益团体、创业基金、孵化基地等资源知识；隐性知识包括和创业相关的直觉、灵感、思维模式和创业技巧等知识。

（三）创业能力

创业能力是指创业者在创业实践活动中体现出来的影响创业活动效率，保证创业实践顺利进行的必备心理条件。创业能力除了包括人的一般能力外，还包括洞察市场商机能力、商业信息的获取与分析利用能力、快速决策能力、组建团队与合作能力、经营管理能力、社会适应能力、沟通协调能力以及综合创新能力。

（四）创业品质

创业品质即创业心理品质，它是对创业者的创业实践过程中的心理和行为起调节作用的个性心理特征，它与人固有的气质、性格有密切的关系，其核心是情感与意志。主要包括坚定充分的自信心；极强的心理抗压能力；具有强烈的事业心和矢志不渝的恒心；善于调控情绪和保持积极乐观的心态；具有理解、宽容和充满创业热情的心理品质；遇事保持冷静理性的头脑，不盲目冲动；具有旺盛的斗志、充沛的精力以及诚实守信和高度的社会责任感。

（五）开创型个性

开创型个性是创业者必备的素质，不具备开创型个性，创业也就无从谈起。所谓开创型个性是指善于在已有的社会秩序、规范、条件、关系和格局下，创造新的秩序、规范、条件、关系和格局的，有各种心理要素共同参与并综合表现在身心各个方面的，明确指向和影响实践过程和结果的心理特征和行为特征的总和。具体体现为敏锐性、自主性、独立性、冒险性、竞争性、坚韧性、适应性、合作性、创新性。

二、大学生创业能力培养的特征

在大学生创业过程中，创业能力是一种核心要素。大学生创业能力的培养不同于一般能力的培养，它既与大学生自身心理特征相关，又与创业这一社会实践活动密不可分。因此，大学生创业能力培养具有以下特征：

（一）智能性特征

创业活动的开展必须以个人的智力为基础。智力不仅仅是我们所说的智商，还包括观察力、记忆力、想象力、注意力等。在进行创业这一项社会实践活动时，需要较强的认知能力、自主能力及社会能力，这需要良好的智力基础，良好的智力基础能将这些能力进行系统的协调、整合，解决创业过程中遇到的问题和挑战。因此，在大学生创业能力培养的过程中首先要注重智力的开发，以协调各种能力。

（二）创造性的特征

创业活动的本质是创新和创造，它要求创业者在面对突发问题时能及时地发现问题、快速做出适当的决策，创造性地解决问题。大学生创业能力的培养主要是培养学生的创造性思维和人格。创造性思维具备创造性活动中表现出的新颖独特且有意义、灵活性强、分析思维与直觉思维的统一、发散思维与聚合思维的统一等特点；创造性人格具有健康的情感、坚强的意志、刚毅的性格、良好的习惯、积极的个性意识倾向等特点。大学生在进行创业这一不断变化、充满挑战的社会实践活动时能不断提升自我的创造性特征。

（三）综合性的特征

创业能力培养的内容，包括创业意识和创业精神的培养、专业知识技能的培养、工作方法能力的培养、社会能力的培养等。创业能力的各个要素均有其独立的地位和功能，这些要素相互依赖、相互作用，从整体上决定了创业能力水平。因此，对大学生创业能力的培养既要包括思想、意识的培养，又要包括知识、技能、实践能力的培养，它是一个综合的、系统的工程。

（四）个性化的特征

创业者不同的心理素质和性格，决定了他们截然不同的能力结构。因此，创业能力的培养要具有个性化的特征。在创业过程中，创业者展现出不同的心理素质和个性，决定了创业这一过程呈现出不同的走向，同时投入的程度和努力的程度不同也注定了不同的效果。所以，对大学生创业能力的培养要针对不同的人群而定，不能千篇一律，搞“一刀切”。

（五）实践性的特征

创业本就是真刀实枪地参与社会竞争，因此创业能力培养必须具备实践性。实践性是创业能力培养的一个重要的特征。大学生具备了一定的知识技能后，需要在实践活动中进行发挥，否则就是纸上谈兵。同时实践活动能丰富大学生的知识和经验，反过来又会促进创业活动的进行。创业实践活动犹如一个舞台，为创业者提供了一个展现和发挥自我能力的平台。因此，大学生创业能力培养必须要为其提供这样一个舞台，使创业者在实践活动中不断开发自己的潜能，最大限度的发挥自己的创业能量。

第四节　大学生创业能力培养的内容

创业能力主要包括创业知识能力和创业实践能力，理论指导实践，实践又反过来修正理论。一定量的创业知识储备是创业实践的理论基础，因而创业实践者必须具备一定的知识文化水平，这里的知识包括基本文化知识水平、创新知识能力和社会知识结构能力，基本文化知识是基础，创新知识是本质，社会知识结构能力是补充。在21世纪这个知识经济时代，知识的创新引导实践方能产生高层次的创业。而创业实践能力则是创业能力的根本，在创业知识能力的指导下，主体通过实践不断探索修正理论，理论再次指导实践，这样在创业过程中循序渐进，不断互相补充修正，最终走向创业成功。在创业实践过程中创业主体的身体素质、对创业机会的识别和把握能力、创业资源的整合能力、团队协作和管理能力、创业风险的预测和内控能力等都尤其重要。总的来说，在创业能力层面，创业主体需要具备的特质包括：知识能力，即需具备一定的文化知识水平和良好的创新知识能力及系统的社会知识结构能力；实践能力，即良好的身体素质、敏锐的创业机会识别和把握能力、创业资源的整合能力、团队协作和管理能力、创业风险的预测和内控能力。

大学生创业能力培养的内容同样也包含创业知识能力和创业实践能力的培养，但因为他们是高等教育对象的特殊身份，缺乏社会创业群体所具备的尤为强烈的创业意识和愿望，因此在创业意识和创业精神的培养上还更应该予以突出和强调。为此，我们认为大学生创业能力的培养包括：①创业意识和创业精神的培养；②显性和隐性创业知识的传授；③创业能力构成要素的培养。

一、创业意识和创业精神的培养

"意识对物质具有反作用"，意识是一种蕴藏于我们头脑中的精神能量。因此，创业意识和创业精神是决定是否创业的关键因素。"创业意识，是指在创业实践活动中对人起动力作用的个性心理倾向，包括需要、动力、兴趣、思想、信念和世界观等心理成分。"①

由于我国教育体制和传统观念的积弊，造成大学生们普遍缺乏创业意识和创业精神，不愿、不敢去拼搏，总希望寻求一个铁饭碗。据有关学者做过的相关调查显示：对于"您如何看待大学生创业"，55.3%的学生选择"创业很复杂、很艰难，缺乏创业所需专业知识"；27.4%的学生选择"不想创业，自己不合适"；15.9%的学生选择"很想创业并有了一定的心理的准备"；1.4%的学生选择"大学生创业无实际意义，就是玩玩"。②

大学生群体的创业意识不强，主要反映在大学生对创业认识不足，缺乏相关的创业知识和能力以及心理需求，因而创业意识薄弱，创业意愿不强，对创业不

① 李晓明. 女大学生职业素质培养与就业指导［M］. 北京：光明日报出版社，2010（5）：89.

② 刘艳华. 大学生创业意识和创业能力现状调查及对策探讨［J］. 滁州学院学报，2012（6）：101-102.

感兴趣。究其原因：第一，他们对就业形势认识不足，对社会发展变化的态势认识不够，受传统的就业观念影响深。他们认为只有进了国企、事业单位和国家机关才是就业，自己创业不是就业，社会地位不高。第二，大学生们缺乏自主创业知识，创业心理准备不足，没有足够的信心，怕吃苦，怕失败，不敢面对竞争。第三，大学生创业动机上，也呈现出自主创业动机多元化和创业目的功利化倾向，他们认为创业就是挣钱，就是赢利，出现这种问题的主要原因是与创业活动本身的商业属性以及大学生所处的舆论环境有一定的关系。

要解决这三个方面的问题必须从社会、高校、大学生群体、家庭四方面入手。作为高校，应该做到以下几点：

第一，高校应高度重视对大学生的创业意识教育，更新教育教学理念，深化教育改革，转变人才培养模式，积极开展大学生创业意识教育，大力宣传创新创业对大学生就业的重要意义，营造重视创新创业的氛围。创业意识教育，是开展大学生创业教育的基础与前提。高校大学生只有具备了创业意识，才会有目的地、自觉地进行创业知识的学习和创业能力的锻炼。因此，“加强大学生创业教育的首要任务，就是激发他们的创业意识，培养他们愿意创业、乐于创业、勇于创业的奋斗意识，使他们树立强烈的创新意识、质量意识、服务意识、法治意识、风险意识等创业过程中必不可少的创业品质。”只有这样，才能有效地提高大学生的创业能力。

第二，加强大学生自主创业师资队伍建设。高校要加强与其他高校、企业和社会的联系，积极选配或聘请校内外富有创业经验与创业能力的专业教师、企业家、创业成功人士等为大学生自主创业导师，针对学生需求，分门别类地开展就业创业培训，发挥导师言传身教的作用，不断增强学生创新创业意识，从而激发学生的创业积极性、主动性和创造潜能。

第三，把培养学生的创业意识与专业教学和社团活动有机结合，将创新创业教育贯穿到课堂教学、班会和各种社团活动中。高校应从培养大学生创业意识、创业精神、创业品质、创业能力等方面着手，坚持技能教育与素质教育并重，充分发挥第二课堂的隐性作用。通过积极开展大学生创新创业教育，一方面，帮助学生树立创业理念、改变创业思维方式、提高创业技巧，增加大学生的创业信心，积极引领大学生树立和完善创新创业意识；另一方面，帮助大学生树立与市场经济相适应的积极就业观，培养他们的创新意识和创业精神，使他们由被动就业者转变为主动就业者，树立创业意识，培养大学生百折不挠与无私奉献的精神，在复杂的环境中锻炼自己的品质，更好的实现自己的人生价值。

二、显性和隐性创业知识的传授

在对大学生进行创业教育的时，需要对他们进行创业知识的传授。根据知识的外显程度和言传难易程度的不同，人们通常把知识分为两类，即显性知识和隐性知识。其中，显性知识客观而有形，通常以语言、文字等形式外化存储，传授起来相对容易；而隐性知识则是个体在特定情景中基于心智模式、价值观等感受到的但却不能完全清晰表达出来的知识，需要被传授者有较高的领悟力和觉察力，传授起来相对困难。

（一）显性知识

创业知识可以帮助创业者解决各种各样的问题，应对企业发展中的各种挑战。创业知识的传授可以启发大学生们的创意思维，促使创业意识的觉醒。Ardichvili、Cardozo 和 Ray（2003）指出，创业知识是创业警觉性的重要前因变量，能帮助创业者发现创业机会。大学生的创业知识越多，就越容易发现创业机会，其选择创业的可能性就会越高。另外，创业者要依靠自己的创业知识来解读市场的动态性，知识丰富的创业者能够克服成熟公司的市场壁垒，有效保护自己的发展从而更可能获得创业成功。大学生创业知识丰富，创业意向就会更大。

同时，创业知识的增长对创业能力的提高有正向促进作用。在创业知识中，人力资源知识以及战略管理、财务管理等管理类知识在创业知识中相对较为重要，对创业知识的增强有显著作用。① 开设相关课程是大学生接受知识的最直接的方式，高校应积极建设创业教育课程体系，对学生进行金融、管理、市场营销、财会等学科知识的培养，从而满足大学生对创业知识的需求，促进创业意识的觉醒。

除了传统的创业理论知识，国家的各种创业政策、公益团体、创业基金、孵化基地等信息对于大学生创业也有重要的作用，也应该属于创业知识的范畴。有研究发现，政府对于创业在税收和融资等方面的扶持计划和支持行为能够提升个

---

① 陈明，肖春林，万孟琳. 大学生的创业知识对创业能力影响机制的研究［J］. 华南理工大学学报（社会科学版），2013，15（4）：109-113.

体的创业意向（Hisrich & Brush，1985）。我国学者钱云也发现，对于融资支持、税收优惠、场地扶持等信息的获悉与大学生的创业意向有密切联系，有关创业资源的知识与创业意向之间也可能存在密切联系。由此，我们将创业知识划分为两类：传统的学科知识界定为创业理论知识，而国家的各种政策、措施界定为创业资源知识。创业理论知识告诉创业者在管理运营企业的过程中如何依靠自己的专业知识来处理具体的事务，而创业资源知识更多告诉创业者在开办企业的过程中可以从环境中获得哪些方面的帮助。有效地利用资源和平台对当前的创业活动越来越重要，因此，高校在开展创业教育时，不应仅仅局限于理论知识的传授，而应该把国家当前的政策措施、各种资源作为重要的内容一并推介给大学生们。

（二）隐性知识

隐性知识通常包括信仰、隐喻、直觉、灵感、思维模式和诀窍等。[①] 个体的隐性知识难以与他人沟通和共享，隐性知识的获得需要通过自己在实践过程中慢慢领悟。Verna Allee（维娜 · 艾莉）认为显性知识和隐性知识的关系类似岛屿与大海的关系，显性知识是人类所有知识中露出海面的一个小岛，隐性知识则是浩瀚的大海。[②] 显性知识根植于隐性知识，必须依赖隐性知识才能被理解和应用。隐性知识比显性知识更丰富、更宝贵、更能创造价值。隐性知识从本质上来看是一种理解力，是一种对经验的领会、把握和重组。不同领域和不同对象主体的隐性知识结构各不相同。

多年来，学者一直在努力探讨隐性知识的类型与结构。Sternberg 和 Wagner 等根据隐性知识的特性把隐性知识分为三种类型，即自我管理、他人管理和任务管理。[③] 为了探讨隐性知识的结构，Sternberg 在现实情境的基础上开发了一系列针对不同领域的隐性知识量表，如销售领域、管理领域、心理学术领域、军队领域等，他认为在事业成功方面，隐性知识测验比一般智力测验更具优势，而善于获得隐性知识的人也更具优势。[④] 野中郁次郎等认为隐性知识可以被分为两个维

① 钟红英. 隐性知识特性及表现形式的分析［J］. 湖南社会科学，2005（3）：125-126.

② 维娜 · 艾莉. 知识的进化［M］. 珠海：珠海出版社，1998：83.

③ R. J. Sternberg. Implicit Theories of Intelligence，Creativity，and Wisdom［J］. Journal of Personality and Social Psychology，1985（49）：607 - 627.

④ R. J. Sternberg，Horvath JA. Tacit knowledge in professional practice：Researcher and practitioner perspectives［J］. Administrative Science Quarterly，1999，45（1）：170.

度，一个是技能维度，另一个是认知维度。[①] 与之相似，李作学等认为个体隐性知识是一种与个体绩效相关的有机综合能力，从表现的形式上看，包括技能和认知两个维度，同时把隐性知识分为专用隐性知识和通用隐性知识两个层次。专用隐性知识属于技能层面，包含专业诀窍知识和专业技能知识；通用隐性知识属于认知层面，包含认知和价值观。[②] 黄荣怀等把隐性知识分为基于言语的隐性知识、基于身体的隐性知识、基于社会文化的隐性知识和基于认知个体元认知的隐性知识四个维度。[③] D. Perkins 认为隐性知识有言语理解方面的隐性知识、情感方面的隐性知识、社会习俗方面的隐性知识、身体方面的隐性知识和专家拥有的隐性知识这样几种类型。[④] 从以上学者对隐性知识结构的分析可以看出，隐性知识的结构基于具体领域而不同，其结构是多维度的。隐性知识所包含的内容远远比人们一般情况下意识到的要多。从隐性知识在不同情境下的不同表现来看，隐性知识既存在于个体，也存在于集体中；既有言语形式的隐性知识，也有通过行为、身体和情境等表现出来的隐性知识。

创业隐性知识看重的是创业的范畴。我们将创业隐性知识界定为创业隐性知识是创业者在创业情境中，基于其自身的心智模式所感受到但却不能完全用语言清晰表达出来的知识。创业隐性知识的存在形式灵活多样，可以表现为与创业相关的价值观，从中反映出创业者对于创业活动及其价值的评判；也可以以隐喻的方式确定创业中存在的问题。此外，直觉、灵感、思维模式和创业技巧等也是创业隐性知识的常见表现形式。有学者认为，创业隐性知识大体上表现为认知和技能两种类型，与人际管理、绩效管理、自我成长、任务管理和情绪调节等实践领域密切相关。创业隐性知识本质是创业者对于创业过程的理解，是创业者对特定创业情景的领悟与把握。

1950 年以前，智力测验的成绩一直被用来预测个体的未来成就，而早期诸多研究也证实了智力测验可以有效预测学业成就。后来 Ceci 发现，智力测验的

---

① 野中郁次郎，竹内弘高. 创造知识的企业：日美企业持续创新的动力［M］. 北京：知识产权出版社，2006.

② 李作学，王前. 个体隐性知识的层次结构及维度模型分析［J］. 情报杂志，2006，26（11）：75-77.

③ 黄荣怀，郑兰琴. 一种关于“个人发展”的隐性知识结构［J］. 开放教育研究，2005，11（2）：26-30.

④ 柴旭东. 隐性知识视野下的大学创业教育［J］. 高等工程教育研究，2010（1）：75-80.

预测作用是有限的，特别是对于个体在学校学习之外的领域所获得成功的预测更是有限。[①] 所以学者又将注意力转向了隐性知识对个体成就的预测作用上来。Sternberg 认为，隐性知识比智力更能预测事业是否成功，善于获得隐性知识的人更具成功优势。他和同事 Wagner（1985）对耶鲁大学的 22 名在读大学生、51 名商学院毕业生和 54 名管理人员进行了管理人员隐性知识的调查。结果表明：被测试人员的隐性知识得分与其毕业的年限、在公司的地位和薪水之间存在显著相关，而隐性知识的得分与语言推理能力之间不存在显著相关，这表明隐性知识测验是有别于传统的智力测验的，与事业的成功有更密切的关系。

在创业领域，隐性知识对于创业绩效的作用更是不容忽视的。借助相关的隐性知识，创业者可以巧妙地重组经验，打破原有思维模式，创造性地解决创业中的问题，以取得更好的创业效果。在创业过程中，创业者发现问题和解决问题的技能、破解创业难题的秘诀和经验、对于模糊情境的判断力、决策时的前瞻性等都属于隐性知识的范畴。而这些直接决定着创业的成败。因此，隐性创业知识的获取对于提高大学生创业能力是十分重要的。

学习创业隐性知识是提高大学生创业能力的一条重要途径。基于创业隐性知识的特征，打破传统的创业教育培训模式，建立科学的创业隐性知识共享和传递机制，是提高大学生创业成功率的重要保障。

大学生创业隐性知识的共享和传递可以通过以下几个方面实现：

第一，案例教学是创业隐性知识传递的有效途径。不同学者对隐性知识的界定并不完全相同，但多数学者都认为隐性知识是存在于个体头脑中的不容易用语言表达的、难以沟通和形式化的知识，这种知识生产于特定的情境，且以个体经验为基础，是高度个性化的知识。难以言表是隐性知识的主要特征，也因此成为大学生创业学习的主要障碍。但“难以表达”并不意味着隐性知识完全不可表达。例如，Buseh 和 Richards 认为隐性知识包括一大部分能够表达的信息资源。[②] Spender 也认为隐性知识并不是不能被编码，他把隐性知识定义为“尚未显性化”

① Ceci S. On Intelligence, More or Less: A Bioecological Treatise on Intellectual Development [J]. Englewood Cliffs, NJ: Prentice - Hall, 1990.

② Hitt, Stacey James. Tacit knowledge contained in Internet /web - based discussion group messages [D]. The Union Institute. 2001: 36 - 37.

的知识，意即在合适的条件下，隐性知识是可以外显的。[①] 但隐性知识的传递依靠的是个人的整体经验。Alice Lam 认为隐性知识难以剥离具体情景而被孤立的转移。[②] 因此空洞的理论讲解是无助于隐性知识的传递的。隐性知识是基于个体的经验在实践探索活动过程中产生的，与特定的情境相关，对未来的行动具有导向性。Spender 明确提出，隐性知识可以通过范例来学习。恰当的范例可以再现出创业过程中具体的问题情境，通过案例教学，教授者运用类比、隐喻、模型或者讲故事等形式以将隐性知识揭示出来，使学习者有所领悟。无庸置疑，我们可以将范例教学作为大学生创业隐性知识学习的有效途径之一。高校在开展创业教育时可精选创业案例，建立案例库，并通过教师深入浅出的讲解，让学生更容易掌握创业知识，从中悟出创业技巧。

第二，师徒式传授有助于创业隐性知识的习得。隐性知识具有程序性，是与实践技能相关的，知道“怎么做”的高度个性化的实践知识，可以用来指导行动却不容易被言传和交流，所以它不像显性知识那样可以通过系统的书面资料或叙述讲解等形式获得。Harriet Zuckerman 教授在探讨诺贝尔奖获得者之间的师徒关系时发现隐性知识是可以被传播的。她的研究表明，1972 年之前的 92 名美国诺贝尔科学奖获得者中，有 48 名曾经是前辈诺贝尔奖获得者的学生、博士后或合作者，而且其他国籍的所有诺贝尔科学奖获得者在这方面的情况大体相似。这些后来的诺贝尔奖获得者在作为“徒弟”的时候，从“师傅”那里学到什么呢？根据 Zuckerman 的调查，他们主要学到的不是显性知识，而是诸如工作标准和思维模式等更大范围的倾向性态度和不能被编写、整理的思维和工作方法等隐性知识。[③] 与传统的课堂教学模式相比，师徒式传授的优点是，一个教师往往只带一个或有限的几个学生，教师更有时间和精力去辅导学生，学生也更能集中精力观察老师的一举一动，并从中领悟出创业的技巧。

大学生与优秀创业者结成师徒，制定项目，建立长期追随制。大学生在实践中不断地观察、模仿和反思，积累成功的经验，汲取失败的教训，这样长期的追

① Spender, J. C. Making Knowledge the Basis of a Dynamic Theory of the Firm [J]. Strategic Management Journal, 1996 (17): 45 - 62.

② Alice Lam. Tacit Knowledge, Organizational Learning and Societal Institutions: An Integrated Framework [J]. Organizational Studies, 2000 (3): 487 - 513.

③ Zuckerman H. Scientific Elite: Nobel Laureates in the United States [J]. Isis, 1977, 70 (2): 107-112.

随式学习，有助于大学生习得优秀创业者的隐性创业知识，并将其良好的心理品质也内化到自己的创业隐性知识系统之中，从而提高其创业能力。为此，高校需要聘请成功的创业者作为大学生的创业导师，让每位导师都可以和有创业意向且具备一定专业知识基础的一个或几个大学生结成稳定的师徒关系，带领大学生一起参与创业实践。导师在创业活动过程中给予学生全方位的指导，既可以是创业知识的传授，也可以是解决创业问题的经验传递。在这个过程中，大学生学到的不只是显性知识，更重要的是在创业实践中潜移默化地学会创业者的思维方式、解决问题的技巧、行为风格等隐性知识。这样的师徒式学习时间不能太短，至少要半年以上，只有长期的耳濡目染，大学生的创业机遇识别能力及创业管理能力，才能得以提高，并改善其创业绩效，降低创业失败率。

第三，创业实践有利于创业者对创业隐性知识的感悟。“纸上得来终觉浅，绝知此事要躬行。”大学生的创业学习更是如此。传统的课堂教学传授的是书本上的显性知识，创业隐性知识需要大学生在自身的创业实践中去领悟。在创业教育中的实践环节，不仅是为了让大学生运用课堂所获得的相关的创业显性知识，更重要的是通过实践环节使大学生获得课堂教学中无法用言语讲授的创业隐性知识，从而全面掌握有关创业知识，使大学生能够融会贯通，创造性地解决创业过程中的实际问题。创业实践中，成功的经验可以增强大学生未来创业的自信，失败的教训则可以使大学生在今后的创业实践中免于重蹈覆辙。Cope 非常强调反思性学习对创业者的重要性，他认为对创业失败案例的反思更能改变个体的知识结构。[①] 大学生创业实践实质上也是一个不断地试错和纠错过程，从失败中摸索自己错在哪里，如何才能避免这些错误等问题。对于这些问题的不断思考与尝试新的解决问题的方法，正是获得隐性知识的重要途径之一。目前高校的创业教育中有的实践活动环节流于形式，创业指导往往仅限于要求大学生遵守各种规章制度，或是按照实习单位的具体要求行事，或是严格遵循学校制定的创业程序和决策方向，缺少具体有效的创业技术及心理指导，大学生被动地围绕着学校的指挥棒转，其主动性没有得到充分发挥，成败由不得自己，也不用对创业项目的结果负责。这样的创业实践意义大打折扣，既浪费了财力和物力，又无助于创业隐性

① Cope J. Toward a Dynamic Learning Perspective of Entrepreneurship [J]. Entrepreneurship Theory and Practice, 2005 (4): 373 - 397.

知识的获得，大学生的创业能力自然也难以提升。由此，高校要敢于放手让学生去主动实践，要建立创业指导平台从心理、技术上全程给予指导和支持，促使大学生在创业实践中总结和自省，以获得更多的创业隐性知识。

第四，组建创业学习共同体促进创业隐性知识的共享。学习共同体是指一个由学习者及其助学者（包括教师、专家、辅导者等）共同构成的团体，他们彼此经常在学习过程中进行沟通、交流，分享各种学习资源，共同完成一定的学习任务，因而在成员之间形成了相互影响、相互促进的人际联系。Burton R. Clark在其所著的《探究之地》中指出，如果把显性知识比作歌词，那么隐性知识就可比作音乐，两者是不同的，但只有两者有机结合才能成为剧目。隐性知识有时被看作“秘密知识”，在实际的科学研究中有大量的隐性知识。这种隐性知识的载体是科学共同体、课题研究组和科研人员。由于隐性知识不能被正式地定义和公开地传授，所以其传播也是无言地进行的。人们只有加入研究组，亲身参加科研实践才能获得或传播科研中的隐性知识。[①] 创业是创业者在高度不确定的环境中进行的探索活动，对于经验缺乏的大学生来说，创业更是要冒很大的风险，可能会遭遇更多的挫折。因此，创业活动如果是学生个人的单打独斗，失败的概率就会更大。但如果大学生、创业导师、专业教师组成创业学习共同体，这个团队在隐性知识学习中将会发挥 1 + 1 大于 2 的效应，因为团队及其相互作用是隐性知识共享的重要机制。隐性知识在运用上具有专属性、产权固化较难、在某一利益集团内共同使用更经济、受主观性影响很大等特征。每个大学生拥有的隐性知识都是他们自身通过各种途径获得的心得和体会，是长期学习和实践的结果，是根植于个体的内化知识，难以通过显性的观察和外化的模仿实现传递。而建立大学生创业团队，通过团队内部成员乃至团队之间的相互交流碰撞，大学生们不仅可以分享显性知识，还能在交流中潜移默化的实现隐性知识的传递，最终达到创业隐性知识的共享效果。

（三）创业能力要素培养

1. 基础能力培养

（1）创新意识和创造能力。“一个具有创造精神的人，一定是敢想、敢干，

---

① Clark B R. Places of Inquiry：Research and Advanced Education in Modern Universities［M］. BerkeleyandLos Angeles：University of California Press，1995：232-239.

有勇气独辟蹊径，有能力开拓新的领域，敢于创新，想前人所未想、做前人所未做的事。”① 创新意识和创造能力是指在科学、技术、艺术领域和各种实践活动领域中运用知识和理论不断提供具有经济价值、社会价值、生态价值的新思想、新理论、新方法和新发明的能力。创新和创造能力是经济竞争的核心，是一个民族进步的灵魂。当今社会的竞争归根结底是人的创新和创造力的竞争。

大学生要进行创业，就要有追求创新的强烈意识、对未知事物的敏感和好奇心、对新事物价值的准确认识、对新知执着的探究兴趣、追求新发现和新发明的激情以及百折不挠的毅力和意志，还有脚踏实地的实干作风。创新能力表现的过程是思维过程、实践过程、探索过程的优化组合。大学生在进行创业实践的时候，首先要具备丰富广博的基础知识、扎实的知识基础、合理的知识结构，只有这样才能进行创造性思考；其次，要有敏锐的思维能力，这样才能发现和把握那些稍纵即逝的创新灵感；最后，还要有强烈的研究动机和探索精神，在面对未知的世界时，能积极发现和探求新问题，并能运用独到的方式解决问题、获得新成果。

（2）组织领导与管理能力。这一能力是指大学生在创业过程中进行管理的技能，主要包括创业者自我管理、人力资源管理、财务管理、市场营销管理四方面内容。创业者的自我管理能力主要是指创业者对自身的时间分配、学习计划、心态调适等方面的自我管理能力。大学生本质上还是在高校就读的学生，社会经验尚浅，在创业过程中经常会遇到一系列的烦琐事务，很容易将个体的工作生活计划打乱，这对于创业者自身的时间管理、情绪管理、学习管理等方面的能力都带来较大的挑战。创业者的自我管理能力要求大学生在一定阶段内明确工作的重点，正确区分主要矛盾与次要矛盾，合理安排时间，及时疏导自身情绪，保持乐观的精神状态。同时，也要求创业者在立足当下的同时，拥有长远的眼光，关注自身的可持续发展，着眼未来。人力资源管理能力一方面要求大学生在创业过程中注重各类人才的合理利用，建立完善的人事管理与奖惩制度，有针对性地开展员工培训，最大限度地激发员工的潜在能力；另一方面要求大学生在创业过程中注重企业文化建设，为员工建立心理归属感，将督促员工努力工作转化为员工自发为公司发展而努力，最大限度地聚合一切推动企业发展的力量。大学生创业者的财务管理能力，一方面要求大学生具有必要的财务管理基础知识，懂得财务管

① 黄济. 教育哲学通论［M］. 太原：山西教育出版社，1998：456-495.

理的基本常识，坚持财务管理的主要原则，了解与财务相关的法律法规；另一方面要求创业者具有依据财务报表分析企业经营状况、发现企业现存问题、及时调整企业发展战略并预测企业未来发展走向的能力。大学生的市场营销能力要求大学生在创业过程中必须熟悉和掌握市场营销的基本知识、理论及其常用方法，还需要在实践的过程中不断根据企业发展的需要制定有针对性的商品营销策略，并在实施过程中及时调整策略，灵活运用相关理论与知识解决实际问题。

（3）领导能力，是指创业者在创业过程中能够清楚地了解组织内每个成员的优势与劣势，根据每个成员的个性特点、岗位胜任力及优缺点分配任务。作为组织的领导人，既不能独揽大权，以免加大决策风险，又不能不管不问、下放所有决策权，而应该根据组织目标和发展战略合理授权。通过公正合理的激励措施鼓励每个成员快速有效地实现组织目标。作为领导者还应能够团结组织内部成员，加强组织的凝聚力，为实现组织目标共同努力。

（4）人际交往能力，是指妥善处理组织内外关系的能力。人际交往能力包括与周围环境建立广泛联系的能力、对外界信息进行吸收及转化的能力和正确处理上下左右关系的能力。

大学生在创业过程中需要与不同的人建立关系，其中包括创业伙伴、员工、政府部门人员、竞争者等。在与创业伙伴互动的过程中，大学生需要与之建立相互信任、团结合作的关系，因此，他们不仅要具备良好的沟通能力，也需要具备合作能力。在与员工打交道的过程中，为了激励员工达到更高的绩效，大学生也要懂得如何激励、引导和鼓舞员工的热情和信心，因此，便需要具备激励能力和沟通能力。在与政府部门人员等其他组织外部人员进行交往中，大学生要在人际交往的过程中凭借沟通能力和人际技巧建设良好的政府、社会关系网络和信任合作的周边环境。

2. 操作能力

（1）创业融资能力。这一能力是指大学生对创业过程中所需要的人力、资金、信息和技术等重要资源的汇聚能力。汇聚资源能力在创业过程中具体表现为汇聚人力资源的能力、汇聚资金资源的能力和汇聚信息资源的能力三个方面。汇聚人力资源的能力，是指在创业初期组建创业团队的能力，也包括创业者在创业过程中进行人力资源需求和供给预测、组织招聘的能力。汇聚资金的能力是指创业者根据自身需求，结合各种形式资金筹集渠道的特点，选择合适的融资方式，确定稳健的企业资本结构的能力，既包含创业启动资金的筹集，也包括创业发展资金的落实。汇聚创业信息的能力，是指创业者确定所需信息类型、设计信息收集方法、监测和执行信息收集过程、分析整合信息的能力。同时，创业者对于信息来源的区分、信息可靠性的判断以及对信息价值的衡量也是大学生创业信息汇聚能力的重要内容。

（2）机会识别能力。创业机会也称商业机会或市场机会，是指有吸引力的、较为持久的和适时的商务活动空间，表现在能够为消费者或客户创造价值或增加价值的产品或服务之中。创业机会识别能力主要是指大学生在日常生活中关注社会需求与市场环境变化所产生的商业机会的能力，以及大学生善于将自身或他人的发明创造、技术创新应用于实践并投放市场产生价值的能力。机会识别能力主要体现在以下两个方面：一是识别需求变化带来的创业机会的能力。这就要求大学生在日常生活中善于发现个体需求与社会需求的变化，善于敏锐地发现市场结构与发展趋势的变化，包括社会环境变化带来的社会成员生活理念的转变，进而从各种变化中及时发现商机。二是识别技术革新带来的创业机会的能力。这是大学生创业过程中机会识别能力的重要方面，要求大学生全方位、立体化地理解技术革新，不仅关注技术的创新型革新，同时关注技术的模仿型革新与从属型革新，但不是盲目的求新、求异；不盲目地追求技术上的领先与突破带来的商机，而是要重视对于细节的技术改进而带来的创业机遇。

（3）风险识别与控制能力。这一能力是指创业者通过建立激励机制凝聚人才，完善组织架构，规范决策，科学管理，将创业过程中可能出现的风险控制在自己所能承担的范围之内的本领。大学生在创业过程中的风险识别控制能力一方面表现为创业风险的识别能力，另一方面表现为创业风险的规避与承担能力。创业风险的识别能力既要求大学生明确创业风险的来源，又要求他们预见不同发展时期企业可能面临的风险。大学生创业过程中风险主要来源于创业资金、同行业企业竞争、创业团队内部分歧、创业者管理不善等四个方面。这四个方面往往是决定大学生创业成功与否的关键。任何创业选择都会带来一定程度的创业风险，大学生在创业过程中必须正视这个问题。

创业风险的承担与规避能力一方面要求大学生要勇于承担风险，不能一味地躲避风险，更不能为了控制风险而放弃创业目标；另一方面也要尽可能地运用科学的策略最大限度地规避风险。承担风险的能力要求大学生创业者在创业之前具有一定程度的风险承担意识，同时也要做好充足的承担风险的准备，包括心理准备、资金准备等方面。一句话就是有胆识，要有谋划。风险规避能力则要求大学生创业者在对创业风险进行充分评估的基础上，结合自身实际情况，制定相应的风险规避策略，从而有效降低企业风险，知己知彼，方能百战不殆。

总之，对大学生创业的基础能力和操作能力的培养与提升，远不是通过一两门创业课程或创业大赛、创业知识讲座就能一蹴而就的。因此中国大学生创业教育不能局限于国外商学院的创业培训模式，还应针对大学生的创业能力要求另辟蹊径。既要在基础能力与操作能力的维度上完善现有的创业教育体系，又要把创业教育和素质教育、专业教育有机结合起来，将方法训练与素质培养贯穿于教育全过程，全方位地提高大学生的社会责任感、创新精神和创业能力。

第五章　我国大学生创业能力培养的策略

大学生创业能力培养是一项涉及全社会的复杂工程，离不开个人、家庭、高校、政府、社会的各方努力。要进一步完善我国大学生创业能力培养体系，必须协调各方力量，建立一个家庭、高校、政府、社会四位一体的、科学高效的对大学生个体创业能力培养的运行机制和体系。

一、核心：个人、家庭转变观念，进行自我培养

观念是行动的向导和指南，学生本人和家长只有从思想上接受创业，认识到创业也是就业的一条出路，这样才能重视创业，选择和支持创业。

（一）家长要转变观念，帮助孩子树立正确的创业观

家长的教育观念、教育态度以及教育能力是创业能力培养中的重要资源。良好的教育观念、态度和能力对孩子创业思想和理念的形成会产生积极的影响。首先，家长要多了解当今的就业形势，多与孩子沟通。摒弃传统的知识观、学业观和就业观，充分认识到实践知识和书本知识同样重要，经验、教训、失败是孩子必不可少的阅历。在生活中要避免事无巨细、事事包办；在与孩子交流时切忌权威自居，严厉说教；对于孩子的行为既不放纵，也勿专制。使孩子在和谐、友好的家庭氛围中健康成长，塑造出良好的性格和心理。家长要积极关注，鼓励孩子大胆尝试，激发他们的创业意愿和热情，在创业过程中要及时纠正他们的一些不切实际或者是错误想法，使之朝着正确的方向进行。其次，家长要帮助孩子树立正确的创业观。由于家长相对于孩子来说有着丰富的人生经验，对于其在创业过程中遇到的一些实际问题能给予正确的引导。特别是在创业中涉及财富观、信用观和成败观这“三观”时，家长可以通过具体的事例为孩子讲解财富、信用、成功和失败的关系，在金钱诱惑面前保持清醒的头脑，不能为了金钱丢了信用，遵守信用是创业成功的“金字招牌”，哪怕失败或从头再来也要时刻谨记信用的重要性。

家庭是社会的细胞，对大学生创业创新能力的培养有着直接作用，创新意识、创新精神和创新能力的萌芽通常在家庭中被培育出来。例如，俄国文豪列夫·托尔斯泰的二儿子原先是个劣等生，但由于父亲教育有方，后来他的数学成绩很好，而且爱上了数学。又如，托尔斯泰教儿子希腊语字母时，会马上要儿子读色诺芬的《远征记》，这种教育方法不仅使儿子学会了希腊语，而且在儿子参加入学考试时，其翻译古典作品的水平使所有的教师都感到惊讶。再如，大发明家爱迪生的妈妈经过细心观察，发现少年的爱迪生富于想象力，对未来的世界充满幻想，便因势利导，买来《自然科学学校》读本，让爱迪生阅读和摆弄小实验。后来，成年后的爱迪生每每回忆起往事，总认为是母亲当初的循循善诱，塑造了现在的发明大王。可见，科学的教育方式会使大学生创业创新能力的培养取得事半功倍的效果，因此，实施优良的家庭教育，积极做好家庭教育在大学生创业创新能力培养方面的相关工作显得很有必要。为了使孩子从小养成良好的道德素养，家长首先要在家庭教育中形成教育合力，协调好各种教育因素，使家庭教育产生整体效应。同时，家长要消除服役心理，不能对孩子过分纵容和溺爱。要避免凡事亲力亲为，包办代替的家庭教育方式，要使孩子从小培养独立自主意识和自我创新能力。要多多鼓励孩子参加集体活动，在集体活动中培养孩子尊重他人、珍惜友谊、热爱集体、团结协作等一系列良好的道德品质，使孩子在实践中逐渐学会适应生活和处理人际关系的能力。此外，家长还要避免对孩子抱有过高的心理期望值，在进行家庭教育时，要注意方式和方法，完善自身的心理素质，努力使自己向民主型家长转变。要给孩子做好榜样，向孩子灌输灵活的思维方式和解决问题的方法，在潜移默化中培养孩子的动手能力和独立思考的能力。当孩子在适当年龄时，允许其适当外出打工或者兼职，使孩子能够与社会进行良好的接触，提早实现与社会实践的接轨。

（二）大学生要转变传统的就业观，树立十大创业观

数据显示，近年大学生 3 年内跳槽率高达 60%。因此，我们要引导学生树立正确的创业观。首先，要转变终身就业观，树立动态就业观，树立“先就业，后择业，先生存，后发展”的观念，在工作中不断学习发展，寻找适合自己的工作；转变“专业对口”的观念，树立多元化的就业观，拓展知识面，在不同的领域有所发展；转变被动的就业观，树立自主创业观，充分认识到创业也是一条

发展之路。其次，树立创业所需的十大观念。在大学生创业的过程中，资金和经验是十分重要的，正是因为大部分学生缺乏这两方面因素，使创业之路频频受阻。因此在创业之前，大学生应树立以下十大观念：积极寻求有力支持的创业观念；脚踏实地的观念；积攒资本的观念；积极面对挫折和困难的观念；时刻保持平和心态的观念；不忽视“小项目”创业的观念；突出领导者与组织者的观念；不屈不挠、坚持不懈、勇往直前的观念；学好专业技能的观念；提升理财能力，对工作兢兢业业的观念。

作为大学生，他们往往对就业有三大误区：一是“创业不如就业”，二是“就业难不如再考研”，三是“宁要都市一张床，不要基层、西部一套房”。这些误区无形中影响我们的创业观，一旦我们得到一份不得不做，但是又不喜欢的工作，就会使我们感到身心疲惫、心烦意乱、郁闷压抑，影响自己的职业发展，甚至是生活品质。

关于创业，大学生应具有以下观念：①市场营销。在经历了生产观念、推销观念、市场营销观念和大市场营销观念之后，人们发现营销观念关系到企业活动的全过程的成败，是企业兴衰成败的关键。营销观念的正确与否要联系一定的历史环境，同时要以发展的眼光看待营销活动，企业往往就能捕捉到市场机遇，为创业打下良好的基础。②时间——机遇致胜。企业营销活动必须以充分利用时间为指导思想，以达到捕捉市场机遇，现代企业的营销活动以市场需求为核心，而市场又是瞬息万变的，既为企业创造营销机遇，又给企业带来风险。企业在现代市场竞争中，要抓住机遇，争取时间后，就能因势利导，化险为夷，在竞争中取胜。时间就是金钱，时间就是财富，以快取胜，创造时间效用，不轻易放过任何机遇。③信息为先导。企业营销活动必须以重视信息，充分利用信息为指导思想。市场信息是有关市场营销状况的消息和情报。是现代企业进行市场营销活动的重要资源。企业的一切营销活动，从营销方向的确定到目标市场的选择，从产品设计到产品销售后的服务，从营销决策的制定到营销策略的运用，都要以信息为先导，以信息为依据。信息的这些作用无疑决定了信息观念的重要地位。信息是管理者的耳目。企业要捕捉到市场机遇，必须要掌握来自各方面的信息，知彼知己，方能取胜。④社会责任担当。企业在人们的心目中似乎是一种唯利是图的野生动物。在现代社会，人们的价值观念已发生了变化，在竞争中获胜，仅仅依靠金钱是办不到的。俗话所讲的得人心者可以得天下，就是讲要树立社会责任观念。一方面，企业是社会的一部分，理所应当履行其义务。另一方面，在履行义务的过程中，企业可以得到很多的机遇。一旦取得公众的喜爱和支持，从长期来看，企业的机遇之源就能永不枯竭。马云的阿里巴巴就是一个鲜活的例子。⑤效率优先。现代市场营销活动中，“快”是一大特点，市场机遇来得快，消失得也快，消费者需求变化也快，竞争对手崛起快，要求企业信息快、决策快、营销快，归根到底要求企业效率高，才能抓住市场机遇，掌握营销主动权。“廉”是一大优势，可以赢得顾客，战胜竞争对手。提高效率，就能减少劳动的支出，降低成本，为实施廉价策略创造条件。企业树立效率观念，就能以快动作、低成本而高收益来捕捉到市场机遇。⑥竞争生存意识。企业要捕捉到市场机遇，就必须积极参与市场竞争，在市场上争顾客、争质量、争效益。竞争的规律是市场经济发展的必然规律和客观要求。⑦质量第一。企业捕捉机遇是在满足消费者需求的过程中进行的，没有消费者的满意，捕捉市场机遇将无从谈起。因此，企业营销活动必须重视质量。⑧风险意识。企业的营销活动必须以敢于承担风险、善于避开风险、减少风险、分散风险、化风险为机遇为指导思想，风险是创业不可回避的部分，但风险又蕴含着机遇。

（三）大学生要学会自我塑造，为创业做准备

世界不缺乏机会，而是缺乏发现机会的眼睛。首先，大学生要增强创业意识和创业精神的自我培养。创业意识和创业精神是创业的前提和基础。愿创业、敢创业就迈出了创业的第一步。因此，大学生在校时要加强做事情的主动性，善于发现问题，敢于质疑，充分运用自己的想象力、观察力，发挥自己的创造力。创造机会发挥自己的创新精神、冒险精神，锻炼自己的工作能力和社交管理能力。其次，大学生要参与创业实践活动，积累创业经验，提高创业能力。大学生有创业意识和创业精神还不够，还要通过积极参加校内外的实践活动来积累经验、锻炼自己，培养创业所需的组织、管理、协调等综合能力。例如，担任学生干部，在管理班级、组织活动、上台演讲的过程中就锻炼了自己的领导能力、组织能力、协调能力、合作能力、社交能力等；再比如兼职，虽然大部分学生兼职的工作与自己的专业不符，并且多是端盘子、推销之类的简单、重复性工作，但他们在这些工作中却锻炼了自己的忍耐力、销售商品、处理问题的能力和交际能力；参加社会实践活动，在全面的、系统的活动中锻炼自己的团队合作能力、策划能

力、收集信息的能力等；参加行业协会，这里有良好的商业氛围，能掌握全面的信息，结识更多志趣相投的朋友，模拟创业，发挥自己的创业能力；参与学校的科研项目，可以提高自己的实际动手能力，提高自己的创业科技水平；进入企业实习，在此过程中，能积累管理企业的经验，为创业做准备。这些有益尝试中，你所具备的可迁移技能是创业成功的重要要素。

1. 客观的评价自我，培养良好的心理素质

由于当代的大学生大都没有经历过艰苦生活的磨炼，也没有经历过太多的挫折，社会经验和人生阅历不够丰富，也不会客观地评价自己，对自我的认识与评价不到位，要么过高的评价自我，要么不自信否定自我。不仅如此，大学生往往在挫折面前又表现得信心不足而迷惘无措，情感表现得敏感、脆弱。在自主创业的道路上，大学生需要面临的是一个非常复杂的陌生环境，激烈的竞争压力，复杂而又艰辛，大学生怀揣着大展宏图的梦想踏入创业的潮流中，却又缺乏迎接困难和挫折的信心和心理准备，这无疑增加了创业的风险，也阻碍了大学生日后的个人发展。因此，大学生必须学会正确的认识自我和评价自我。

随着社会经济飞速发展，大学生要不断按照社会对人才的需求来重新塑造自己，培养和加强自立意识、成才意识和学习主动性。首先，大学生已经认识到在严峻的就业形势下，自主创业是一条很不错的出路，这就需要树立正确的创业观。其次，大学生创业需要客观、正确地认识和评价自我，了解自身的优缺点，在创业前一定要做足准备，分析自身条件，充分考虑外在因素，做好创业策划。而计划必须建立在现实、有效的市场调查基础上，不能凭空想象。分析自己是否适合创业，适合什么行业，创业计划是否客观、可行。在很多大学生创业实例中，往往就是因为眼高手低，过高地估计了自身的能力，使创业陷入僵局。还有一部分大学生没有对自己进行评价，不了解自己的优势，对自己的能力缺乏自信，认为自己没有能力，却没有想过如何提高自己的综合素质。创业不是对于每个人都适合的，但是乐观、自信是每个大学生都需要的精神信念。有很多大学生身上的潜能还尚未开发，这就需要在学校的培养下，自我的发展中不断发掘出来，这些都需要自信的力量支持。同时，大学生在创业过程中会伴随来自社会各方的议论和风险，这给他们带来很大的心理压力和困扰。创业的道路不可能是一帆风顺的，意外的打击、挫折和困难时时刻刻考验着大学生。如果缺乏心理准备，就容易在麻烦到来时陷于被动，造成心理失衡乃至崩溃。因此，这就需要锻

炼自己的抗压能力，形成坚定的意志、思维独立、智能结构健全的健康人格品质。

所以说，良好的心理素质是创业成功的首要因素，要锻炼自己坚强的性格和面对困难挫折的勇气和信心。大学生要了解相关心理知识，增强自我保护能力，培养良好的心理素质。学会与人沟通，有很多大学生人际交往能力较低，长此下去，会产生孤僻、自私等不良心理。因此，要多参加学校组织的社团活动，多与身边的同学沟通，培养交往能力。

2. 培养自主学习能力，提高自身综合素质

随着科学技术的飞速发展，知识迭代越来越快，高速发展的现代信息技术为教育发展提供了丰富的物质基础，同时也对当代大学生提出了新的要求，学习新知识和掌握新信息的自主学习能力就是其中之一。高校作为高素质人才培养的基地，目前正在逐步建立一种“厚基础、宽口径、高素质、强适应”的培养模式，但与社会对创新人才的要求还有一定的距离。由于创新创业能力的培养不仅仅取决于教学，还有很大比重取决于学生的自主学习能力。所以，培养自主学习能力应成为大学创业教育的重要内容。大学生自主学习，是大学生在学习熟练掌握专业知识的同时的自我完善、自我丰富的关键。自主学习情况在一定程度上体现了大学生的人生观和理想追求，培养大学生自主学习的能力从某种意义上来说，是弥补学校传统应试教育的缺陷和不足，同时也是培养大学生综合素质的需要。特别是我国目前的基础教育阶段都是以“应试教育”为主，考试模式导致大部分学生自主学习能力较低，创新意识薄弱。因此，如何有效地培养大学生自主学习能力的问题变得越来越重要。

（1）大学生自主学习需要明确理解自主学习的概念。绝大多数的大学生对自主学习的理解都不全面，对自主学习概念的侧重点也不同。所以，必须让学生了解自主学习的真正含义、特点及其对大学生自身未来发展的促进作用等。只有在全面理解自主学习含义的前题下，明确自主学习的重大作用，大学生才会真正的学会自主学习。

（2）激发大学生的自学兴趣。强烈的个人兴趣是激发学生进行自主学习的重要动力。要想对某种事物感兴趣，必须从了解和认识开始。因此，培养大学生的创业意识和创新精神就需要从培养学习能力开始，引导学习乐趣，从学生内心里激发出其进行自主学习的主动性和积极性。

（3）锻炼自我约束力。学习是要有目的和方法的，要有选择性的学习有用的知识，同时要增强学习的自我约束力。大部分学生没有完成学习计划的原因在于学生的自控意识较弱。因此，对学生自主学习的研究重点应放在注重增强学生个人意志培养、提高学生自控能力上，这样才能让他们更好地指导自己的行动，从而进一步来完成自主学习。大学生应该知道自己什么时间该做什么，并认真去做，不受外界的干扰。

（4）培养判断能力和批判性思维。大学生要学会独立思考，掌握判断是非曲直的能力。由于大学生接触社会的机会很少，这方面能力一直比较欠缺，再加上长期处于应试教育的学习中，批判性思维也得不到锻炼。

（5）大学生要学会自我评价和自我监督。这就要求大学生能够在学习过程中对自己的学习状况做出客观的认识或评价，随时发现自己的问题并总结自己所取得的进步，能够监督自己的计划完成情况，对学习进行自我指导，保证自主学习的质量。

（6）培养个人独立思考与合作学习相结合的能力。大学生掌握独立思考的能力是进行自主学习的基础条件。但自主学习不能简单地被理解为个人的、独立的学习，自主学习中的学习者要对自己的学习行为负责，学会在与他人的积极合作的过程中加深对自身的了解，并解决自身的问题。因此，合作学习是自主学习不可缺少的一部分。

二、助推：高校建立完善的创业教育体系

高校作为创业教育的载体，对大学生创业能力培养起着关键的作用。而创业教育的教学理念、科学的创业理论课程体系和实践活动、高素质的创业教育师资队伍、完整的教学体系和研究体系，是高校开展大学生创业能力培养的四个关键部分。

（一）抓好创业教育的顶层设计，改革人才培养模式

在高校创业能力培养中，高校领导者的教育理念以及认识程度起着决定作用。因此，首要的问题就是要树立全新的创业教育观，全面认识创业教育的内涵。“创业教育首先是生存教育，是一种新的生存观念和生存方式的教育”。通过创业教育，挖掘大学生的潜力，培养大学生终身学习和可持续发展的素质，教会

他们以新的方式来生活和生存，进行自主创业，创造新的产品和服务，促进经济发展和社会进步。因此，高校应以大学生为本，着眼于培养高层次、高质量的具有创业能力的大学生。高校领导者要牢固树立一切工作以服务学生为宗旨，把创业教育、创新教育、生存教育、发展教育、终生教育以及开放教育相结合。在这种创业教育理念的指导下，培养大学生的创业意识与创业精神，丰富大学生的创业知识，健全大学生的心理品质，提高创业能力。

大学生创业能力的培养是一个复杂的过程，包括从思维到行动等各方面的训练。而这个过程最终还要由大学生自己来完成，高校只是一个引导者、教育者。因此，除了高校领导者自身要更新教育理念，还要帮助大学生树立创业意识，鼓励学生投身到各种社会实践活动中去，施展自己的才华，积极主动创业。高校应把大学生创业能力培养的思想渗透到高校教育与管理的各个环节中，从教师的教学理念到各项管理服务等方方面面都要涵盖到。为此，高校应建立专门的大学生创业能力培养研究机构，这一机构可以由校领导、各个院系的领导、教学、科研、学生管理部门以及团委、大学生就业指导中心等共同组成，并聘请优质校友企业家作为指导者。同时，学校还要在各个院系成立分支机构，分工协作，全面实施创业能力培养。这个机构主要负责全面协调教学、教师、实践活动等工作，承担创业教育的研究，开设创业创新教育课程、举办讲座、创业大赛等活动，提供创业资金和创业咨询等专门服务。除此之外，高校还要从教学手段、教学方式和方法入手，改革人才的培养模式。在教学手段上，将现代化技术和网络运用于教学，开展仿真训练教学、情景模拟实战训练等。在教学方式和方法上，倡导启发式、案例式、讨论式的教学方法，使学生在轻松、自由的教学过程中提高自己的创业能力。最后，高校应营造创业文化氛围，形成良好的激励机制，有条件的高校可创立创业学院。学校要采取多种形式弘扬创业精神，在学校形成“支持创业、尊重创业”的浓厚氛围，提高教师和学生的创业意识，将创业教育融入学校的教学和各项活动中。

“创新美国（Innovate America）”和“创新教育（Innovate Education）”等概念在美国社会特别是在高等学校中流传十分广泛。美国的教育系统认为，创业创新并非是高不可攀的抽象概念，而是自身应当拥有的一种思维方式，是可以通过学习和训练而获得的特殊技能，如同其他技巧一样，可以通过教育来使人掌握并不断提高。《美国新闻与世界报道》指出，每位哈佛大学商学院学生都至少修过一堂创业创新课程，而哥伦比亚大学则研究如何将创业议题贯穿整个过程。英国教育的重点也不是传授知识，而是为个体的工作与创造服务，目的是培养独立工作、独立思考、拥有专门知识和技能的有个性的个体。德国教育则强调能力为本、人人平等、个性培养和稳中求新，着重培养大学生的思维力和创造力，要求学生全方位发展。德国大学所培养出来的学生，将德国人精密、严谨、一丝不苟的典型特性充分体现在他们的学习与研究中。这种严于思辨、长于哲理、擅长于理性思维的素质，对科技创造、发明有着重要作用。这些发达国家的教育创业经验可以运用于我国的创业教育中。

（二）调整培养方案，构建科学的课程体系

构建科学的创业课程体系，将理论课程与实践课程相结合是大学生创业能力培养的核心部分，要以加强基础理论学习、注重实践活动，拓宽口径、突出特色、提高能力为创业教育的原则。教材的选择以发挥学生的主观能动性和创造性为基础，以市场需求为导向，教材内容要具有多样化、特色化、个性化的特点。实施大学生创业能力培养的课程体系要以各个年级学生的特点以及对创业的认知程度为依据，构建由浅入深的理论与实践课程的学习，真正把大学生创业能力培养融入整个教育环节。据此，我们设计了由大学一年级到四年级的课程体系。

大学一年级：学生刚入学，主要是进行基础理论知识的学习，对于创业课程要以简单的、基础的入门课程为主，包括创业概论、创业管理入门、商务沟通与交流、创业实务、创业社会常识、创业指导、创业心理和技能、公关和交往等基础课程。这些课程主要是让学生初步了解什么是创业，在创业的不同阶段会出现什么问题，怎样采取措施解决突发问题，以及创业中的交流与沟通技巧，还有创业的前期准备、创业步骤、对市场机遇的把握、市场调查、创办企业的注册程序，等等。在创业活动方面，以创业系列讲座和创业报告会为主，引导大学生转变观念，增强创业意识。

大学二年级：在进行了基础理论学习之后，学生对创业有了一定程度的了解，接下来要以相关的创业知识为主，进行全面细化的学习。课程包括团队训练、创业市场调查、公司法与合同法、企业财务基础、市场营销、创业战略、创业融资、创业计划等相关专业知识。这些课程可以指导学生把握在创业中怎样组建团队，怎样与成员沟通，发挥领导者的作用，如何进行创业市场的可行性分

析，如何融资、撰写创业计划书，了解相关的法律知识，等等。在创业实践活动方面，以实践课程拓展训练为主，开设创业训练营，聘请专业的拓展训练师，对学生进行科学系统的拓展训练。此外，举办大学生职业生涯计划大赛，通过模拟创业、开展创业论坛等方式，使学生逐步深入创业活动中，培养自主创业的能力。

大学三年级：虽然学生们接触和学习了两年的创业知识，但是这些知识比较零散。所以，大学三年级要对知识进行整合，进行系统的创业知识的学习。这一年，主要是聘请专业老师对学生们进行 SYB 培训。SYB 全称是“START YOUR BUSINESS”，意为“创办你的企业”。这一系列的培训课程能高度满足大学生创办企业的需求，具有学用结合、高度参与、模块化、游戏化等特点。创业培训课程主要分为“创业意识培训”与“创业计划培训”两大板块，其中，创业意识培训的目的是：①让学员认识创业需要具备的基本知识技能与心理素质；②能够评估一个创业项目的好坏与风险；③了解现实中企业的基本运营状况。创业计划培训的目的是：①让学员掌握创业项目计划完整的体系结构；②能够使用经济学及管理学的理论工具分析创业的项目；③完成创业计划书。课程具体内容按照创业构思形成的逻辑顺序分为以下十个步骤：①个人状况与项目评估；② 项目类型与创业构思；③ 市场评估与营销计划；④ 创业团队与企业组织；⑤企业的法律形态与特点；⑥企业的法律义务与社会责任；⑦启动资金估算与融资知识；⑧项目财务分析；⑨创业计划书制订；⑩开办企业所需的实际操作。经过 SYB 培训，帮助大学生正确认识自我，形成一个系统的创业知识体系和构想，并且能对市场环境有理性的认识，对市场进行正确评估。在创业实践活动方面，为学生搭建与创业专业人士和企业家沟通交流的平台，到企业中学习、考察、实习、挂职锻炼等。

大学四年级：通过三年系统理论知识的学习以及参加一系列创业实践活动，学生们在四年级的学习侧重于实际操作。这一年，可以到学校的创业实践基地进行模拟训练，有条件的同学可以在校方的指导和帮扶下创办自己的企业。

一个完善的课程体系，对于培养大学生创新能力会起到非常关键的作用。具体包括以下三个方面：一是通过课堂教学培养大学生的创新意识，探索多种教学模式，设计情境式问题，诱发学生求知欲，培养学生学习兴趣。为了适应学生能力培养循序渐进的客观规律，教师应改变过去传统的填鸭式教学，采用启发式教学方式，引导学生掌握提出问题、分析问题和解决问题的研究思路，锻炼学生的发散思维，提高创新意识，学习并掌握创新方法。二是通过实践环节强化创新能力。引导学生观察及动手操作，培养创新思维能力。一方面要引导学生学会如何观察实验，观察是创新的入门阶段，使学生学会观察并掌握观察的方法，培养学生敏锐的观察能力。另一方面教师要指导学生大胆设计实验，培养学生的开放思维。此外，学校要加强实验室、校内外实习基地建设，构建实践能力培养基地，让学生更多地享用科研平台，提高学生创新能力和综合素质。培养学生学会在实践中获取知识，为学生提高创新实践能力提供舞台。三是以科技竞赛活动为抓手，培养大学生创新意识，锻炼大学生实践创新能力。鼓励学生参加国家、社会、学校组织的各种课外科研活动、创新科技竞赛等。参加创业大赛，既可以培养学生的动手能力、自学能力、科学思维能力，又可以提高学生的综合素质，增强实践能力，培养创新意识和团队精神。同时，学校应开设各种类型的创新科研基金，通过这些资金的支持和鼓励，对于培养学生的创新能力来说，可起到很好的催化作用，从而引起大学生的兴趣，调动他们的积极性。

总之，培养大学生创业创新能力所需要的综合素质非一日之功，学校要积极改善课程结构，改变单一学科设置。现在，学科门类已达 2 000 多个，知识更新速度加快，要求学生在学校掌握终身受用的知识是不切实际的。因此，不能像以往那样每门课程都搞“小而全”，孤立地追求各自的系统性、完整性，而应贯彻上述课程设计的总原则，实行整体规划、整体优化，确立每门课程在整体系列中应合理占有的地位、作用和教学时数，以及彼此的接口关系，搞好分工和衔接，使各门课程既有一定的独立性，又是一个有机联系的、完整的系列。同时，要拓宽专业面，淡化专业界限，加强理工结合、文理渗透，促进相互沟通、融合，以改善学生的知识结构和能力结构。对就业率低的长线专业，学校要停止招生或者减少招生，根据社会需要允许学生调整专业，提高培养人才的质量。

（三）着力打造高素质创业教育师资团队，优化师资队伍配置

在实施创业教育的过程中，教师的观念、素质、知识水平、创业精神以及创业能力，对大学生创业能力培养具有决定性的影响。创业教育的从教人员除了要具备基本的知识和能力外，更要具备更高层次的素质和能力，其中包括全新的创业教育观念、不断探究新的教育思想的精神、创新和创业精神、创业能力以及专

业的实践能力等。

我国大多数高校创业教育起步较晚，尚未形成系统专业的创业师资队伍，且接受过创业教育培训的教师数量毕竟有限，而开设创业教育课程的高校却与日俱增，创业教育师资杯水车薪。不仅如此，学校教授创业教育的教师大都没有过创业的真实经历，并没有创业经验传授，只局限在书本知识，根本不能满足大学生的需要。为解决此问题，学校必须大力提高创业教育师资队伍的水平。创业教育首先要加强对教师的培养。因此，要为创业授课教师开展不同形式的创业教育培训，培养教师的创业意识、创业精神、创业能力以及创业教育的技能，为教师积累创业经验和创业知识，提高创业技能奠定良好的基础。

首先，对于高校现有的创业教育教师，要加大培训力度，同时创造条件让教师体验创业，提高其理论水平以及实践能力。近几年，教育部每年都举办创业教育骨干教师培训班。该培训班邀请了创业教育领域中的专家，讲解国内外高校创业教育的成功经验，目的是使教师们全面地了解国际上创业教育先进的教学方法。此外，高校可以提供条件，组织教师实际操作一段时间，体验创业，增强教师的创业能力。例如在美国，学校给教师一周的时间去体验创业活动，创业的每一步都要按一定的顺序逐步实行，使教师获得丰富的经验，也能更好地指导学生开展创业教育活动。

其次，对外聘请社会各界的相关专家加盟创业教育的教学。创业是一个跨越多个学科领域的复杂现象，因此，教授创业教育的专家也应来自不同的领域，他们可以分别从各自的专业视角指导大学生创业。理论专家讲解创业的理论知识，包括经济、管理等的知识；技术专家，能够准确把握某一领域的技术，并提供科技发展的动态；政府人员，讲解创业的政策和创办企业的注册程序等；成功的企业家，讲解经验，树立成功的楷模，激励大学生创业；孵化管理者，为新创企业提供场地和各种配套服务与管理；风险投资家，为大学生创业者提供投资方向和策略；法律专家，讲解相关法律知识。这些专家的指导必定能激发大学生创业的欲望，增强大学生创业的自信心，提高大学生的创业能力。

最后，高校“双师型”教师地引进和培养也是我们努力的方向。学校通过创业指导教师传授和指导有关创业的基本知识和技能，可以帮助学生对创业树立全面、客观的认识和体验，切实提高学生的创业意识和创业能力，培养有创新精神的人才。由此可以看出，创业教师在大学生创业能力培养上所发挥的积极作用。高素质、专业化的师资队伍是培养大学生创业能力的重要保障。

1. 以教师为基本师资队伍，社会多方面配合

以教师作为教学主体，采用示范教学的教学模式，对学生讲授创业理论和创业知识等基础教育教学，使学生能够掌握创业的基础理论。同时，由于授课教师缺乏创业实战经验，其教授的内容可能对学生缺乏吸引力。为了弥补教师因环境所限而较少有真正的创业实践和创业经验，可以效仿美国的做法，给创业教师提供经常学习的机会，让他们参加创业学术会议和高级研讨会，经常到成功的高新技术企业参与学习创业过程，为日后教学中引入创业实例，具有非常强的教育性。同时，高校在进行创业教育时要聘请社会成功人士、成功的企业家、商界名流、风险投资家、政府人员等各类专家，为学生开创业讲座，保证创业教育师资来源。通过他们的讲授，使学生能够直接感受创业，在创业的道路上获得丰富的创业知识和创业指导，以增强大学生对创业的兴趣和热情。

2. 成立创业教育研究机构，研讨创业教育课程体系的建设

我国创业教育起步较晚，许多理论问题还需要探讨研究，目前使用的教材大都是西方发达国家的创业课程。鉴于国情和环境的不同，对学生来说，这种创业教育是缺乏针对性的。因此要鼓励教师大力开展针对本校创业教育的课题研究，建立创业教育师资库，并与社会创业教育研究机构联合，结合本校专业，进行理论研究、课程研究、创业辅导等，促使高水平的研究成果不断涌现，进而更好地指导创业教育工作。

学校要采用创新型教师，积极建设高水平教师队伍。现阶段我国教师队伍的素质在不断增强，但整个教师队伍中，高学历者大多年轻并且缺乏教育经验，而教育经验丰富者却普遍未经历高新知识的教育训练，这使得教师队伍对创业创新人才培养的集成优势还没有充分发挥出来，成熟的创业创新型教育文化尚未完全形成。因此，学校要积极建设一支热心于献身创业创新人才培养工作的创新型教师队伍，这是学校培养大学生创业创新能力的关键。要积极增加教师队伍中具有海外研究经历人员的比例，通过“引进来”和“派出去”，拓宽学校师资队伍的国际化视野，丰富他们的经验。要加大教师队伍中具有科研院所和企业研究经验的人员比例，一方面有计划地引导学校教师深入企业和科研院所进行科研实践活动，支持学校教师参与国家及各部委的基金科研项目等，培养学校教师的创业创新实践能力；另一方面可以鼓励科研院所和企业中具有创业创新能力的人员到学

校从事教育教学活动，加强学校高水平创新型教师队伍的建设。学校还要积极改进教师评价体系，适当地增加教育教学方面的考核比重，给予教学成果与科研成果同等待遇，以激励那些勇于开拓创新并获得一定成绩的创新型教师，能够用他们更大的热情和积极性，继续培养出更多的具有创业创新能力的大学生。

就教师本人而言，可以从以下三方面进行努力：

第一，学术职业专业化发展。大学教师从事的是学术职业，学术职业地位的高低与大学教师的能力与水平关系密切。科学研究的价值、人才培养的质量和为社会服务的能力直接影响着教师的专业发展道路。具有高深的知识、高尚的职业伦理、以社会利益为导向等素质，都要求教师走专业化发展的道路。

大学教师作为专业人员要得到社会的认可和支持，获得职业的权利和地位就必须满足社会的需要，因为学术职业的地位是社会对于教师的社会价值和贡献程度的肯定而获得的，只有教师对社会做出贡献，才能获得社会对于其专业地位和权力的认可。教师个体专业化是教师职业专业化的基础，也是学术职业专业化的根本。学术职业专业化是教师群体专业化的必然结果，从根本上影响着个体专业化的进程和水平。马克思·韦伯认为："个人只有通过最彻底的专业化之后，才有可能具有信心在知识领域取得一些真正完美的成就。"可见，学术职业的专业化依赖于教师在高深知识领域为社会所做的贡献，其自身的发展水平与学术职业的发展是密不可分的。

第二，提高创新与创业能力。创新能力是对创新教学和对学生创新能力的培养。作为一名大学教师，要不断更新知识结构，树立从事教学研究的自主性和自觉性。在教学过程中，要善于发现、分析和解决问题，不断实践、不断创新。创业能力是一种核心能力，它对个人在各工作领域激发创造力和革新性极为重要。创业教育要求培养的教师队伍应该是具有创业意识和创业能力的社会参与者，它要求教师能够让学生有效地适应社会，自觉地迎接未来生存的挑战，积极地参与社会变革，主动地开拓事业。

第三，良好的职业品质。大学教师应具备高度的职业责任感和使命感，高尚的职业尊严感和荣誉感，目标明确的事业心和成就感，以及实事求是、谦虚谨慎、勇于创造、开拓进取的职业信念等。这既是提升学术专业化程度的要求，也是创业型教师发展的路径选择。同时，教师还要有开放的人格和宽容的心境，用"以人为本"的思想指导自己的教育教学工作，营造民主、宽松的教育氛围，充分尊重学生的人格，善于尊重和鼓励学生的主体思维，引导他们敢于突破常规，标新立异，并形成自己的独特见解和与众不同的工作风格和特色。

从教育部门和高校而言，可以从以下几个方面进行努力。

第一，加强社会扶持力度，牢固树立“教师是兴教之本”的观念。积极给予资金、政策等方面的扶持。“国运兴衰，系于教育；教育兴衰，系于教师。”作为政府和领导层，要提高认识，要明白能否建立起一支具有优良作风、有活力、胜任现代教学工作、有创业教育理念、适应改革和发展需要的师资队伍，事关学校的生存、发展和整个创业教育的成败。因而，必须以优化整体教师队伍素质为目标。政府应在充足教师经费，提高福利待遇，改善工作环境等方面提供全方位的支持，有效利用社会一切有利资源，集中力量抓好具有创业精神的教师队伍建设。

第二，健全培养激励机制，营造良好环境。高校要根据新的形势和发展变化的具体情况，不断健全和完善教师培养管理体制，重视教育科研，促进教师成长。逐步形成公平、公正、公开的学术评价机制，通过各种合理的方式选拔和培养青年骨干教师、学科带头人，以激励青年教师脱颖而出。要根据教师贡献的大小、科研成果的多少等，合理拉开分配差距，形成良性、有效的竞争激励机制，吸引和稳定优秀人才。

随着知识经济时代的来临，创业教育的进一步发展，专业化的大学教师除了具备专门学科的知识和技能外，还应具有深厚的教育理论修养、广阔的教育前沿视野、敏感的教育问题意识、过硬的教育科研能力，更重要的是具有适应不断变化的环境的能力。因此，提高高校教师面向市场的应变能力也是健全教师培养机制的重要途径。

第三，加强教师培训和实践锻炼，提高综合素质。为了适应创业教育的要求，高校要切实搞好教师的培训工作，把提高教师综合素质作为培训工作的重中之重。首先，广开培训渠道，采取多样化的培训模式，优化知识结构，提高教师教学、科研水平。结合创业课程教学内容定期或不定期举行教师培训，实施终身教育。各个高校应该在政策导向上大力提倡创业教育，着眼于更新知识、提高教学能力、科研水平和社会服务的水平，制定相应政策，引导教师转变思想观念，树立新的教育理念，明确创业教师培训要求，激发教师主动参与继续教育，使创新意识和创业能力在教师培养的过程中有更大的发展空间。

其次，加强教师实践锻炼的能力。国家总督学柳斌指出："优秀教师不是靠大奖赛奖出来的，而是在教改实践中不断探索和磨炼，在教学研究中不断学习和积累的过程中成长起来的。"创业教师的能力同样需要在不断实践、不断探索的过程中逐渐培养起来，离开了实践，创业教师的能力便难以养成和保持。高校一方面要为教师提供各种方便和机会，提供创业实践条件，帮助解决实践过程中的一切困难，鼓励其自身创业实践。另一方面，高校还需要为创业教师的创业教育实践提供良好的舆论导向和氛围，尽力让每一个创业教师都勇于实践、敢于探索、善于创新。

（四）构建大学生创业能力培养实践基地

构建大学生创业能力培养实践基地，并在该基地进行亲身体验是沟通理论教学和实践的媒介，是大学生亲身体验创业的平台。通过这些创业实践活动，积累经验，挖掘自身潜在的能力，增强对创业环境的认知。例如，河北大学一直很重视对学生创业能力的培养，学校通过创建大学生创业园，设立 30 万元的创业教育专项基金等形式，为学生初创企业提供办公经营场地、政策咨询、企业项目对接、工商注册等服务，全面扶持学生的创业实践活动。该校还聘请当地的企业家为指导教师，让他们和本校教师一同对学生进行创业指导和企业管理能力方面的培训。学校通过组建团队、项目策划等不同形式的训练活动，帮助学生提高创业能力。在学生创业团队组建并形成较成熟的创业项目后，学校就将其纳入创业园进行项目孵化，为他们提供固定的办公室、电话和计算机等必要的办公设备。其间，由学校创业指导教师对他们进行有针对性的业务培训和指导，一直到创业团队成功注册公司并运营。目前，学校已经形成了 170 支学生创业团队，每个创业团队都有专门的创业指导教师。另外，有 34 位企业家成为该校特聘的创业指导教师。

河北大学为高校构建大学生创业能力培养实践基地提供了有益的探索经验，校内大学生创业能力培养实训基地，主要以创建大学生创业园为主。创业园作为大学生创业的"孵化器"，针对的是大学三年级和四年级的学生，创业园会为他们提供自主创业的专门活动场所，以及资金、优惠政策、专业教师指导、项目策划等方面的帮助。此外，高校还可以建立大学生报亭、超市、家教服务中心、饭店等小型经济实体，可降低租金让学生承包并自主经营，初步体验创业。如重庆工商大学就将“校园咖啡吧”以很低的租金租赁给学生，支持学生自主经营、自负赢亏，实践创业第一步。在建立校内大学生创业能力培养实践基地中，学校应提供相应的资金支持，配备专业的指导教师，制定完备的管理制度，规范的实践活动运作流程，以及实践活动所需要的硬件设施，如计算机、实验室、仪器设备等，还要有相关的软件资源，建立全国各高校的创业网络系统等。从制度到施行上，把创业实践基地规范化，才能调动学生创业实践的积极性，增强创业实践能力。校外大学生创业能力培养实践基地，主要以见习、生产实习、岗位锻炼为主要形式，针对的是大学一年级和二年级的学生。学生在企业中进行实习锻炼，不仅培养了学生创业所需的各种精神，还使学生掌握了经营、管理企业的技能。有能力的学生在掌握成熟的应用技术和前沿技术的基础上，还可以自主创新，进行科研课题或生产性设计。这样，既增长了学生的知识和技能，还使学生提早进入社会，了解社会。在建立校外大学生创业能力培养实践基地中，学校应发动各类校友资源，为学生联系可靠、市场前景好、具有较强的科研和生产能力、适合学生实习的单位，重视与企业建立长期的合作，并动员企业为学生配备实践经验丰富的人员对学生进行指导。如重庆工商大学就开展了“卓越人才班”“订单班”等进行实训操练。通过几次的实习，大学一年级和二年级的学生掌握了行业运作的流程和资源，为大学三年级和四年级的创业打下了牢固的基础。

近些年，国家一直高度重视培养大学生的创新创业能力，全国各高校更是将培养大学生的创新创业能力作为培养人才的途径。通过多种形式加强对大学生的创业教育，并根据社会需求情况积极安排就业指导工作，鼓励和支持大学毕业生自主创业。高校的创业基地作为学校与社会联系的桥梁，结合自身优势积极开展创业教育和创业实践，支持大学生自主创业，为提高大学生的创新创业能力发挥巨大作用。

为了培养大学生的创业实践能力，学校应为大学生提供创业平台，通过建立大学生创新创业平台，可以促进大学生创新创业实践活动的发展，推动高校专利的创造、管理、转化，培养大学生创新精神及科技创业技能，为有志创业的大学生提供良好的创业条件与环境。随着越来越多的大学生加入创业队伍中，一个好的创业平台就显得愈加重要。作为大学生重要的创业学习和实践基地，学校应积极帮助想要创业的学生，并促进其形成大学生创业团队，造就创业的集群效应，把有创业意愿的学生紧密地联系在一起，形成创业合力。

一是学校要成立创业中心，组建创业实践基地给正在创业和想创业的大学生搭建一个交流的平台，要设立专门机构和特别基金，扶持他们开展创新创业教育研究与实践。二是建立与社会对接的大学生创业联合实践基地。高校要主动联系各级政府、社会服务机构和个人，一方面争取政府支持，建设与市场经济相适应的创新创业培训和支持系统，为有创新创业潜力的大学生建立起社会化的创新创业教育网络，包括创新创业培训服务扶持平台，弥补高校内创新创业实践平台的不足；另一方面，学校还要注重与当地企业及社会团体建立联系，而且要与专业学科相对应的企业签订实习基地协议，让他们感受企业文化，体验创业艰辛，提升大学生创业能力。三是学校要积极取得部分社会机构的资金支持，主要是风险投资机构对大学生创新创业项目的关注和扶持。四是要努力获得校友以及非校友等创新创业成功人士的个人支持，或捐赠资金，或指导高校创新创业教育教学和实践。

三、引领：政府部门建立完善的基础设施

2016 年高校毕业生规模已经达到 765 万，面对如此严峻的大学生就业形势，国家给予了高度的重视。李克强总理早在 2014 年 9 月的夏季达沃斯论坛上就提出要在 960 万平方千米土地上掀起“大众创业”“草根创业”的新浪潮，形成“万众创新”“人人创新”的新态势。2016 年更是将“大众创业，万众创新”写进政府工作报告，“既可以扩大就业，增加居民收入，又有利于促进社会纵向流动和公平正义”。

（一）搭建政府公共服务平台，建立完善、系统的创业服务体系

政府应加快大学生创业服务体系的建设，形成创业“一站式”服务。这样可以促进和推动普通高校毕业生就业工作，引导毕业生树立正确的择业观和创业观；优化创业环境，激发大学生创业激情，培养创新意识；缓解金融危机给大学生带来的压力，鼓励大学生自主创业。建立大学生创业服务体系是培养锻炼大学生创新创业能力的过程中的助推器。

(1) 完善大学生创业服务体系。开设创业政策引导性培训，提供涉及创业政策解析、创业项目选择、具体实践操作等方面的培训课程，为大学生创业现身说法、答疑解惑，并提供项目论证、业务咨询和决策参考等服务。着力解决大学

生在创业过程中遇到的难题，提高大学生的创业能力；为准备创业的大学生提供支持，帮助大学生形成正确的创业观。要进一步将富有创业实践经验、熟悉创业政策的行业精英及管理、咨询、财税、法律等专业服务人员组织起来，构建完备的创业基地和创业服务机构。通过集训，向学生传授创业的理论、政策和创业的实用技巧，提高学员创业的综合素质，提前做好创业准备。对已经创业的毕业生要加大创业扶持力度，分配创业导师对其进行指导以使创业项目付诸实践，并提供全程跟踪辅导，为大学生在创业过程中面临的各种困难提供力所能及的帮助。

（2）建立救助体系。目前大学生创业的难点之一就是资金短缺，创业资金大多来源于借贷或自筹，创业者承担了较大的风险。建立大学生创业失败后的救助体系，设立创业失败人员救助基金，并将创业者纳入社会保障体系，保障创业失败者的基本生活，这样就可以降低创业的风险。不仅如此，保险机构可开发、推行针对创业风险的特殊险种，降低、化解创业投资风险，对创业中受到经济损失的单位或者个人予以补偿和赔偿。如长沙市民政系统开始实施“创业挫折关怀行动”，对创业遇到严重挫折的低收入群体和大学生等创业失败人员予以优先救助，为大学生创业降低创业压力。建立创业失败人员优先救助制度，为创业失败人员社会救助开辟绿色通道。另外，从中央到地方设立地方大学生创业服务中心，从基础环节入手，提供创业信息、创业培训、创业项目、创业导师、创业基地、政策咨询、法律援助、心理指导等一条龙服务。

第一，为大学生提供创业信息。政府联合各省会城市、全国高校以及美国、英国等国外创业机构建立国家大学生创业网。针对大学生创业过程中出现的不了解政策、缺乏项目、技能不足、缺少资金等问题，搭建咨询平台、项目平台、培训平台、资金平台、孵化平台等大学生创业综合信息服务的平台，向大学生宣传政策、培养创业意识、创业技能等。网站中设立创业政策、创业指导、创业故事、创业资金、创业项目、创业大赛、创业园区、创业论坛、职业生涯规划等版块。依托互联网的信息传播优势，为大学生提供创业信息，并且提供广大创业爱好者、大学生、创业导师、企业家等的交流平台。

第二，为大学生提供创业培训。创业培训应完全由政府出资，大学生若有意愿，只需要带上相应的学生证件即可报名免费参加学习。通过短期授课、实战训练等培养大学生的创业能力。培训内容主要包括：什么是企业、如何发扬创业精神、成为创业者应具备的条件、如何经营企业、做商业计划书等。并且在实战方面，开展大学生职业生涯规划特训营、大学生创业训练营、青年创业大讲堂活动，还可以邀请马云、俞敏洪、郭凡生、刘伟等知名企业家和学者与大学生学员交流。通过增强培训针对性，规范培训标准、完善培训模式、提高师资水平，不断提高大学生创业能力培训的质量。

第三，为大学生提供创业项目。国家大学生创业服务中心的专业机构通过开发与整合，为大学生提供一些优秀的成本低、风险小的项目。例如：高科技领域可以选择软件开发、手机游戏开发、网络服务、网页制作等；智力服务领域可以选择家教中心、法律事务所、设计工作室等；连锁加盟领域可以选择家政服务、快餐业、超市等。总之，为大学生创业提供最前沿、最具发展潜力的项目。

第四，为大学生提供创业导师。除了高校为大学生提供创业导师外，政府在为大学生提供创业培训的基础上建立创业导师制度也是非常有必要的。通过聘请具有丰富创业实践经验的企业家和专家担任导师，与学生结对子，为大学生的各个创业阶段进行分类指导，与大学生在高校接受的创业能力培养形成连续的指导，以减少大学生在创业的道路上走弯路，提高成功率，使有成功经验的创业者带动更多的大学生走上创业之路，形成长效机制。

第五，为大学生提供创业基地。政府应积极推进大学生创业园、各类孵化器创业平台的建设。依托这些平台，不仅为大学生创业提供无偿的场地，还应设置“一站式”服务，使大学生在创业过程中所需要走的各步骤都得到最优的服务。

政府要打造全方位创新创业教育和促进学生自主创业支撑平台，以国家大学科技园为主要依托全面建设高校学生科技创业实习基地，实施“创业引领计划”，加强创业培训和服务工作。同时，要集聚社会资本，形成创业集群效应，降低创业风险。政府应加强以创业基地和科技创业孵化器为主要形式的创业集群建设，强化科技创业集群之间的网络交流，发挥资源共享、优势互补、互惠发展的整体效能，通过集群效应降低创业风险，提高大学生的创业成功率。

第六，为大学生提供政策咨询。近几年，中央和地方政府颁布了很多有关促进大学生创业的政策，但是大学生对这些政策了解得很零碎，不系统。通过这一咨询机构，组织建立创业政策咨询团，提供咨询服务，讲解政策内容，告知申请的相关手续、如何写申请书等事宜，使大学生顺利畅通地创业。

第七，为大学生提供法律援助。国家出资组建大学生创业法律援助律师服务团，为大学生在创业过程中遇到的法律问题提供专业的咨询与保障。并且结合大学生创业项目的特点进行研究，告知其应注意的法律事项，避免出现不必要的法律问题。充分发挥援助律师团的作用，积极保护创业大学生的合法权益，为其提供充分的法律援助和法律保障。

第八，为大学生提供心理指导。由于大学生创业项目难选择、资金难寻找等问题给大学生带来了巨大的压力，针对这一现象，政府必须组织专业的人员，对其进行心理疏导；并且对大学生在创业过程中经历的挫折和问题，也需要专家对其进行心理指导。

（二）优惠政策助力“双创”

近年来，为支持大学生创业，国家和各级政府出台了许多优惠政策，涉及工商、税务以及资金贷款等方面。据不完全统计，从 2013 年 5 月至今中央和地方政府已经出台至少 22 份相关文件促进创业创新。2016 年就先后出台了《国务院办公厅关于大力发展众创空间推进大众创新创业的指导意见》以及《国务院关于推进大众创业万众创新若干政策措施的意见》。在此基础上，各地政府为了扶持当地大学生创业，也纷纷出台了相关的政策法规，更加利于大学生创业。例如，广州大学生创业优惠政策：“对自主创业者实行零收费政策，办理各类营业执照的开业、变更、注销登记和年度检验的，全面免收各项工商行政事业性收费。广州将实行‘两简一免’政策，‘两简’即简化登记程序及简化审批程序，‘一免’就是‘零收费’办照”。河北大学生创业优惠政策：“河北省有关部门颁布 6 项措施促毕业生创业。措施一是免费培训万名毕业生；措施二是组织千人创业指导队伍；措施三是建省级创业项目库；措施四是提供一亿元贷款助力创业；措施五是每人最多可获 3 000 元补助；措施六是安排 5 000 名毕业生进行创业实训。并且受到‘减免人事代理费，创业期也算工龄’等的照顾”。除此之外，河南、上海、陕西等地也根据当地的实际情况制定了一系列的大学生创业优惠政策。由此可见，中央和地方政府在大学生创业政策方面都做出了努力，为大学生创业提供了政策支持。面对当今严峻的大学生就业形势，鼓励采取各种灵活积极的方式进行创业，要以创业带动就业，必须完善大学生创业政策体系。

第一，完善和落实优惠的创业政策，降低大学生的创业成本。鼓励大学生创业的首要做法就是政府要给予大学生优惠的财税政策，在税费征收、小额贷款、工商管理、经营场地等方面，中央和地方政府应为大学生提供更多的方便，尽量为其减少创业成本。

首先，加大财政支持。政府要设立大学生创业专项扶持基金，用于大学生创业服务，如创业培训和辅导、创业基地的建设，以及大学生融资的贷款贴息补助等。其次，给予税收优惠。比如，对处于起步阶段的初创企业，政府给予一定期限的税收减免政策；注重对个人（或数人）创业、小型和超小型创业企业的税收优惠等。对于在解决就业有贡献突出的企业实行优惠税率或者实行“先征后返”的办法。最后，减免行政收费。对大学生创业的，在一定期限内免收有关管理类、登记类和证照类等行政事业性收费。通过免费、减税、贴息等优惠政策，大力促进大学生创业，降低创业成本。

（1）政府设立专门的教学基金，推动创业创新教育的发展。如，美国政府为了资助创业竞赛、创业项目和创业教育课程的研发等，设立了专门的教学基金。社会机构和成功人士纷纷解囊，对大学生创业创新能力的培养给予资金方面的支持，这使得许多学校的创业研究经费已高达数百万美元。

（2）政府拟订专门的计划，为创业创新项目提供各种服务。如，英国政府在1983年启动“青年创业计划”，动员和联合企业界及各种社会力量，为18~30岁的失业、半失业青年开展创业项目，提供一对一的创业导师、专业技术咨询、资金支持和网络支持等服务。法国政府在1987年启动“青年挑战计划”，成立公益小组进行政府跨部门联合合作，由青体部牵头协调和实施，主要为18~25岁的青年或青年团体开展创业创新项目提供无偿的资金、培训、咨询、中介、后勤服务等，在全社会多渠道实际推行创业创新能力的培养。随后的几年，该计划的服务对象扩展至28岁的青年。日本政府在2003年通过了“青年自立·挑战计划”。该计划导入了“实务-教育连接型实践训练系统”，主要是将高中毕业后无工作的青年作为实习生招聘到企业工作，同时又让其在专科学校或者公共职业训练学校等教育机构接受必要的就业训练。目前，日本政府正在研究对接收实习生的企业进行补贴的可行性，并对企业和民间力量在促进就业和创业上的合作提出了更高的期望，要求企业舍弃因循守旧的招聘方式和用人方式，普及全年招聘制，扩大试用制，以增加青年的就业机会。

（3）政府进行创业投资和风险投资，推动创业创新企业发展。如，美国在1946年成立世界上第一家风险投资公司，为新兴企业提供权益性的启动资金，推动创业企业的发展。德国联邦政府十分重视改善创业投资业的外部环境，出台了大量相关文件和政策，包括优惠的投融资政策、优惠的资本市场政策、优惠的税收政策以及吸引投资的优惠政策等，这都大大推动了德国创业投资的发展。韩国政府则是放弃“开发区优先”模式转为支持大学生创业创新能力的培养，把培养创业创新能力和发展风险资金、风险企业紧密结合起来。在韩国政府的推动下，韩国大学生掀起了一股创办风险企业的热潮。这些大学生创办的风险企业，76%集中在高科技领域。他们以新颖的创意为武器，以各大学的“风险创业同友会”或者“创业支援中心”的资金支持、技术支持、可行性调查以及场地和设备为依靠。“一项来自日本的调查表明，71%的韩国青年希望自己创业，这个数字排在全球第一位”。

（4）政府提供公共基础设施，鼓励和支持创业创新行为。如，德国政府为大学生从事各项探索与创新活动提供了完善的公共信息基础设施——图书馆、博物馆和文献中心。这些机构本身不仅仅是一个馆藏之地，它们还肩负着科学研究的职责。大学生可以通过这些基础设施获取大量科研信息，掌握一手前沿资料。

（5）政府鼓励学校和企业联合，加强对大学生创业创新能力的培养。如，日本政府积极调整政策鼓励高等院校创办研究开发型企业，作为推动日本经济复苏的催化剂。1995 年，日本制定了《中小企业创造活动促进法》，支持小企业的创业性事业活动，方便被认定的创业企业顺利进行资金筹集。2001 年，日本提出校办企业计划，放宽了对国立和公立大学教职员在企业兼职的限制，鼓励教授和研究人员从事企业技术开发和经营管理工作，政府在资金和税收方面给予大力支持。英国政府大力鼓励和支持全社会，尤其是高等院校的老师和学生进行创业创新能力的培养。在政府的推动下，著名的剑桥大学和企业之间已建立了长达一个世纪的明确联系。

发达国家的上述政策措施对我国政府鼓励、支持、引导大学生创业创新能力的培养极具启发意义和借鉴意义。我国在进行宏观调控、创造条件和环境、制定法律法规、提供政策指导、建立风险投资、制定财政和税收方面的优惠政策时，都可以借鉴和吸收发达国家的上述经验，帮助大学生培养创业创新能力。

第二，拓宽大学生创业融资渠道，解决创业融资难题。为解决大学生创业中“缺资金”“融资难”的问题，国家和地方应采取多种方式为大学生提供创业资金。首先，完善小额贷款政策。简化贷款程序，减少对创业项目的过多限制，落实有关贷款贴息的优惠政策。建立科技创业企业贷款担保体系，鼓励金融机构、担保公司等支持创业者融资。在此基础上建立大学生信用评价体系和失信惩处机制，保证大学生能及时偿还贷款。其次，设立国家创业基金。通过政府引导，让更多的社会资本都参与到大学生创业基金的设立中来。从制度上完善大学生创业基金设立体系，由中央财政拨专款，地方政府配合，社会捐赠组成的基金，给大学生贷款提供融资服务等。同时接受企业单位、社会团体等的资金扶持，不断充实基金。在四川，“金色翅膀工程”“西部资本市场”两个项目，被纳入成都青年（大学生）创业金融扶持平台体系，这两个项目能提供给大学生更加优惠的贷款利率，贷款金额更大、融资空间更广阔、方式更灵活便捷。“金色翅膀工程”为创业企业提供融资金额，上限为 100 万元。并针对创业青年的具体情况，采取“3+1”的模式，在承贷银行、担保公司和融资企业（创业青年）三方中，引入创业导师。由担保公司派专人对创业企业进行一站式全程指导跟踪，量身定做融资方案。“西部资本市场”作为从事企业投融资信息交易的第三方服务平台，依托其在全国建立的四通八达的金融网络，为西部资本市场青年（大学生）创业园市场提供各种金融资源。打破原先单一的银行资源，通过投资、信托、金融租赁等多样化金融机构，促成青年（大学生）创业项目与投融资机构的对接。最后，鼓励和支持各类创投资金、私募资金、产业资金、证券公司、保险公司等投资机构开展创业投资，建立多元化、多层次的风险投资体系和有效的风险投资进入与退出机制。

据调查显示，大学生创业过程中的最大障碍就是没有创业资金。因此，如果可以帮助大学生缓解资金压力，必然会提高大学生的创业成功率。所以，政府要不断改善大学生创业融资环境，加强对大学生创业的资金支持。加大创业贷款的宣传力度，让社会和大学生群体了解创业贷款机制，科学地选择更适合企业发展阶段和融资需求的创业融资方式，尽可能地少走弯路。同时要研究制定针对大学生创业的政策性贷款，扩大对大学生创业发放小额贷款的范围，鼓励并支持中小企业信用担保机构开展大学生创业贷款担保业务；进一步优化、精简创业贷款的申请流程，提高服务质量和效率，为大学生创业者提供筹资、融资服务；政府对高校学生自主创业实行税费减免，提供小额担保贷款，落实创业补贴政策，为大学生创业提供资金的支持。

现今社会主要有以下几种融资方式：

（1）银行贷款。银行贷款被誉为创业融资的“蓄水池”，由于银行财力雄厚，在创业者中很有“群众基础”。从目前的情况看，银行贷款有以下 5 种：①抵押贷款，指借款人向银行提供一定的财产作为信贷抵押的贷款方式。②信用贷款，指银行仅凭对借款人资信的信任而发放的贷款，借款人无须向银行提供抵押物。③担保贷款，指以担保人的信用为担保而发放的贷款。④贴现贷款，指借款人在急需资金时，以未到期的票据向银行申请贴现而融通资金的贷款方式。⑤大学生创业贷款，是银行等资金发放机构对各高校学生（大专生、本科生、研究生、博士生等）发放的无抵押、无担保的大学生信用贷款。需要提醒的是，创业者从申请银行贷款起就要做好打“持久战”的准备，因为申请贷款并非只是与银行打交道，还需要经过工商管理部门、税务部门和中介机构等一道道“门槛”。而且，手续烦琐，任何一个环节都不能出问题。

（2）风险投资。由于舆论的引导，风险投资逐渐成为大学生创业的首选。很多大学生寄希望于风投，但风投却从不青睐大学生。其实，风险投资是一种高风险、高回报的投资，风险投资家以参股的形式进入创业企业，为降低风险，他们在实现增值目的后就会退出投资，不会永远与创业企业捆绑在一起。风险投资家虽然关心创业者手中的技术，但他们更关注创业企业的盈利模式和创业者本人。迄今为止，风投为大学生投资的案例可谓是凤毛麟角。天使投资是近年来比较活跃的一支民间力量，它是自由投资者或非正式风险投资机构对原创项目构思或小型初创企业进行的一次性的前期投资。天使投资是一种非组织化的创业投资形式，其资金来源大多是民间资本，它投资的门槛较低，有时即便是一个创业构思，只要有发展潜力，都有可能获得“天使”的青睐。

（3）民间资本。随着我国政府对民间投资的鼓励与引导，以及国民经济市场化程度的提高，民间资本正获得越来越大的发展空间。目前，我国民间投资不再局限于传统的制造业和服务业领域，而是向基础设施、科教文卫、金融保险等领域全面发展，对正在为“找钱”发愁的大学生创业者来说，这无疑是利好消息。而且民间资本的投资操作程序较为简单、融资速度快，门槛也较低，但民间资本一定是区别于非法的“校园网贷”。

（4）融资租赁。融资租赁是一种以融资为直接目的的信用方式，表面上看是借物，而实质上是借资，以租金的方式分期偿还。该融资方式具有以下优势：不占用创业企业的银行信用额度，创业者支付第一笔租金后即可使用设备，而不必在购买设备上大量投资，这样资金就可调往最急需用钱的地方。需要注意的是，融资租赁这种筹资方式，比较适合需要购买大件设备的初创企业，在选择时要挑那些实力强、资信度高的租赁公司，且租赁形式越灵活越好。

(5) 创业基金。目前，为促进大学生创业，各类创业基金项目开始出现，主要有中国青年创业基金、中国大学生西部创业基金等。2009年3月，河南省青年创业服务基金会成立，成为全国首个大学生创业基金。这些基金向大学生创业者伸出援助之手，替他们解“燃眉之急”。

第三，国家应为大学生创业设置创业保险制度。为大学生创业设置创业保险制度，可在一定程度上为大学生承担风险。大学生创业保险是专门为从事创业的大学生设置的一项创业保障制度，其目的是把大学生创业上升到法律制度的层面，鼓励大学生创业，减少创业时遇到的风险，解除大学生创业的后顾之忧，为他们创造安心的工作环境，从而使更多的大学生能够和敢于从事创业活动，缓解就业压力、保持社会安定、促进经济增长和社会进步。随着社会的进步和经济的发展，人们抵御风险的能力大大提高，在此类保险中，大学生既是付出者，也是受益者。通过付出，在创业中得到国家和地方政府的担保，稳妥可靠；在遇到创业困难和风险时，得到及时的救助，这就是大学生创业保险的基本功能。因此，大学生创业保险应在政府的管理之下，以国家和地方政府为主体，依据一定的法律和规定，通过国家的财政补贴，以创业保险基金为依托，对从事创业的大学生在遇到创业困难和风险时，给予的资金补偿，用以帮助大学生渡过难关、减少损失。大学生创业保险基金是通过国家资助、各地政府补贴、个人投保的办法筹集资金，在创业前，大学生可以申请保险，并按时缴纳保费，在遇到创业风险时可领取保费。创业保险不是保证不发生风险，而是在发生风险时，能得到国家和社会的帮助和支持。

(1) 加强对创业投资保险制度方面政策引导与法律规范的构建。目前国家有关部门虽对创业投资比较重视，但宏观扶植和引导依旧缺位；中国人民保险公司虽制定有“技术交易保险条例”，但框架粗放、内容分散，且属于引导性质，具体操作条款也很缺乏，导致基层部门无法具体操作；由于缺乏激励性、扶植性的政策，保险部门大多是迫于地方政府的要求而不得已为之，因而缺乏主动性甚至出现审核严苛等不配合行为；地方上的创业投资保险大多还处于摸索状态，缺乏理论指导、操作标准和科学合理的计算方法，缺乏社会公信力。所以应对创业投资保险问题进行深入调研论证，制定创业投资保险业发展规划和有关激励措施与具体操作条例及法律、法规，使创业投资保险向有序、有效的方向发展。

（2）在设立专门创业投资保险机构方面，应遵循风险合理分担原则。创业投资保险机构的设立不外乎有以下三种，一是在保险公司内部设立创业投资保险部门；二是国家出资设立政策性的保险机构；三是由各个创业投资主体通过创业投资协会设立的保险机构，这种带有民营性质。对创业投资保险基金而言，要妥善地管理、注意安全性，备好合理的准备金，以满足保险公司可随时支出。也就是说，该基金的管理应当以安全性、流动性为首要目标，不允许进行任何形式的高风险、低流动性的投资。创业投资保险机构可以考虑用以下两种保险资金的运作方式：一是存款于国有银行，二是可将部分资金投资于风险程度低、流动性强的国家债券。一般不允许将基金用于股票、公司债券、房地产或者期货、期权、互换等衍生金融工具的投资。

（3）在保险基金运作管理方面。明确创业投资保险公司的可保种类、投保额度及清偿标准。保险业作为经营风险的特殊行业，必须不断调整、更新和充实自己以面对科技发展所带来的各种新的风险，提供相应的保险险种以满足社会及公众的需求。所以对于创业投资保险的特殊性和复杂性，保险业在计划设计相关保险产品时应充分考虑各方面因素，谨慎行事。特别是要对风险进行分类，确定何种风险可以承保，何种风险在现阶段应当剔除，何种风险根本不属于保险范畴。

加强对创业投资保险的宣传，使创业投资企业充分认识到保险的重要性，同时也要明白保险并不是万能的，有些风险只能由风险单位自己去承担，各企业和相关单位都应将自己所承担的风险进行严格管理，并确定一旦发生事故以后的应急措施和备用方案。这样才能使得各个主体积极参与创业投资保险，主动防范风险。

（4）扩展创业投资保险的险种。除了已进行的创业投资保险险种外，保险公司应积极探索新的创业投资保险领域。如待业人员的待业保险、科技人员专门的特种人身保险和社会保险等，对有突出贡献的专家提供特种人寿保险，对归国留学人员提供专门保险等。

（5）建立风险分摊机制。由于创业投资保险业务涉及保险部门、创业投资企业、创业企业和科技管理部门，因此，政府应进行协调组织，使这些部门相互配合、相互支持，形成良性的风险分摊机制，促进保险业务的发展，为各方提供一个信息交流的平台，实现信息共享，减少信息不对称现象。

(6) 积极开展有关创业投资与创业投资保险方面的理论方法研究。创业投资协会作为一个交流的平台，不仅仅可以科学合理地确定有关保险费率、赔偿标准、责任认定、技术鉴别、风险评估的标准与办法，而且可以对创业投资及创业投资保险从业人员进行培训，向社会宣传创业投资及创业投资保险知识，使更多高素质人才加入创业投资队伍，促进创业投资业健康有序的发展。

四、支持：从社会大环境等各方面协助大学生的创业活动

创业，从本质上讲属于冒险行为，尤其是在创业过程中会承担各种风险，成败并存、得失同在。这种情况下，社会大环境的协助就显得十分重要，社会要能够提供一个鼓励创新和允许失败的宽容氛围，给予创业者足够的心理和精神支持。

全社会要营造一个良好的创业氛围，从舆论导向、社会宣传、价值观念上鼓励创业，崇尚创业。要尊重大学生的创业选择，为大学生创业提供强有力的社会支持。要引导人们改变观念，让创业的学生感到“社会上有地位、政治上有荣誉、经济上有实惠”。通过各种媒介渠道宣传大学生中的创业典型，鼓励大学生向这些先进人物学习，并投身到“双创”浪潮中去，为祖国的建设多做贡献。同时，社会还要通过各种渠道，宣传创业政策，让更多的大学生了解在创业上的优惠政策，并把这些优惠政策切实用好。

充分发挥非政府、非营利组织的作用。通过这些组织开展项目评估、办理政府小额创业贷款，承担创业贷款担保风险，对高校创业成果进行有效的监督。通过非政府、非营利组织机构为大学生提供创业信息服务、技术咨询服务、市场指导、创业人才服务等项目。大学生创业的中介机构，可以为大学生在创办企业，寻求相关企业资金支持和法律、政策咨询等方面提供帮助、搭建平台。

对大学生创业来说，最重要的就是要为他们提供一个公平的竞争环境。如果没有公平竞争的市场环境，在市场运作过程中存在着大量的“潜规则”，这不仅无法吸引大学生去创业，而且也会破坏经济的健康发展。市场竞争应该是公平的、合理的、透明的，只有这样的竞争环境，才可能吸引更多的大学生去创业，才可能促进中国经济正常、高速的发展。

构建社会主义和谐社会的一个突出特点就是尊重劳动、尊重知识、尊重人才、尊重创造。十六届四中全会把这“四个尊重”作为“不断增强全社会的创

造活力”的前提，进一步突出了“四个尊重”在构建社会主义和谐社会中的重要性。我们要营造鼓励人民群众干事业、支持人民群众干成事业的社会环境，使一切有利于社会进步的创造愿望得到尊重、创造活动得到支持、创造才能得到发挥、创造成果得到肯定。

（一）全社会要营造出良好的创业氛围，鼓励大学生创业

社会文化氛围对大学生的创业意识、创业动机以及创业行为都有着重要的影响。首先，我们应加强互联网、报纸杂志、广播电视、新闻媒体等对创业信息和创业典范、创业故事的宣传力度，提高全民对创业的认识。使“敢于创业、创业光荣”逐渐成为全社会的共识。其次，要通过设置创业奖励机制，对创业科研和实践做出重大贡献的个人或集体进行奖励。鼓励社会各界对创业的环境、法律制度、政策等进行研究，树立创业典范，提高创业者的社会地位。在整个社会中营造一种崇尚创业、尊重创新人才、支持创新产品的氛围，使创业真正成为一种职业选择。

（二）企业主动担负起应有的社会责任，帮大学生圆创业梦

企业社会责任（Corporate social responsibility，简称 CSR）是指“企业在创造利润、对股东承担法律责任的同时，还要承担对员工、消费者、社区和环境的责任。企业的社会责任要求企业必须超越把利润作为唯一目标的传统理念，强调要在生产过程中对人的价值的关注，强调对消费者、对环境、对社会的贡献”。因此，企业在大学生创业能力培养的过程中，要担负起相应的社会责任，要通过企业的慈善责任，为大学生创业能力培养提供资金和实践场地等的支持。例如，为了帮助大学生创业者，天下英才传媒与参与“天下英才——中国企业家公众形象满意度调查”的各位企业界同仁共同发起“500 企业家帮助 5 000 大学生创业”的大型社会公益活动，并成立专门理事会，对大学生创业者进行创业指导、商业培训、项目扶持以及创业资金上的支持，真正做到“扶上马再送一程”。这次活动既可以提高大学生的创业成功率，同时还能带动更多的社会就业。此外，2010 年 3 月 9 日广东省教育厅就业指导中心、广州市海珠区经济贸易局、广东省服装服饰行业协会领导、100 多名企业家代表共同建立了广东服装行业大学生创业基地。展贸中心除了打造大型商业区和服饰展贸平台外，在当前大学生就业难的形势下，为大学生提供创业基地、提供灵感的和创意的土壤。

企业的支持在具体的运行过程中，要不断丰富合作的内容。一方面拓宽合作的宽度，另一方面加深合作的深度，促进大学生创业实践项目的开展。对此，可以从以下几个方面入手：①商业指导。大学生是没有脱离学校的群体，对于社会的认识尚有不足，在实践项目运作的过程中缺乏一定的经验，加强对他们的商业指导是企业支持的主要内容。实践中企业的商业指导包括项目运作的各个环节，首先，在项目的选择上，企业家可根据自己的认识帮助大学生选择可行性强、市场前景广的项目，避免大学生在项目选择中的盲目性；其次，在运作的过程中，帮助大学生设计可行的方案和模式，让他们学会与社会不同的人群沟通和交流；最后，还要帮助大学生制定合适的企业战略，让项目的运作在既定的目标下进行。②资源支持。资源的支持主要包括三个方面的支持：首先是人脉的支持，帮助大学生建立良好的人际关系，学会如何有效地沟通，使其在本专业领域或行业中占据一席之地；其次是财力的支持，可对实践项目提供一定的资金支持，保证项目的持续运作，这些可以通过奖学金等资助方式或投资方式进行支持；最后是物力的支持，可为实践项目提供一定的设备和必需物品，保证项目运作的硬件到位。当然，这些资源的支持并不是一定无偿或无底限的，要根据不同学生的项目，进行合理的安排，保证各种资源充分发挥自己的作用。③实践机会。一定的实践经验可以提高创业者项目运作的能力，阔眼界、长见识，增强项目运作的能力。因此，企业在对大学生的创业实践项目支持的过程中，可以为他们提供一定的实践机会，让他们参与到公司的运作中，通过他们的亲身体验，了解如何高效运作商业项目。实践经验的积累，可以帮助大学生对创业形成正确的认识，消除不必要的障碍，学会高效调动创业团队，有序实施创业项目。同时，在这个过程中，企业可以吸纳优秀的学生加入企业或支持学生创业项目。

因此，对于大学生创业能力培养，我们可以探索一条“政府出资、企业领跑、个人创业”的高速的绿色通道。

（三）社区应努力创新服务方式

社区应努力创新服务方式为大学生提供创业服务现代社区的功能逐渐向着复杂和专业化发展，一个大的社区往往涉及经济、政治、文化、商业、工业等各个区域。社区服务是指“政府、社区居委会以及其他各方面力量为社区成员提供的公共服务和其他物质、文化、生活等的服务”。帮助下岗失业人员再就业以及大学生就业也是其工作职责的重要一环。创新社区的服务方式，协助大学生创业能力的培养，要最大限度地发挥社区服务的作用。要善于利用社区的人力、物力、场地等资源，调动一切可以调动的积极因素为培养大学生创业能力服务，加强创业社区的建设。在条件允许的社区，建立大学生创业园，打造集全方位立体化创业服务为一体的大学生创业基地，帮助大学生在社区内积累创业经验，实现创业。在此创业园中可进行创业项目展示，为大学生创业者提供团队交流等多种服务，致力于探索帮扶大学生创业的新模式，实现“一站式”孵化服务，实现大学生不出家门就能创业的新路子。2006 年，在大连市中山区青泥洼街道，好阿姨创业服务中心成立，这是大连市首家大学生创业服务中心。该创业中心由中山区青泥洼街道扶持，为想创业的大学生提供创业“一站式”服务，使大学生在创业中少走弯路。中心还为大学生成立了实习基地，创办了培训学校等。

（四）创业协会组织积极组织大学生创业实践，助大学生成功创业

创业协会组织对大学生创业起着重要的辅助作用。社会中的协会组织比大学生在高校中参加的创业协会更加的成熟，并且更加具有影响力。例如，在 2009 年年初，上海市的大学生科技创业基金会，设立了“上海市大学生创业见习资助项目”，组织有创业意愿的大学生走进创业企业，使大学生在创业企业中借鉴和积累创业经验，提高创业能力。此外，淄博市大学生就业创业服务中心，专门致力于大学生的创业与就业。定时开展“大学生青春创业实战营销技能大赛”活动，设立“青创职业指导工作室”，创办有关创业的网站，开展创业培训，通过一系列的活动，帮助大学生建立良好的交际圈，鼓励大学生以创业带动就业。在社会创业协会组织中，大力传播了创新与创业精神，营造了良好的创业氛围，为具有创业潜力的大学生打造创业的平台。2002 年，黑龙江大学与清华大学、中国人民大学等 9 所高校被教育部确立为全国首批创业教育试点院校，创造性地对创新创业教育和大学生自主创业工作进行了全方位的探索，确立了“以创新意识培养为目的，面向全体、基于专业、分类教学、强化实践”创业教育工作方针，探索贯穿本科人才培养全过程的“融入式”创业教育模式。学校为进一步深化落实创业教育试点工作，激发学生的创业热情。黑龙江大学学生创业协会构建了“营造创业氛围、开展创业活动、搭建创业平台、推动创业实践、挖掘创业典型”五位一体的学生创新创业工作体系，在全校学生中开展一系列的创新创业实

践活动，提升该校学生的创新意识、创业精神和社会责任感。该协会现已成为东北三省最大的学生创业协会、离企业最近的创业服务联盟之一，更是率先将企业化管理模式运用于内部建设的大学生组织，荣获共青团中央首届“全国十佳KAB创业俱乐部”、黑龙江省优秀学生会（社团）等多项荣誉称号。

另外，可以聘请成功的企业家直接传授市场经营技巧，通过本地的协会组织与外地以及国外的协会组织联合，实现创业资源共享，使创业协会组织成为孕育创业大学生的摇篮。

综上所述，对大学生创业创新能力的培养要从政府、学校、社会和大学生自身等方面入手，在借鉴西方发达国家相关经验的基础上，通过完善大学生创业创新能力培养的政府制度环境，改善大学生创业创新能力培养的学校教育模式，创设鼓励大学生创业创新能力培养的社会舆论氛围，提升大学生创业创新能力培养的自身意识和素质等，使大学生由被动的求职者转变为主动的就业者，为缓解当前大学生就业压力，实现社会安定和谐，最终使我国在2020年顺利进入创新型国家行列奠定基础。培养和提高大学生创业能力不仅是减轻我国高校毕业生就业压力的一个战略举措，还是振兴我国各行各业的需要，是中华民族伟大复兴的需要，更是我国参与全球经济竞争与合作的需要！

第三篇
大学生创业能力提升

第六章　大学生创业能力之创业机会把握

一、大学生创业机会的内涵与特征

对于创业者来说，创业的第一步就是要寻找商机——创业机会。因为创业是个发现机会的活动，创业者要想实现创业行为，就必须对创业机会保持较高的敏感度，这样有利于其发现创业机会（Kirzner，1979）。

1. 创业机会的内涵

什么是创业机会呢？它是指在市场经济条件下，社会的经济活动过程中形成和产生的一种有利于企业经营成功的因素，是一种带有偶然性并能被经营者认识和利用的契机。创业机会的重要性得到了学者们的认同，但是已有研究中对于创业机会内涵的理解存在不同的观点。通过对已有文献的梳理，学者们对于创业机会内涵的认识主要可以分为两个方面。

一种视角是从客观角度考察创业机会，代表性学者如 Kirzner，他在研究中指出对于市场需求的满足以及价值的实现是机会的主要目的，即机会可以看作是对于市场的需求的进一步的满足①，创业过程中的机会就是为了满足市场的需求特点。与这一观点相似的是 Ardichvili 等的研究，他们认为对于市场中产品或者服务的潜在价值的搜索、发现即为机会，也就是说从市场中获取潜在的利润的可能性即创业机会。上述研究将创业机会看作客观存在的，对于创业者来说，如何发现市场中的潜在机会是他们的使命。在此基础上，有部分学者则是更加突出创业机会中主观性的作用，认为创业者的个人主观因素在机会识别过程中扮演关键角色。代表性学者如 Casson（1992），他的研究中认为创业机会是通过将新的产品、服务和原材料等引入生产的过程中，进而对这些要素进行组合以满足外部需求，创造出价值。这一观点将创业机会看作是可以提供一种新的产品或者服务，或者说是一种新的组织管理模式，通过对这些要素进行销售以获取利润（Shane &

① Kirzner I M. Competition and Entrepreneurship [J]. Southem Economic Journal, 1973 (6).

Venkataramen, 2000)。此外，Smith（2009）也从主观的视角对创业机会的内涵进行了阐述。他认为创业机会是创业者利用市场的不完善性来追逐利益的一种可行的未来情景，在这种情境中，市场能够提供一个不断创新的环境或在未饱和市场中对产品、服务、原材料或组织方式等进行模仿。因此，从主观视角看待创业机会，其实质是从动态的视角对创业机会进行剖析。这一视角的研究揭示了对于创业者来说，在搜索创业机会的同时，也需要进一步地去评价和完善创业机会。国内学者林嵩等对于创业机会内涵的认识与国外学者存在相似性。他们认为创业机会内涵本身较虚，在对创业机会分析的过程中从深层次的构成上考虑则更具针对性，创业机会主要考虑了市场层面特征和产品自身特征（林嵩，张帏和姜彦福，2006），从这两个维度分析创业机会，可以更加有针对性地对创业机会的相关问题展开研究。

另一种视角是从“创业活动”来考察创业机会。创业活动是建立在创业机会基础之上的。创业伊始，因发现创业机会所获得的资源往往比组织智慧、才能以及资源更为重要。Busenitz（2003）的研究就认为未来的创业研究需要在机会发现以及相关领域拓展，深入分析创业机会与创业活动中其他重要因素间的联系，以进一步深入揭示创业这种新价值创造过程中的内在机理。随着对创业研究的不断深入，更多的学者也开始认识到创业机会的重要性，认识到创业是围绕着创业机会的识别、开发和利用的一系列过程。

Timmons 于 1999 年在他所著的《新企业的创建》一书中提出了一个创业管理模型。他认为，成功的创业活动必须对机会、创业团队和资源三者进行最恰当的匹配，并且随着事业的发展还要不断进行动态平衡。

Timmons 十分强调模型的弹性与动态平衡。他认为，创业初期最关键的任务是对机会的发掘和选择，以及对团队的组建，而只有当新事业顺利启动后才会逐渐增加对资源的需求。而后随着创业活动的进行，机会、团队、资源三者之间的比重就会发生变化从而产生失衡现象，这时就需要及时地调整以掌握新的活动重心，才能使创业活动重新获得平衡。在创业过程中，由于机会的模糊性、市场的不确定性、资本市场的风险、以及外生因素的存在等，使得创业活动充满了风险，这就需要依靠创业者的领导能力、沟通能力和创造力来协调机会、团队和资源三者之间的组合，使它们重新获得平衡从而实现新事业的顺利进行，其模型图如图 6.1 所示。

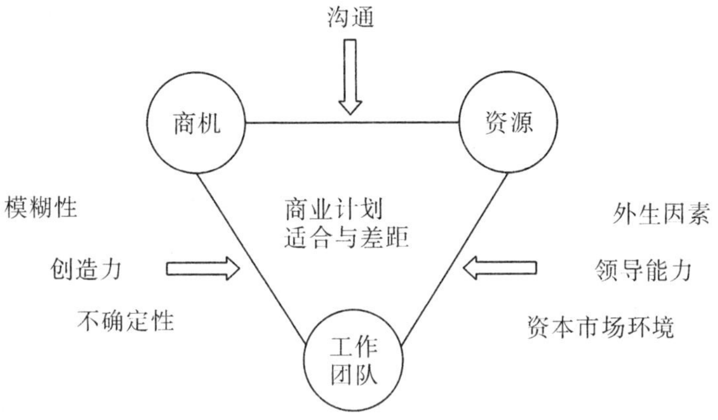

图 6.1 Timmons 模型

从模型中清晰可见，商机、资源和团队是整个创业过程最为重要的驱动因素。商机是创业过程的核心要素，任何创业活动都是从识别和评估市场机会开始的，这也是创业过程中一个具有关键意义的阶段；资源是创业过程的必要支持，合理利用和控制资源对新创企业极为重要；团队是新创企业的关键组织要素，在创业过程中要求创业领导人和创业团队必备的基本素质是有较强的学习能力，能够自如地对付逆境，有正直、诚实的品质，富有决心、恒心和创造力、领导能力、沟通能力，但最为重要的是团队要具有柔性，能够适应市场环境变化。从对创业者能力研究的角度看，Timmons 的贡献是比前人们更加强调了创业者的“沟通”能力，因为这一能力决定着创业者能否获得把握商机的必要资源，进而成为创业的关键能力。

2. 创业机会类型的划分

对于创业机会类型的划分，目前已有的研究主要分为以下三个方面：

（1）从创业机会的显性程度进行分类。Smith 等对机会类型进行划分过程中引入了显、隐性知识的概念，他们根据机会的显性程度将创业机会划分为显性机会和隐性机会两类。显性机会指的是一种能够被很好地记录，并且可以清楚地进行描述和交流的，有利于进行追求利润的行为。同时，对于这种可以被清楚地记载和描述的机会来说，他们一般会出现在市场未饱和的情形下。这种机会的关注重点是对现有的产品/服务、原材料或者组织方式等进行的适度的改进或者是模仿。隐性机会则指的是一些记录困难并且没有被清楚地记录或者描述和记载的追求利润的行为。这种类型的机会的不清晰性特征则更有可能是存在于市场开发很少或者先前不存在的市场之中。对于这类机会来说，创业过程中主要关注的是产品/服务、原材料或组织方式等方面进行创新或者大范围的改进。通过这种分类，我们可以在一定程度上对机会识别的两种争论性观点进行解释，即越显性的机会越有可能被创业者通过有目的性和体系性的搜索方式而发现，而越隐性的机会被识别则更有可能被具有丰富的相关知识的创业者所识别。

（2）从创业机会被开发的程度进行分类。这一视角进行划分的代表性学者为 Ardichvili 等，他们的分类主要是依赖于创业机会被开发的情况（Ardichvili，Cardozo &Ray，2003）。他们采用了一个两维的创业机会矩阵，其中横坐标表示机会的潜在市场价值，即是否已经明确探寻出机会所代表的潜在价值；纵坐标表示创业者进行价值创造的能力，也叫作人力资本，其代表着创业者能否有效开发所搜寻到的创业机会。

按照这两个维度的划分，学者将创业机会分为了四种类型：梦想型，即代表了价值不确定的创业机会，同时创业者已有的能力能否实现这一价值也是未知的；迟滞型，已经明确了机会的价值，但创业者已有的能力能否实现这一价值也是未知的；技术转移型，对于机会的潜在价值没有明确，确定了创业者的能力可以实现这一价值；商业型，明确了机会的潜在价值和创业者创造价值的能力。

（3）从创业机会所具有的创新程度进行分类。这一视角的学者认为创业机会主要包含了创新型和均衡型两种类型（Samuelsson，2001）。创新型机会指的是新机会与企业的现存业务以及业务范围存在较大不同；均衡型机会则指新机会与现存企业的业务和业务范围的差异不明显。这种机会划分方式中，我们认为创新型机会主要代表了创业者对于未来情况进行推测的能力，表现出创新性特点；均衡型机会则是产生于供求本身的不确定性，它表现出市场均衡的特点。这种创业机会类型的划分方式主要是针对成熟企业来说的。同时，在研究创业机会的过程中，国内学者对于创业机会类型的划分也取得了一些研究成果。如：关注市场和产品的维度对创业机会进行分类（林嵩，张炜和姜彦福，2006）。陈海涛、蔡莉（2008）综合了苗青（2006）和 Timmons（1999）的研究成果，对市场中创业机会的分类结合盈利性和可行性两个特征，将盈利性特征分为对于市场所具有的吸引力的思考、针对目标市场的利润以及机会所具备的竞争力，可行性特征分为对于创业者自身的特征、能力以及其所具备的社会网络的思考。

综合国内外学者的研究，我们发现当前对于创业机会类型划分的观点各不相同，学术界目前尚未出现得到一致认可的界定。通过整理先前学者的已有分类研究，基于本文的研究目的，借鉴 Smith 等（2009）的观点，将创业机会的类型划分为显性机会与隐性机会。显性机会是指在市场中可以被明确观察到的机会，其具有一般性，是对于已有的产品/服务、原材料或者组织方式等进行模仿或者适度的改进；隐性机会强调了机会的难以模仿性，即机会的特殊性，是对产品/服务、原材料或者组织方式等进行较大的改进或者完全创新。这种从知识视角对机会分类更加符合知识密集型、科技型创业行为的特点。

3. 创业机会的特征

根据以上对创业机会内涵的介绍，我们可以总结出创业机会具有以下特征：

（1）普遍性。凡是有市场、有经营的地方，客观上就存在着创业机会。创业机会普遍存在于各种经营活动过程之中。

（2）偶然性。对一个企业来说，创业机会的发现和捕捉带有很大的不确定性，任何创业机会的产生都有“意外”因素。

（3）消逝性。创业机会存在于一定的时空范围之内，随着产生创业机会的客观条件的变化，创业机会就会相应的消逝和流失。这个特点说明创业机会识别作为创业活动的初始阶段和核心环节，是企业创造价值不可或缺的前提。

二、大学生创业机会与商业机会的区别

1. 商业机会不一定就是创业机会

在实际操作过程中，常有一些人将商业机会等同于创业机会，实际并不尽然，创业机会仅仅是适于创业的商业机会。要说清这个问题，涉及三个概念，即机会、商业机会和创业机会。机会是指实现某种目的的可行的突破口、切入点、环境、条件等。商业机会是指实现某种商业盈利目的的可行的突破口、切入点、环境、条件等。商业机会分之为两类，一类是转瞬即逝的商机，这是一般性商机；一类是会持续一段时间，且不需要较多起始投入的商机，这才是适于创业的商业机会即创业机会。创业机会有三个重要特点，一是会持续一段时间，二是市场会成长，三是创业者有条件利用。

2. 机会辨识是创业的第一步

面对创业机会，创业者需要进行机会辨识。所谓机会辨识，就是要借助职业经验和商业知识，再加上理性的分析与思考，去了解特定机会的方方面面，进而

判断创业者利用特定机会的商业前景如何。在对某一创业机会进行辨识之前，首先需要进行“机会界定”。对一个无法明确界定或没有明确界定的创业机会，是无法进行具体分析和筛选的。所谓机会界定，即界定特定机会的商业内涵和商业边界。在此基础上才能对该机会进行分析，进而判断该机会与特定的创业者是有关还是无关，是有利还是无利，以及利大还是利小。

对某一创业机会进行辨识，通常需要从四个方面内容进行分析。一是特定机会的起始市场规模有多大，二是特定机会将存在的时间跨度有多长，三是特定机会的市场规模将随时间变化而增长的速度与规模上限，四是特定机会对于特定创业者的有利程度。

3. 要借助“机会选择漏斗”

在现实经济生活中，适于创业的机会并不是很多，因此，我们要学会筛选出“好机会”。创业者需要借助“机会选择漏斗”，经过一层又一层筛选，在众多机会中筛选出真正适于自己的创业机会。

第一层要筛选出较好的创业机会。一般而言，较好的创业机会多有五个特点：一是在前景市场中最近 5 年的市场需求会稳步快速增长；二是创业者能够获得利用该机会所需的关键资源；三是创业者不会被锁定在“刚性的创业路径”上，而是可以中途调整创业的“技术路径”；四是创业者潜在的市场需求；五是特定机会的商业风险是明朗的，且至少有部分创业者能够承受相应风险。第二层要筛选出利己的创业机会。面对较好的创业机会，特定的创业者需要回答四个问题：一是创业者能否获得自己稀缺但他人垄断的资源；二是遇到竞争时，自己是否有实力与之抗衡；三是是否存在该创业者可能开辟的新增市场；四是该创业者是否有能力承受利用该机会的各种风险。

4. 创业者还需要关注“机会窗口”

创业者选择了适当的创业机会，还需要在“适当的时间段”内启动创业、进入市场。这个适当的时间段，就是创业的“机会窗口”。换言之，特定的创业机会仅存在于特定的时段内，创业者只有在这个时间段内启动创业、进入市场，才有可能获得相应的商业回报。反之，如果创业者在“机会窗口”敞开之前或之后行动，那都可能创业失败。一般而言，特定机会的时间跨度越大，前景市场的成长性越好；相应地，“机会窗口”也就会越大。期盼成功的创业者必须在别人还没有觉察之前就去发现机会、辨识机会、选择机会，瞄准“机会窗口”敞口的时间段，及时出手，才可能大展身手。如果等到“机会窗口”接近关闭的时候再去创业，留给创业者的余地将十分有限，新创企业将很难盈利且更难成长。

三、大学生创业机会的来源

关于创业机会的来源，学术界还没有统一的认识，主要存在两种观点。一种观点认为创业机会是一种已经存在的客观现象，它独立于环境之中并等待被创业者去发现。这种观点的学者将创业机会看作是由于市场中的外生冲击所创造的，即现有的市场会产生创业机会（Kirzner，1973），对于我们每个人来说都有发现创业机会的可能性。换言之，对于创业机会来说，它与创业者的“搜索”过程是无关的，即创业机会的存在与否与创业者的搜索行为毫无关系。之所以会出现“有人识别出创业机会而其他人没有发现”的情况，是因为创业者自身具备了他人所不具备的警觉性和经验知识，这些因素促使他在机会搜寻过程中更加具备优势。Kirzner（1979）的观点很好支持了这一论述。他认为正是创业者自身具备的高“警觉性”特点，使他们更加善于发现市场中的信息，从而捕捉到市场中出现的商机，即市场中产品或者服务存在的空缺，从而发现了创业的机会。发现的视角认为机会是客观存在的，所以有部分人能先于他人觉察机会的主要原因是个体之间存在着差异（Murphy，1996）。

另一种观点则是将创业机会看作是创业者自身的一种能力体现，即创业机会是由创业者创造的（Sarasvathy，2001），而不是存在于已有市场之中。在创业者创造出机会之前，并不清楚创业机会与市场之间的关联（Baker & Nelson，2005）。相对于发现视角中认为机会产生于市场的客观现象而言，创造视角的研究更加强调创业行为的突出作用。这一视角认为对于创业者来说，他们主要是通过自身的努力去主动创造出机会，并对机会加以利用（Bhide，1999）。基于这一视角的研究，学者们发现创业机会并不能脱离创业者而独立存在，也就是说机会只因创业者的主动行动而存在。在创业过程中，创业者按照自己的最初机会信念行事，同时会观察市场的反应。随着信息的不断累积，与机会相关的信息等也会发生改变。因此，创造观视角的学者们将机会的来源认为是创业者通过观察市场的反应，利用自身的资源创造产生的。上述两种观点在实践中都得到了验证，此外，学者 Kirzner（1979）还在研究中整合了这两种观点。他认为在识别创业机会的过程中并不是只有一条路径，我们可以将其看作是处于上述两种行为之间的产物，即一种是创业者通过偶然性获得了有关市场、技术、政策等方面的新信息，这种意外的行为使他发现了创业机会；另一种是由自身的创业意愿的驱使，通过有目的和系统化的搜索手段，对于市场中隐藏的信息进行深入了解，并将这些信息明晰化，进而促进创业机会的创造。这种整合的观点不仅体现出创造观的思想，同时也融合了发现观的内容，这一观点揭示了创业者在获取创业机会的过程中都离不开市场和技术两个因素。我国学者林嵩等（2006）的观点进一步印证了他们的观点，他认为创业机会的特征包含市场和产品自身两方面。从市场供给方面来说，新技术、新工艺的发明，会对现有市场供给的产品或者服务的成本造成冲击，从而出现新的市场。从市场需求来说，由于社会发展可能会导致人们需求方式的改变，具有警觉性的创业者会从中发现具有潜在价值的商机。从这两个方面的分析发现，对于创业机会的来源而言，市场、技术或者政策变化都会产生机会。也就是说创业机会的来源并不是固定不变的，而是可以以多种形式存在的。

通过对机会创造观、发现观的相关研究的回顾，以及结合 Kirzner 的整合观点，可以将创业机会的来源锁定在三个方面。首先，市场供需变化所带来的机会，主要包括市场的供给和需求不平衡形成创业机会，也就是说创业者发现市场供给与需求之间的结构性缺陷，从而促进其发现机会。同时，由于市场中信息不对称的存在会造成差异化的价格。创业者可以充分利用信息造成的差异化价格来创造价值，形成创业的机会。其次，技术创新带来的创业机会，从产品或者服务本身考虑，技术的新变化会为创业者带来新的商机与创业机会。也就是说当针对某一领域的创新技术可以代替旧的技术，并且价格方面低于已有的技术，那么对于创业者来说，就会出现新的创业机会了。最后，宏观环境的变化带来的创业机会。这主要是包括政府政策宏观调控，如产业结构的调整，政府对于某一行业的政策性扶持，政治因素、规章制度的变动等，这些政策性变化会导致相关资源的使用成本收益发生变动。

四、大学生创业机会的识别以及一般过程

1. 创业机会的识别

创业机会识别是创业领域的关键问题之一。从创业过程角度来说，它是创业的起点。创业过程就是围绕着机会进行识别、开发、利用的过程。识别正确的创

业机会是创业者应当具备的重要技能。但是机会识别过程并不仅仅是简单的识别，而是一个复杂、多层级、递归的过程，这个过程中创业者起着积极的作用。正如 Ardichvili 等（2003）的研究观点，创业机会的正确识别是成功创业者所需要具备的关键能力之一，而 Corbett（2007）则明确指出了机会识别是创业研究的核心。可见，机会识别在创业过程中的重要性，甚至可以说它是成功创业的关键。同时随着创业相关研究的不断深入，对于创业机会识别的概念界定也存在不同的研究视角。Kirzner（1973，1979）的观点认为，机会识别指的是在创业过程中创业者会发现一些不得不做的事情，同时这种发现也是创业的一个基本功能。Christensen 等（1990）则认为机会识别也就是对于创建一个新业务以及有效提升公司利润的可能性的机会的感知。Bygrave 和 Hofer（1991）的观点与 Christensen 等类似。Churchill 和 Muzyka（1994）的观点将机会的识别过程进一步扩大化，他们的研究中将机会识别定义为机会的发现与开发过程。Kourilsky（1995）则认为识别出某个新业务具有潜在的获利价值的过程即为机会识别。Hills 和 Lumpkin（1997）的观点与 Kourilsky 相似，他们认为机会的识别指的是是否能够创建新企业以及创业者是否能够对于这一活动产生影响。Cardozo（2000）则是将机会识别理解为创业者在某一时段内对于机会的可行性的判断。Baron（2004）提出将创业机会识别认为是对于外界环境中商业机会的存在性的判断，即从发现观视角理解创业机会识别。Lumpkin 等（2005）的研究中认为创业者感知新的想法、利用新的想法，并且通过这一想法进一步创造出价值的过程即为机会识别。上述回顾发现，创业机会的识别并不是一个静态的概念，学者们更多的是从动态视角对创业机会识别进行定义。已有研究中对于创业机会识别的内涵分析中包含了机会的开发过程。创业机会识别是创业者在创业过程中明确自己创业方向的一个过程，是对机会进行搜索、发现和评价的过程。面对具有相同期望值的创业机会，并非所有潜在创业者均能有效把握。成功的机会识别是创业愿望、创业能力和创业环境等多因素综合交叉作用的结果。

然而迄今为止，尚未有学者对创业机会识别能力的概念做出定义。学术界主要存在以下两种不同的分析思路：

（1）机会发现理论

该理论认为，创业机会是客观存在于市场中的，现实市场的非均衡状态是创业机会存在的客观基础，创业者在机会产生的过程中处于被动响应的地位，创业者拥有的与机会有关的先前信息和发现机会的认知能力，使得很少一部分创业者能在非均衡市场信息分布的情况下发现并把握住机会。同时该理论也认为，创业者对发现的创业机会的风险程度是有一定认识的，即他们对创业的各种可能出现的结果有比较清晰的了解，对是否利用以及怎样利用创业机会能够做出比较科学合理的决策。

(2) 机会创造理论

该理论认为，创业机会并非派生于市场，而是人们在与环境的互动中创造出来的。他们强调创业机会是被创造出来的，而不是被发现的，并且创业者做出的创业决策也是在不确定的情况下进行的，创业风险无法事先评估，而是在创业过程中逐步产生的。

随着创业研究的深入，这两派观点的共性逐步显现，即在揭示创业机会本质的过程中，忽视了创业机会与创业者、创业环境之间的相互影响，未能反映创业机会形成与演化的复杂过程。因此，学术界倾向于以融合的视角揭示创业机会的本质，认为创业机会“既需要被发现亦需要被创造”，归根结底，创业机会是存在于市场之中一定时间并且需要创业者去发现、评估、改进的商业机会。

2. 创业与机会识别的关系

首先，创业的愿望是机会识别的前提。创业愿望是创业的原动力，它推动创业者去发现和识别市场机会。没有创业意愿，再好的创业机会也会被视而不见，或与之失之交臂。

其次，创业能力是机会识别的基础。识别创业机会在很大程度上取决于创业者的个人（团队）能力，这一点在《当代中国社会流动报告》中得到了部分佐证。报告通过对1993年以后私营企业主阶层变迁的分析发现，私营企业主的社会来源越来越以各领域精英为主，经济精英的转化尤为明显，而普通百姓转化为私营企业主的机会越来越少。国内外研究和调查显示，与创业机会识别相关的能力主要有远见与洞察能力、信息获取能力、技术发展趋势预测能力、模仿与创新能力、建立各种关系的能力等。

最后，创业环境的支持是机会识别的关键。创业环境是创业过程中多种因素的组合，包括政府政策、社会经济条件、创业和管理技能、创业资金和非资金支持等方面。一般来说，如果社会对创业失败比较宽容，有浓厚的创业氛围；国家对个人财富创造比较推崇，有各种渠道的金融支持和完善的创业服务体系；产业有公平、公正的竞争环境，那就会鼓励更多的人创业。

3. 识别创业机会

要想寻找到合适的创业机会，创业者应识别以下创业机会：

（1）现有市场机会和潜在市场机会。现有市场机会是市场机会中那些明显未被满足的市场需求，这种机会往往发现者多，进入者也多，竞争相对激烈。潜在市场机会是那些隐藏在现有需求背后的、未被满足的市场需求，其不易被发现，识别难度大，竞争相对较小。

（2）行业市场机会与边缘市场机会。行业市场机会是指在某一个行业内的市场机会，发现和识别的难度系数较小，但由于竞争激烈，成功概率反而相对较低。边缘市场机会是在不同行业之间的交叉结合部分出现的市场机会，它处于行业与行业之间出现“夹缝”的真空地带，难以发现，需要敏锐的觉察力和大胆的开拓精神，竞争者较少而成功的概率也较高。

（3）当前市场机会与未来市场机会。当前市场机会是那些在目前环境变化中出现的机会，未来市场机会是通过市场研究和预测分析它将在未来某一时期内实现的市场机会。若创业者提前预测到某种机会的出现，就可以在这种市场机会到来前早做准备，从而占据领先优势。

（4）全面市场机会与局部市场机会。全面市场机会是指在大范围市场出现的未满足的需求，在大市场中寻找和发掘局部或细分市场机会，见缝插针、拾遗补阙，创业者就可以集中优势资源投入目标市场，这样做有利于增强主动性，减少盲目性，增加成功的可能。局部市场机会则是在一个局部范围或细分市场出现的未满足的需求。

4. 识别创业机会的方法

要想识别以上创业机会，应掌握识别创业机会的常见方法。

（1）开展广泛的调查。开展初级调查，即通过与顾客、供应商、销售商交谈和采访他们，直接与其交易互动，了解市场上正在发生什么以及将要发生什么。注重二级调查，即阅读行业相关的出版作品、利用互联网搜索数据、浏览寻找包含你所需要信息的报纸文章等形式。

（2）通过系统分析发现机会。实际上，绝大多数的机会都可以通过系统分析被发现，特别是互联网+时代的大数据分析。人们可以从企业的宏观环境（政治、法律、技术、人口等）和微观环境（顾客、竞争对手、供应商等）的变化中发现机会。借助市场调研，从环境变化中发现机会，是机会发现的一般规律。

（3）通过问题分析和顾客建议发现机会。问题分析从一开始就要找出个人或组织的需求以及他们面临的问题，这些需求和问题可能很明确，也可能很隐晦。一个有效并有回报的解决方法对创业者来说是识别机会的基础。这个分析需要全面了解顾客的需求，以及可能用来满足这些需求的手段。一个新的机会可能会由顾客识别出来，因为他们知道自己究竟需要什么。然而，顾客并不会为创业者提供直接机会。顾客建议多种多样，他们会提出一些诸如“如果那样的话不是会很棒吗”这样的非正式建议，留意并归纳建议，有助于你发现创业机会。

（4）通过创造获得机会。这种方法在新技术行业中最为常见，如自媒体的兴起。它可能始于明确拟满足的市场需求，从而积极探索相应的新技术和新知识，也可能始于一项新技术、新发明，进而积极探索新技术的商业价值。通过创造获得机会比其他任何方式的难度都大，风险也更高。同时，如果能够成功，其回报也更高。这种情况下所产生的创新在人类所具有重大影响的创新中，居于压倒性的主导地位。尽管发现了创业机会，但这并不意味着要创业，更不意味着成功就在眼前。并非所有的创业机会都有足够大的价值潜力来填补为把握机会所付出的成本，所以我们必须对创业机会价值做出科学评价。在整个创业过程中，留给你识别创业机会的时间非常短暂，但它非常重要，是创业者发现创业机会之后做出是否创业决策的重要依据。

5. 识别创业机会的一般过程

基于上述分析可以推断：识别创业机会的一般过程包括“机会发现-机会评估-机会改进”等步骤。创业机会识别能力则是创业者在“机会窗口期”与创业机会互动之中所体现出的一种综合能力，既包括创业者对市场机会的发现与捕捉，也包括对初步发现的创意进行分析、研判、加工的能力。这种能力是创业者信息搜索能力、风险感知能力、组织策划能力和资源整合能力等诸多能力的综合运用。

如果将创业机会的识别过程进行阶段性划分，主要可分为两个阶段：机会搜索阶段和机会开发阶段。这两个阶段在时间发生上存在着先后顺序，其识别过程如图 6. 2 所示。

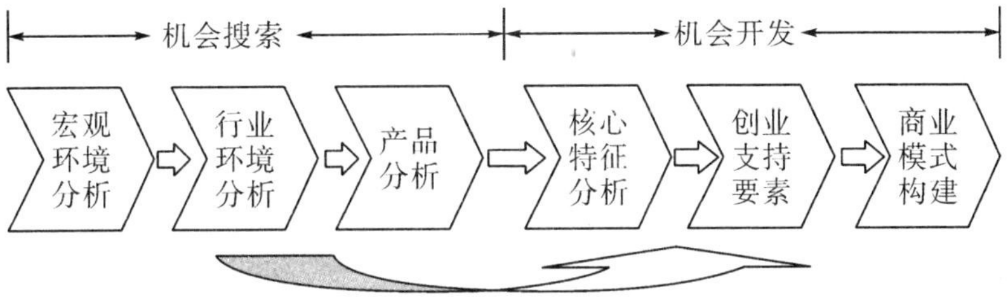

图 6.2　机会识别过程示意图

（1）机会搜索阶段。

在复杂的市场环境下，创业者为了找到可靠可行的创业项目，需要从以下三方面入手进行机会搜索：

宏观环境分析：创业机会识别始于创业者对于整体宏观环境的把握，这是影响创业活动推进的大环境，主要包括各类企业创办与发展的基本政治条件、宏微观经济因素、文化因素、人口结构、法律环境等。任何创业项目都不可能避开宏观环境的影响而独立存在，都会或多或少地受到宏观环境的影响，创业者应该将创业视角集中到目标行业上，根据自己的情况寻找那些适合自己的行业。

行业环境分析：该阶段目标是分析创业机会所处的行业环境、了解所处行业潜在的竞争以及分析创业者进入该行业的利润收益，以避免投资失误和造成资源浪费。

产品分析：该阶段应对行业内现有的产品进行分析和比较，从技术、质量、性能、成本等方面来寻找可能的差异化突破点，以使自己的差异化产品能在市场上赢得一席之地，这是关系到创业机会能否实现和实施的关键。

（2）机会开发阶段。

机会开发阶段是对创业机会的进一步考察和分析，这一阶段主要从以下三方面入手解决：

核心特征分析：一是在市场层面上，主要考察行业当前的市场结构，包括经营者状况、分销渠道、进入和退出环境、客户的数量、成本环境、需求对价格的敏感度等；二是在产品层面上，主要考察产品的独特性和难以模仿性，独特的产品才能够吸引到潜在的顾客。

创业支持要素：如果无法整合到足够的资源来实施创业活动，那么再好的创业机会也无法变成真正的企业。因此，该阶段对创业团队的协调程度以及创业资源的准备程度进行分析就显得非常重要。

商业模式构建：此阶段是创业者对机会识别整个过程的系统性整理和总结，经过机会识别中各个阶段的工作，在此形成最终的可执行的创业方案，创业机会识别的整个过程即算完成。

并非所有的机会都能成为现实中的企业，只有那些能给创业者和投资者带来可接受的回报时，机会才具有被开发的价值。通过上述分析，本研究更倾向于机会发现理论，认为个人只有在识别到机会的存在并能将其转变为可执行的商业模式时才可能获得创业的利润。然而，同样的机会，为什么有的人就能注意到并抓住它，而有些人则不能？这就是创业机会的识别与开发的问题。正确的筛选和识别创业机会是成功创业者具备的重要素质之一，因此，创业者需要具有独特的创业技能——机会识别与开发能力。“机会”学派指出不同的人所识别的创业机会在质量上是有变化的，Chandler 和 Hanks 就曾说过：“机会是客观存在于环境中的，但是人们所选择以及所开发的机会的质量却可能因为发现者的识别和预测能力的不同而存在不同”。可见，机会识别与开发能力的培育对于创业的重要性。大学生创业机会识别与开发能力的发掘源于个体的知识结构、个性特点以及认知能力等，高校创业教育应加强对大学生机会识别与开发能力的培育，深入开展创业教育，更新教育观念，注重在教育教学中引导大学生去关注社会环境中技术、市场和政策的变化，从中发现可创业的机会，注重在教学实践中锻炼他们的动手操作能力，以期培育他们的机会开发能力。

（3）通俗来说，作为一个复杂的认知过程，我们需要从动态过程观的角度去理解创业机会识别。正如一些文献中的观点，创业机会的识别可简单理解为是由三个阶段构成的。

①产生创建新企业的想法，即开始搜索市场信息，这是机会识别的开始；

②对于搜索到的信息进行评价，选择具有潜在价值的机会，即创业机会的发现；

③通过分析评价，进一步分析机会的可行性，并决定是否进行创业行为（Singh，2000）。这个机会识别的过程说明了从某种意义上来说，创业机会的识别过程包含了对于市场信息的搜索，找出潜在的机会；对于潜在机会的商业价值进行识别，通过对环境分析寻找最有利的商业机会；通过对自身能力的分析判断机会的可行性。这个创业机会的识别过程是广义的，即包括了对于创业机会的感

知和进行评价的过程。对于创业机会识别的研究，我国学者林嵩等（2005）的观点也验证了上述的广义机会识别过程观。他们研究认为机会的识别包含了搜索、发现和评价三个方面。实践观察也发现对于机会的识别和评价来说，二者并不是相互独立的。事实上，机会的评价存在于整个机会的识别过程中。在初始阶段，可能仅仅是采取一些非正式的市场调查手段来对这个机会的价值进行初步的评判。随着对于机会认识的不断加深，评价的方式也逐渐地正式化和规范化，对于机会的商业价值的考察也越来越专业。因此，本研究中认为创业机会的识别是通过对外部信息的搜索发现可能的创业机会，通过对于机会本身的潜在价值进行评价和可行性进行分析的探索性过程。通过这个过程的探索，做出是否对机会进行开发的决策。综上所述，本文认为创业机会的识别主要是包含了两个阶段的问题：如何发现创业机会以及如何去评价所发现的创业机会。

6. 创业机会识别的过程模型

本部分主要是对学者提出的创业机会识别过程模型进行回顾，试图从中发现有利于本研究开展的过程模型。

（1）Lindsay 和 Craig（2002）对机会识别的三个阶段的过程构建了一个模型。这一模型主要包括：①对创业机会进行搜索。在这一阶段，创业者的主要表现是搜索经济体系中存在的可行性创意，这一搜索过程中如果创业者发现某一创意存在潜在价值，那么就会进入机会识别的下一个阶段。②发现存在的创业机会。这一阶段的创业机会发现主要指的是狭义的机会识别过程，主要是对上一阶段搜索到的可能性机会进行筛选，发现具有潜在价值的创业机会。③创业机会的评价。作为创业机会识别过程的结束阶段，通过正式的考察分析，包括对发现的机会的各项财务指标的考察，以及对创业团队的构成的分析，最终对创业机会的可行性进行考核，并通过这一过程来决定是否建立企业。

（2）Ardichvili 等（2003）通过对不同学科背景下创业机会的识别与开发研究中涉及的相关概念的关系进行分析，构建出了识别创业机会的过程模型。在 Ardichvili 等的研究中强调了机会识别、评估和开发三个阶段是成功的机会开发的核心过程，同时这个过程会受到创业者的自身警觉性的影响。正是 Ardichvili 等的研究内容所做出的贡献，为后续的相关研究构建了理论框架。实际上，后续的许多学者的研究都是借鉴了他们所构建的模型，从而展开针对识别创业机会的影响因素的研究。

（3）Lumpkin 等（2005）借鉴组织学习与机会识别过程关系研究，构建出了机会识别过程的五阶段模型；通过对这一模型的分析发现，它主要包含了机会的发现和机会的形成部分。他们在研究中对其进一步细化并将其分为准备、孵化、洞察、评估和精加工五个阶段。准备是指开展机会发现行为之前对个体看待问题的敏感性的培养，这个过程中，个体主要是对自己感兴趣的领域内的信息进行搜索，但是这一过程是无意识的机会发现；孵化则是对于特定问题的一种思考，这时可能会出现一些新的基于想象的组合；洞察则是指某一阶段或者时刻突然地识别出某一商业机会；评估则表示已经进入了机会的形成阶段，通过对财务与市场的情形进行分析，进一步确定创业机会可行性；精加工则是通过对商业机会进行详细的分析后，进一步明确其可能存在的价值以及可能形成的商业化概念。上述模型中，Lindsay 和 Craig（2002）的机会识别模型更加符合本文的研究目的和对于机会识别过程的认识。而 Ardichvili 等（2003）和 Lumpkin 等（2005）的机会识别模型与一些学者提出的机会开发过程模型存在重叠的部分，因此在研究的过程中难以明确区分。综合而言，本文实证过程的机会识别模型主要是借鉴了 Lindsay 与 Craig（2002）的研究成果，即将机会的识别过程定义为了机会的搜索、发现和评价。搜索是指创业者根据自身所具备的能力对于经济市场中潜在的商业价值的一种感知；发现则是通过对外部环境的分析，对机会的价值性进一步的考察；评价指的是结合自身资源对机会的可行性进一步地分析，以判断其是否具有可行性。

五、影响大学生创业机会识别的因素

有学者提出，在影响机会识别和开发的各项因素中，机会本身的属性和创业者的个人特性是至关重要的。陈海涛、蔡莉、杨如冰把环境因素纳入其中，从系统的角度提出了包括环境、社会网络、创业者等为影响因素的机会识别作用机理模型（如图 6.3 所示）。

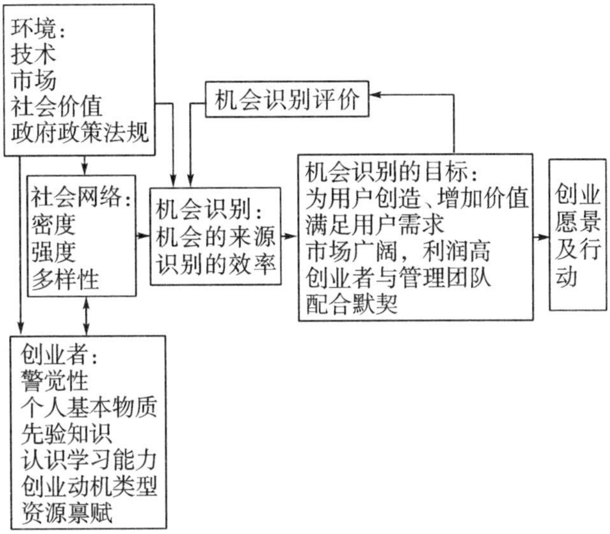

图 6.3　机会识别影响因素作用机理模型

1. 创业者的概念

创业者就是自主创业，在追求个人富足和自身价值实现的同时，创造社会财富和吸纳劳动力，切实为国家经济发展和社会进步做出积极贡献的群体。大学生创业者的内涵包括三个方面。

（1）大学生创业者既是创新者，又是继承者。一方面大学生创业者不论是创建新企业，还是在原有企业中采用新战略、开发新产品、开辟新市场、引进新技术或运用新资源，都是不同程度的创新活动，因而创业者首先是创新者，要具有创新的思维和能力。同时，任何创新活动都不能脱离实际，首先，要根据企业的原有条件、现实状况及未来发展方向去进行；其次，创业活动也是创业者本人的知识、经验和观念的反映，因此创业具有传承性，创业者也是继承者。

（2）大学生创业者既是实践者，又是传播者。一方面，创业是创建或运营经济实体，因而具有实践性。其生产的产品可以是有形的物质产品，也可以是无形的精神产品，但都应具有满足社会和人们某种需要的特性，否则，创业就是无价值和无意义的，也就不能称之为“创业”。另一方面，创业既然是从事某项生产实践活动，那么他的行为就是一个模范、榜样。而创业过程是生产实践活动和传播行为的统一体，创业者也就成为实践者和传播者的统一体。

（3）大学生创业者既是管理者，又是参与者。创业者通常在企业中居于管理者的位置，从事企业的日常经营与战略决策。但同时，创业者又是普通的创业团队成员，具有普通劳动者的需要和特征。如希望通过诚实劳动获得报酬，提高生活质量，博得相应的社会地位，在劳动过程中获得社会的承认与尊重来实现自我价值等。

美国心理学家约翰·麦纳（John B. Miner）对100位事业有成的创业者经过长达7年的跟踪调研，发现这些创业者存在共同的人格特质，约翰·麦纳根据特质的不同，将创业者分为四种类型：成就上瘾型、推销高手型、超级主管型和创意无限型。

（1）成就上瘾型创业者。这类创业者的人格特质主要表现为必须拥有成就；渴望回馈；喜欢拟订计划和设计目标；具有强烈的进取心；对组织忠诚；相信以己之力可以改变生活；相信工作上应该由自己制定目标，不能受制于他人。对认定的事业表现出执着而不放弃的决心，坚持到底，不达目的不死心，是目标非常确定的创业者。

（2）推销高手型创业者。这类创业者的人格特质主要表现为善于观察和体恤他人的感受；喜欢帮助他人；相信社会互动很重要；需要与他人发展良好的关系；有良好的交际能力；有强烈的合作意识，相信销售对执行公司经营战略十分重要。

（3）超级主管型创业者。这类创业者的人格特质主要表现在很讲信用、很负责任，他们的能力、力量来自于贯彻目标的决心，期望成为企业中的领导人物；具有决断力；对集体持肯定态度；喜欢与他人竞争；期望享有权力；渴望能够出人头地。

（4）创意无限型创业者。这类创业者的人格特质主要表现为热爱创新，富有创意；相信新产品的研发对企业经营战略的执行十分重要；聪明过人；希望避免风险。有创意有主张，绝对与众不同，鹤立鸡群，有着强烈的好奇心。

按照大学生创业者的创业内容分类。

（1）生产型创业者。生产型创业者是指通过创办企业推出产品的创业者，是以生产技术为主体，通常这种产品科技含量较高。比如，“爱多”就是以生产VCD产品打开家电市场的。

（2）管理型创业者。管理型创业者就是指那些综合能力较强的创业者，他们对专业知识本来就十分精通，而且对企业管理、运作、市场、财务等也十分熟悉，能够通过各种有效的企业管理手段，带动企业前进。比如说各类咨询公司。

（3）市场型创业者。市场型创业者的一个重要特点就是注重市场，善于把握市场变化机会。在中国由计划经济向市场经济转轨的过程中，涌现出大批的市场型创业者。海尔集团总裁张瑞敏就有一句名言：“三只眼睛看世界。”其意思就是计划经济时期企业只要一只眼，即盯住政府就可以了；市场经济条件下的企业则需要有两只眼，一只盯住市场，另一只盯住员工；而转型期的企业则需要具备“第三只眼”，也就是除了盯住市场和员工之外，还要盯住政府出台的政策。比如各类家政公司、关爱医院等。

（4）科技型创业者。科技型创业者多与高校和科研机构相关联，以高科技为依托创办企业。20 世纪 80 年代之后，为了鼓励科技成果转化为生产力，国家推出了一系列鼓励高等院校和科研机构创办企业的措施。如今有许多知名科技企业的前身就是由原来的“校办企业”和科研机构创办的“所办企业”，如北大方正、清华同方以及联想集团等。

（5）金融型创业者。金融型创业者实际上是一种风险投资家，他们向企业提供的不仅仅是资金，更重要的是专业特长和管理经验。他们不仅参与企业的经营方针和规划的制定，而且还参与企业的营销战略制定、资本运营以及人力资源管理。比如天使基金等。

创新是一种对未知世界、未知领域的探索性活动，是推动人类社会快速发展的动力，是人才脱颖而出的摇篮。中科大校长、中科院院士朱清时把创新人才的素质归结为六点：广博的多学科交叉的知识，好奇心和兴趣，直觉或洞察力，勤奋刻苦，集中注意力，被社会接受的素质（包括诚实、责任感和自信心）。

创新的实质是通过科学研究、生产活动和管理实践，创造新的理念、产品或服务成果并转化为生产力，以促进社会经济的发展。不论是知识创新、技术创新还是管理创新，创新的主体是人，创新的成果都要靠人来完成。一方面，创新能力是创业人才的核心。在创业者的创业过程中，无论是发现新的创意、捕捉新的机遇、寻找新的市场，还是撰写一份有潜质的创业计划，对于创业融资、创办公司和企业运作、管理和控制来说，都包含着创新的内容。所以，作为一个创业者或创业团队，必须具备市场、技术、管理和控制的创新能力。另一方面，创新能力又来源于创造性思维，一个成功的创业者一定具有独立性、求异性、想象性、新颖性、灵感性、敏锐性等人格特质。因此，创业能力是指影响创业实践活动效率，促使创业实践活动顺利进行的主体心理条件，主要包括专业、职业能力、经营管理能力和综合能力，创业能力是直接影响创业实践活动效率的关键，也是创业基本素质的重要组成部分之一，其他因素还包括策划能力、组织能力、领导能力、管理能力、公关能力等。

（1）“狭路相逢，智者胜，胜在策划。”作为创新思维、创造市场竞争奇迹的技术手段，作为科学的思维方法，作为企业竞争中最有力的新武器——策划，对每一位创业者来说都是非常重要的，所以，根据外部环境和掌握的创业机会，进行富有创意的策划，对创建企业是至关重要的。因此，创业者发挥策划能力时必须注意几方面的问题：第一，创业者必须弄清策划项目的价值所在、所涉及的范围和有关的限制因素，确定创建企业市场服务的定位；第二，确定由谁负责该项目的策划，包括确定主要策划负责人、策划团队；第三，创业者必须考虑策划的时机。

此外，创业者要充分认识自己、了解自己、完善自己，从而发展壮大。也只有这样，才能知道自己在这个市场中的竞争实力有多强，才能充分衡量自己把握的新武器在市场竞争时的真正威力，才能不断地去补充和完善自己，才能真正地为企业进行量体裁衣的策划方案。

（2）组织能力是创业者不可缺少的重要能力之一，在创建新的企业时组织显得十分重要，可以说组织是创造价值的源泉。组织能力是指领导者为了组织的利益和实现组织制定的目标，运用一定方法和技巧，把来自不同地区、不同系统、不同职业、不同文化背景以及民族、性别、年龄等均不相同的人组织在一个团结向上的集体之中，使大家朝着一个共同方向和目标去努力、去奋斗。组织能力包括合理选择下属的能力、黏合能力、架构能力、沟通能力、协调能力、激励下属的能力、授权能力、应变能力和合理分配资源（人力、财力、物力）的能力等。组织能力包括三个层级：个人能力、项目/团队能力、组织能力。组织能力是公司竞争力的综合体现，其包括核心流程能力、战略管理能力、组织文化能力。任何组织都必须建立基于能力的管理，不断增强个人、团队、组织的能力，通过实现组织目标的能力管理，形成公司独特的核心竞争优势，才能从众多的竞争者中脱颖而出。

（3）“领导能力”在字典的意思，就是“指导和统率的能力”。江泽民同志说：“从21世纪国际竞争日趋激烈的大环境看，我们搞现代化建设，必须到国际市场的大海中去游泳，并且要奋力地去游，力争上游，不断提高我们搏风击浪的本领。”因此，在创业过程中，创业者的领导能力通常通过如下几个方面体现：①活力，巨大的个人能量，对于行动有强烈的偏爱，干劲十足。这意味着创业者通常是不屈服于逆境，不惧怕变化，不断学习，积极挑战新事物的充满活力的人才；②鼓动力，激励和激发他人的能力。能够活跃周围的人，善于表达和沟通自己的构想与主意；③锐力，竞争精神、自发的驱动力、坚定的信念和勇敢的主张。坚定的意志与注意力，还要有清除那些碍手碍脚的人的勇气；④实施力，提交结果，能够将构想和结果联系起来。不仅仅是口头说说就完了，要将构想变成切实可行的行动计划并能够直接参与和领导计划的实施。

（4）管理能力是每一个创业者必备的重要能力，要在工作中不断地培养、积累自己的组织管理能力。管理能力与组织能力有密不可分的联系，管理能力主要包括激励的能力、控制情绪的能力、幽默的能力、演讲的能力、倾听的能力等。创业者不仅要善于激励团队，还要善于自我激励。要让团队充分地发挥自己的才能努力去工作，就要把员工的“要我去做”变成“我要去做”，实现这种转变的最佳方法就是对员工进行激励。优秀的创业者都有很好的演讲能力，特别是那些著名的创业者、企业家，他们都是演讲的高手。演讲的作用在于让他人明白自己的观点，并鼓动他人认同这些观点。从这点出发，任何一名创业者都应该学会利用演讲表达自己。管理不仅是对自身的管理约束，更是对创业团队的管理，管理能力强对形成一个良好的创业团队非常重要。

（5）创业要面临高度竞争的压力，成功的关键因素之一在于自身的公关能力。也就是说，本身的知识结构与公关能力是否符合社会的需求，而且是否有能力发现自身知识结构的优势与社会需求的结合点是关键。正是由于在自身力量的积累方面并不具有优势，对于决心创业的人来说，如何获得广泛的社会支持，并在这种支持下充分利用各种有利于事业发展的因素，就成为取得成功的最重要的能力之一。从这个意义上讲，个人公关能力对于创业成功非常重要，这种能力实际上是善于获得和利用社会支持的能力，有时候这种支持的重要性甚至超过经济上的支持。这就是为什么许多招聘单位特别看中应聘者社会活动能力的原因所在。善于与别人进行沟通实际上也是交际能力强的表现，对于立志创业的人来说，有意识地培养这种能力非常重要。

大学生创业实践和各类创业大赛是培养大学生创新能力、创业能力等综合素质的重要途径，也是增强大学生创业者各项能力的有效途径；通过对大学生创业者的内涵、分类和能力特征的分析研究，大学生的创业实践、创业教育将更加完善。

2. 影响大学生创业机会识别的因素

创业者进行机会识别是为了找到适合发展成具有商业投资价值的机会。因此，围绕机会识别的目标，在创业者从事机会的识别与开发行为过程中，各个因素对机会识别的作用机理及因素相互作用关系可作如下表述：

（1）创业者是机会识别的主体。创业者通过自身的特质，依靠其本身的敏锐警觉性来识别机会，而创业者拥有的先验知识促使其识别特有的机会。就是说，创业者的资源禀赋条件，将决定其识别机会的类型；而创业者的认知、学习能力，影响着机会识别的效率。

（2）环境因素的变化是产生机会的主要原因。技术、市场、社会价值观及法律法规的一项或者几项变化，都将产生不同类型的创业机会。

（3）社会网络是创业者捕捉环境变化信息来源的主要途径。社会网络可以加强信息对称，从而帮助创业者在机会发现过程中接触到新思想和新领域，并感知到市场等环境的变化；社会网络又是创业者与机会识别的主要桥梁，能为创业者提供关键性资源，如信息资源等。因此，创业者通过其本身的社会网络获得更多的支持，从而获得更多的机会。

（4）评估是重要的一环。机会识别是一个动态过程，只有通过对识别的机会进行不断评价，才能最终锁定创业机会。

（5）创业者的个人社会网络的支持系统，对不同机会类型的识别起到关键作用。社会网络密度影响机会识别的数量，而社会网络强度将对创业者机会识别的效率产生剧烈的影响。

（6）创业者、环境、社会网络三者的关系。第一，创业者与环境的关系。创业者都成长或生活在特定的环境中，因此创业者都是从特定的环境出发从事创业机会识别活动的。第二，社会网络与创业者的相互作用关系。环境变化的先兆多数是通过社会网络传递到创业者，社会网络是创业者得到机会相关信息的主要手段。社会网络的异质性可以提高创业者的警觉性，补足创业者的知识短板，提高创业者的创业学习能力。社会网络同样可以对创业者的资源禀赋进行适当的补充。创业者也可以通过社会网络为今后的创业活动所需的资源做铺垫工作。反过来，创业者的背景特质影响其个人社会网络的形成，而其先验知识和资源禀赋又是维系其个人社会网络的直接因素。第三，环境与社会网络的关系。社会网络具有扩展性和延伸性。任何个人的社会网络不能离开环境因素，因为环境的动态性和不确定性，将导致具有不同创业动机的创业者对其社会网络的强度、密度作动态的调整，以适应环境的变化，从而识别创业机会。

（7）从机会识别到开始创业行动之间建立了一个以机会识别目标为判别机会的中间变量，当创业者识别的机会不满足机会识别的目标时，创业者往往需要重新去寻找机会或是进一步开发原有机会；当创业者识别的机会满足机会识别的目标时，创业者应随即采取相应的创业行动。

（8）创业的过程是摄取资源并将其进行整合的过程，良好的社会网络可以更好地连接机会和创业活动。换言之，大学生创业机会识别能力除了受其自身专业知识、创业经验等"内在因素"的影响以外，还与其所"嵌入"的个人社会网络这一"外在因素"相关。此处的"社会网络"是指大学生创业者在学习、工作、生活的过程中所形成的以个人社会关系为主的网络联系。大学生在创业意愿产生之前，其个人社会网络来自于日常生活并服务于日常生活。因此，网络结构也与其个人偏好有着密切的关系。在产生创业意愿之后，其对信息与资源的需求目标感增强，已有的社会网络无法完成信息与资源获取需求，对社会网络的改造成了自觉或不自觉的行为。就社会网络影响大学生创业机会识别能力的内在机理而言，主要表现在：一是社会网络为大学生创业者提供一个跨学科、跨行业、甚至是跨文化的信息交流平台，促进"知识转移"，进而使其拥有获取相关信息和建议的通道。比如：创业者与风险资本家、创业咨询机构的联系就可以作为创业启动资金和获取关键市场信息的一种途径。二是社会网络可以为大学生创业者提供坚定的情感支持。大学生社会网络中的强关系（如亲属关系、同学关系）可以为创业者带来坚定的情感支持，情感支持有时会在创业机会识别中发挥特殊的作用。三是个人的社会网络规模越大，社会资本就越丰富，摄取资源的能力也越强，有助于大学生创业者整合资源、抓住创业机会，投身创业实践。

六、培养大学生发现创业机会的能力

从前面的分析我们已经得出，创业机会是大学毕业生创业过程中的核心要素，创业的核心是发现和开发机会，并利用机会实施创业。因此，识别创业机会是创业教育的重点。创业需要机会，机会要靠发现。创业难，发掘创业机会更难。作为创业者，难能可贵的地方就在于他能及时发现其他人所看不到的机会，并迅速采取行动来捕捉创业机会并实现创业机会的价值。所谓创业机会即商业机会或市场机会，就是指有吸引力的、较为持久和适时的一种商务活动的空间，并最终体现在能够为顾客创造价值或增加价值的产品或服务中。那么如何培养提高大学生的创业机会识别能力？应从如下几个方面入手。

1. 对于高校而言

（1）引导大学生关注技术、市场和政策的变化，增强其对环境变化的敏感度，培养其创业的警觉性，提高其创业机会识别的概率。大学教育是一种专业教育，并且常常以理论教育为主，对某一专业领域的技术、市场和政策的变化往往不够关注，也不够敏感，这极大地限制了大学生机会识别能力的养成。大学教育自身首先要实现从教育理念到教育教学方式的全方位变革。教育理念要实现由"就业教育"向"创业教育"的转变；教学内容安排要适当压缩理论性的教学内容，增加技术性、应用性的教学内容，同时加强实践环节教学；教学方式方法应广泛采用发现教学法、问题教学法、案例教学法、掌握教学法、研究性学习等尊重大学生主体、有利于培养大学生创新精神的方式方法；教育教学效果评价要改变（重知识考查、分数至上）的评价方式，转向重视综合能力考查、多元价值取向的评价方式。为大学生关注社会，关注行业的技术、市场和政策变化创造外部条件。

创业机会识别能力主要是一种认识能力，创业机会主要源于社会环境中技术、市场和政策的变化。因此，大学教育要在转变自身教育理念和教学方式的前提下，在教育教学中注重引导大学生去关注社会变化，从中发现创业机会。具体方式方法，如引导大学生养成每天收看新闻联播，阅读行业报纸杂志、专题网站等习惯，培养其信息意识和收集信息的能力；通过组织相关专业技术前沿专题讲座、科技政策和产业政策报告会、相关产业界报告会等形式获取重点创业领域的信息；采用研究式学习、合作学习、案例教学等方式，激发大学生的创业灵感；通过模拟或组织创业计划大赛等实践锻炼，培育大学生实际识别创业机会的能力。

（2）引导大学生重视交往，组建自己的社会网络，丰富创业信息来源渠道，构建创业机会识别桥梁，增加创业机会。如前所述，社会环境变化的信号多数是通过社会网络传递给创业者，社会网络的强度、密度等都会对创业者识别创业机会产生重要影响。社会网络不但是创业者获得创业机会相关信息的主要手段，也直接影响到创业机会开发和新企业运营所需的各种社会资源。然而，传统的大学教育主要是一种智力教育和专业知识教育，忽视了大学生情感教育和人际交往能力的培养。因此，应更新教育观念，把情感教育和人际交往纳入大学教育目标之列，通过开设社交类课程和专题讲座等方式传播交往知识与人际沟通技巧；实行学生干部轮换制度，为大学生创造公平的社会交往机会；以各种校园活动为载体，把大学生的社交知识转化为实际社交能力。

（3）深入开展创业教育，明确创业目标，提高创业机会评价能力。我国创业教育不但起步晚、辐射面有限，而且已经开展创业教育的高校也凸显出一系列的不足，创业教育效果不尽如人意，大学生对我国当前的创业教育效果评价也不高。其主要的原因可能在于目前的创业教育还缺乏针对性。调查结果显示：一方面，我国目前开展创业教育的多数高校还主要限于开设一门关于“创业学”的选修课程，属于倡导、普及创业知识阶段，至于重点性和专业性的创业教育还很少见，也没系统化；另一方面，创业能力培育办法、措施还不多，广度、深度和系统性等都还不够。其表现之一是企业家精神的培养还仅仅停留在创业导向上，实质性的办法还不多。之二是创业知识和市场营销能力识别和估价创业机会、如何发展与组织团队并与团队共同工作、了解创业成功与失败的相关因素、新创企业进入市场的一般策略、创业计划的基本要素、如何控制与治理新创企业的成长、新创一个企业对于治理技能的要求与挑战和在现存组织内部进行创业的性质与运作方式等，是每一个创业者必不可少的知识，大学应根据不同专业，把创业学及其相关课程纳入公共基础课范畴。之三是实践环节和技能训练有待加强。创业机会识别是一个动态过程，只有通过对识别的机会进行不断评估，最终才能锁定创业机会。机会评估的主要判断依据是机会识别的目标，即是否能够为用户创造、增加价值，满足用户需求；是否市场广阔，利润高；创业者与管理团队配合是否默契等方面。为此，就要求创业者掌握市场需求、营销网络、组织管理等方面的知识，并具备对相应数据的搜集、分析、评价能力；同时，还要注重积极培养统辖、想象、概括、综合及辩证分析等能力，以便更好地进行联想、类比或推演，从而能够整体把握创业过程所经历的各个阶段，在更高层次和水平上培养对创业机会的评价能力。

（4）重视大学生创造力的培养，塑造创造型人格，提升机会识别能力。在影响创业机会识别的众多因素中，创业者是机会识别的主体。创业者通过自身的先验知识，依靠其本身的警觉性识别机会。因此，对创业家特质的研究一直是创业学研究的经典命题。尽管其中研究成果众多，并有众多分歧，但创业家应在冒险性、好奇心、想象力和挑战性等方面具有明显特质是大多数专家认可的。这些人格特质正是创造力的主要方面。因此，重视大学生创造力的培养，塑造其创造型人格，有助于提高大学生的创业机会识别能力。

（5）开设多种形式的高校创新创业课程。发现和把握创业机会不是一件容易的事情，但也不是绝无可能的。大学生创业者可以在日常生活中有意识地加强实践，培养和提高这种能力。因此，开设多种形式的高校创业课程，培养大学生发现和把握创业机会的能力是高校创业的首要工作。为此，要将创业教育和专业教育有机结合起来适当压缩理论学时，增加实践体验式教学在培养方案中的学时比例，整合优化实践教学内容，完成实际操作性较强的实践性教学。

（6）加强学生创业园地或利用原有的产学研基地的建设。高校可以通过建立校内学生创业园地或利用原有的产学研基地建设成学生创业实践基地，为学生提供创业实践平台，培养大学生发现和把握创业机会的能力，孵化大学生创业项目。为保证创业教育落到实处，高校应在校内建立大学生创业教育实践基地，主要为开展创业教育提供信息平台和各类教育资源，满足学生创业学习的基础性需求；在校外，应以实习基地和产学研合作基地为依托，建设分散性大学生创业实践基地，为大学生的创业实践提供物质保障和平台。

（7）优化创业教学模式，引导大学生储备“知识”。经过教育主管部门的大力推动，创业教育的规范化程度较之以往已有较大提高，主要表现在不少学校已经开发并设立了创业教育类课程，并将其纳入人才培养体系和选课系统，供有创业意向的学生自主选择，甚至部分高校已经将“创业学分”写入人才培养方案。但研究各校的创业教育类课程教学大纲和教材内容，不难发现，课程内容同质化和固化的倾向仍然存在，对创业领域的新政策、新模式、新案例缺乏相应的课程设计。创业教育的课堂教学是提高创业热情和提升知识储备水平的主渠道，然而课程内容同质化和固化难以使学生对所学课程产生兴趣，难以吊起学生创业的“胃口”。各校应加强创业教育课程群建设的力度，既要有“新创企业管理”“创新与创业”“商机发现与风险评估”等相对稳定的知识性内容，也要有“创业政策变迁与解读”“创业热点面对面”等相对变化的政策性、形势感强的内容，在内容设计的“变”与“不变”的结合之中，让学生切实感受到创业知识教育的实用性和吸引力。一旦达到这种效果，创业知识教育就会从“要学生学”变为“学生要学”，大学生就会主动关注身边的变化，用专业的眼光去发掘创业机会。比如：促使大学生养成阅读行业报纸杂志、创业类专题网站的习惯，培养其信息意识和收集信息的能力；经常参加相关专业技术前沿专题讲座、科技政策和产业政策报告会、相关产业界报告会等形式获取创业领域的信息；等等。

（8）扶持社会网络建设，引导大学生拓展“人脉”社会网络。“人脉”不但是大学生创业者获得与创业机会相关信息的重要渠道，也是直接影响到创业机会开发和新企业运营所需的各种社会资源。然而，传统的大学教育主要是一种智力教育和专业知识教育，忽视了大学生情感教育和人际交往能力的培养。因此，学校要统筹校内各相关部门和社会资源，从政策层面营造鼓励大学生参与社会活动、构建社会网络、提高自身社会化进程。如：将情感教育和人际交往纳入大学新生入学教育以及日常教育之中，通过开设社交类课程和专题讲座等方式传播交往知识与人际沟通技巧；建设一批学生社团，重点扶持那些兴趣爱好型、学术研究型、公益服务型、创新创业型等学生社团组织建设，为生成大学生个人社会网络多样性提供条件；鼓励学生参与教师的横向科研课题和科技服务，让有创业意向的大学生能知晓相关信息，促进教师科技创业网与学生创业网的交叉、融合、资源共享；遵循自媒体时代信息传播规律，重视社交型媒体（如微博、微信）在拓展社交网络规模方面的作用，建设一批与创业主题相关的校方“微阵地”，为大学生参与议题讨论、增进彼此感情、获取相关资讯提供方便，促进大学生个人社会网络拥有更多的有助于创业的关键“节点”。

（9）统筹创业支持要素，引导大学生参与“实战”。一是要成立专门的大学生创业服务管理机构，配备创业专兼职导师，指导有创业意愿的大学生开展创业实践。二是要划设专门场地，划拨专项资金，对有创业意愿的大学生开展拟创业项目评估，通过者可以入驻校内创业孵化基地，并享受租金减免、提供启动资金等优厚待遇。三是要与部分政府职能机构对接，让在校大学生知晓并享受到各类创业优惠政策。比如：协同工商、税务部门、地方政府兴办的大学生创业园走进校园，开展“创业政策进校园”活动。四是要与风险投资机构、创业辅导咨询机构等社会中介机构对接，邀请他们与大学生创业者定期开展交流，为创业者解决创业过程中的各种困难。

2. 对于大学生而言

（1）大学生创业需要他们在校期间就有意识地做好准备，大学生创业必须有着投身创业的理想和志向，否则，往往被创业中的困难、挫折所吓倒。有创业志向的大学生在校期间就应树立崇高的理想和志向，有意识地培养自己创业的意志品质。在树立崇高理想的基础上，结合实际学习目标，在学习过程中不怕困难和挫折，严以律己，出色地完成学业。同时，应积极参加各种实践活动，在确立目标、制订计划、选择方法、执行决定和开始行动的整个实践活动中，实现意志目的，锻炼意志品质。在此基础上，还应加强意志的自我锻炼，注意培养提高自我认识、自我检查、自我监督、自我评价、自我命令、自我鼓励的能力。此外，培养健全的体魄，积极参加体育活动，也是锻炼坚强意志的重要途径。

（2）大学生创业需要在创业进程中不断完善提高。大学生要想培养商业意识，就应用心去钻研有关商业的知识。特别是在创业实践中善于观察分析，把握事物的本质，善于收集和利用信息，摸清市场运行的基本规律，积极主动去寻找和创造商业机会。同时，大学生要想挖掘自己的智慧潜能，就必须认识到智慧潜能是一个内涵十分丰富而又极其复杂的综合概念。因此，在锻炼和培养自己的创业才能时，不能局限于单纯从成才的方面去寻求提高的捷径，而必须在多方面打好扎实的基础知识，既要通过学习增长知识和智力，还要通过创业和实践来增长才能，也要通过创业过程中的竞争和自我否定增长才能，以使创业才能得到综合性提高。

（3）掌握创业过程中创业者心理的变化。在整个创业过程中大学生创业者一般都将经历如下历程：首先，不甘学习、生活和发展现状—建立创业发展规划目标—组织创业团队—为实现目标奋斗；接下来，不考虑任何物质利益的尝试—挫败—失败—再尝试—挫折—局部成功；最后，成功点逐步增多—成功量的累积到阶段性的飞跃—走向成功。伴随这样的进展过程，大学生创业者心态也将发生变化：起初的兴趣、特长和爱好—目标和热情—团队工作的乐趣—梦想和理想化的前景激励；接下来是挫折、怀疑和信心的反复摧残和重建；最后是重新评估团队目标和对自身的再认识—责任—新的乐趣和兴奋点。

3. 大学生应把握创业机会的关键“节点”

（1）从追求“负面”中把握创业机会。所谓追求“负面”，就是着眼于那些大家“苦恼的事”和“困扰的事”。因为是苦恼、是困扰，人们总是迫切希望解决，如果能提供解决的办法，实际上就是找到了机会。例如双职工家庭，没有时间照顾小孩，于是有了家庭托儿所；没有时间买菜，就产生了送菜公司。当年美国的李维斯发现工人采矿时跪在地上，裤子的膝盖部分特别容易磨破，而矿区里却有许多被人丢弃的帆布帐篷，李维斯就把这些旧帐篷收集起来洗干净，做成裤子，结果销量很好。“牛仔裤”的诞生，意味着李维斯把问题当作机会，并将问题变成了机会，最终实现了致富梦想，不得不说，这得益于他有一种解决问题的积极心态。

（2）利用不断变化的市场环境把握创业机会。变化是创业机会的重要来源，没有变化，就没有创业机会。创业的机会大都产生于变幻的市场环境，环境变化了，市场需求、市场结构必然发生变化。著名管理大师彼得·德鲁克将创业者定义为那些能“寻找变化，并积极反应，把它当作机会充分利用起来的人。”这种变化主要来自于产业结构的变动、消费结构升级、城市化进程加速、人口思想观念的变化、政府政策的变化、人口结构的变化、居民收入水平提高、全球化趋势等诸方面。比如居民收入水平提高，私人轿车的拥有量将不断增加，这就会派生出汽车销售、修理、配件、清洁、装潢、二手车交易、陪驾、代驾等诸多创业机会。人口结构发生了变化，可以发现以下机会：为老年人提供的健康保障用品，为年轻女性和职业女性提供的服务与产品，为家庭提供的文化娱乐用品。

（3）把握创新产品所带来的创业机会。创造发明提供了新产品、新服务，能更好地满足顾客需求，同时也带来了创业机会。例如随着电脑的诞生，电脑维修、软件开发、电脑操作的培训、图文制作、信息服务、网上开店等创业机会随之而来，即使你不发明新的东西，你也能成为推广和销售新产品的人，从而给你带来商机。例如，随着健康知识的普及和技术的进步，围绕“水”就带来了许多创业机会，上海就有不少创业者加盟“都市清泉”而走上了创业之路。

（4）从“低科技领域”把握创业机会。随着科技的发展，开发高科技领域是时下热门的课题，例如美国近年来设立的风险性公司中电脑占 25%、医疗和遗传基因占 16%，半导体、电子零件占 13%、通信占 9%。但是，公司机会并不只属于“高科技领域”。在运输、金融、保健、饮食、物流这些所谓的“低科技领域”中也有机会，关键在于开发。

（5）集中盯住某些特定群体的需求把握创业机会。机会不能从全部顾客身上去找，因为共同需求容易被发现，基本上已很难再找到突破口。而实际上每个人的需求都是有差异的，如果我们时常关注某些人的日常生活和工作，就会从中发现某些机会。因此，在寻找机会时，应习惯把顾客分类，如政府职员、菜农、大学教师、杂志编辑、小学生、单身女性、退休职工等，认真研究各类人员的关注点与需求。

（6）从“市场缺口”中寻找创业机会。大学生创业者一定不要把创业机会看作非常神秘的东西，仿佛只有天才的脑子才有能力找到。其实，创业机会可以是非常普遍平常，任何一个头脑正常的人都能想得到的。纵观很多企业成功的案例可以表明，很多企业的成功是来自一个非常普通的想法。只不过许多人没有认真对待这种想法，甚至认为该想法太粗浅，不值得一试。创业者要善于发掘貌似平实但有实际商业价值的想法，并把这些想法及时变现，不失时机地推向市场，要能率先抓住市场变化，及时填补客户需求，进占“市场缺口”。“市场缺口”是指那些“顾客能够模模糊糊感觉到，但又无法明明白白地表述出来的内在需求”。创业者一定不要钻入求新独创的牛角尖，而是以平常心观察市场，细心发现广大顾客的潜在需求变化，及时推出自己的产品或服务。

创业经验是创业者在先前的创业过程中依赖于情境并通过具体案例方式获得的感性和理性的观念、知识和技能等，它的获取有赖于创业经历。拥有创业经验的创业者在以后的创业活动中会产生对问题以及行为方式的独到观点和认识，这不仅会影响创业者对创业机会的发现，而且也会影响机会开发过程的行为选择。尽管大学生中拥有真正创业经验的创业者不多，但这并不影响教育界和实践界对创业经验重要性的共识性判断。其作用机理主要表现在：一是创业经验会帮助大学生创业者形成“创业警觉性”。调查显示，尽管政府大力鼓励自主创业，我国有创业梦想的大学生高达80%以上，但真正选择创业的学生却不多。2013届、2014届、2015届大学生的创业比例分别为2.3%、2.9%、3%，这远低于美国大学毕业生20%的创业比例。中国创业存在基础能力建设薄弱，尤其是学校对后备劳动力创业能力的培养较弱。而创业机会价值具有时效性，创业者必须在较短的时间内完成对一系列问题的思考判断并快速付诸行动，才能实现创业机会价值。此时，具备创业经验的创业者就更有优势，先前经验中所积累的信息塑造了创业者独特的洞察力，即“创业警觉性 ”。这种警觉性有助于创业者发现初次创业者不易察觉的机会。二是创业经验会给大学生创业者带来创业课程体系中无法学到

“隐性知识”，可以帮助他们规避创业过程中的陷阱，为创业者大胆创业提供自信。相较于没有创业经验的创业者而言，拥有创业经验的大学生创业者积累了一定的市场分析知识能力、人脉关系拓展能力、风险感知能力等通过实战方能取得的“隐性知识”，这使得他们在面对同样的机会信息时，能迅速把握创业机会后期开发过程中的关键点，进而做出正确的决策。

创业机会的形成是创业者与潜在的商机进行互动而形成的，这一过程也是创业个体在基于现有知识结构的基础上进行创造性、联想性思维活动的结果。而要进行创造性、联想性思维的前提就是个体需要掌握足够的知识量，形成比较完善的知识结构。具体到大学生创业者群体而言，完善的知识结构意味着“基础知识宽厚扎实、专业知识掌握灵活、横向知识丰富广博、工具知识准确熟练、方法知识科学高效”。良好的知识结构对大学生创业机会识别能力的影响表现在两方面：一是在机会搜索阶段。大学生创业者需要利用各方面的专业知识对整个经济系统中可能的创业创意展开主动搜索，这实际上是在复杂的市场信息中搜索有价值信息的思维过程。个体知识愈广博，则愈有助于创业者对市场中的相关信息和知识进行重组、匹配和加工，从而产生新颖的创业构思。二是在机会评价阶段。大学生创业者需要从机会的营利性、可行性，以及机会所面临的系统性和非系统性风险进行预测、评估。这些都依赖于大学生创业者综合经济学、运筹学、统计与概论等多学科的知识进行综合分析、判断。因此，对于大学生创业者而言，良好的知识结构不仅意味着掌握拟进入行业的专业知识，也包括创业过程中需具备的营销、财务、法律、税收等知识。

创业机会以不同形式出现。虽然以前的研究中，焦点多集中在产品的市场机会上，但是在生产要素市场上也存在机会，如新的原材料的发现等。许多好的商业机会并不是突然出现的，而是对于“一个有准备的头脑”的一种“回报”。在机会识别阶段，创业者需要弄清楚机会在哪里和怎样去寻找。对现在的创业者来说，在现有的市场中发现创业机会，是很自然和较经济的选择。一方面，它与我们的生活息息相关，能真实地感觉到市场机会的存在；另一方面，由于总有尚未全部满足的需求，在现有市场中创业，能减少机会的搜寻成本，降低创业风险，有利于成功创业。现有的创业机会存在于：不完全竞争下的市场空隙、规模经济下的市场空间、企业集群下的市场空缺等。

不完全竞争下的市场空隙。不完全竞争理论或不完全市场理论认为，企业之间或者产业内部的不完全竞争状态，导致市场存在各种现实需求，大企业不可能完全满足市场需求，必然使中小企业具有市场生存空间。中小企业与大企业互补，满足市场上不同的需求。大中小企业在竞争中生存，市场对产品差异化的需求是大中小企业并存的理由，细分市场以及系列化生产使得小企业的存在更有价值。

规模经济下的市场空间。规模经济理论认为，无论任何行业都存在企业的最佳规模或者最适度规模的问题，超越这个规模，必然带来效率低下和管理成本的提升。产业不同，企业所需要的最经济、最优成本的规模也不同，企业从事的不同行业决定了企业的最佳规模，大小企业最终要适应这一规律，发展适合自身的产业。

企业集群下的市场空缺。企业集群主要指地方企业集群，是一组在地理上靠近的相互联系的公司和关联的结构，它们同处在一个特定的产业领域，由于具有共性和互补性而联系在一起。集群内中小企业彼此间发展高效的竞争与合作关系，形成高度灵活专业化的生产协作网络，具有极强的内生发展动力，依靠不竭的创新能力保持地方产业的竞争优势。潜在的市场机会：潜在的创业机会来自于新科技应用和人们需求的多样化等。成功的创业者能敏锐地感知社会大众的需求变化，并能够从中捕捉市场机会。

新科技应用可能改变人们的工作和生活方式，出现新的市场机会。通信技术的发展，使人们在家里办公成为可能；互联网的出现，改变了人们工作、生活、交友的方式；网络游戏的出现，使成千上万的人痴迷其中、乐此不疲；网上购物、网络教育的快速发展，使信息的获取和共享日益重要。

需求的多样化源自于人的本性，人类的欲望是很难得到满足的。在细分市场里，可以发掘尚未满足的潜在市场机会。一方面，根据消费潮流的变化，捕捉可能出现的市场机会；另一方面，根据消费者的心理，通过产品和服务的创新，引导需求并满足需求，从而创造一个全新的市场。衍生的市场机会：衍生的市场机会来自于经济活动的多样化和产业结构的调整等方面。

首先，经济活动的多样化为创业拓展了新途径。一方面，第三产业的发展为中小企业提供了非常多的成长点，现代社会人们对信息情报、咨询、文化教育、金融、服务、修理、运输、娱乐等行业提出了更多更高的需求，从而使社会经济活动中的第三产业日益发展。由于第三产业一般不需要大规模的设备投资，它的发展为中小企业的经营和发展提供了广阔的空间。另一方面，社会需求的易变性、高级化、多样化和个性化，使产品向优质化、多品种、小批量、更新快等方面发展，也有力地刺激了中小企业的发展。

其次，产业结构的调整与国企改革为创业提供了新契机。党的十六大报告指出，“要深化国有企业改革，进一步探索公有制特别是国有制的多种有效实现形式，大力推进企业的体制、技术和管理创新。除极少数必须有国家独资经营的企业外，积极推进股份制，发展混合所有制经济。”因此，随着国企改革的推进，民营中小企业除了涉足制造业、商贸餐饮服务业、房地产等传统业务领域外，将逐步介入医药、大型制造等有更多创业机会的领域。

七、大学生创业机会的评估准则

我们针对创业机会的市场与效益面，提出一套评估准则，并说明各准则因素的内涵，目的是为创业家提供是否投入创业开发评估的决策参考。

1. 市场评估准则

（1）市场定位：一个好的创业机会，必然具有特定的市场定位，专注于满足顾客需求，同时能为顾客带来增值的效果。因此评估创业机会的时候，可由市场定位是否明确、顾客需求分析是否清晰、顾客接触通道是否流畅、产品是否持续衍生等，来判断创业机会可能创造的市场价值。创业带给顾客的价值越高，创业成功的机会也会越大。

（2）市场结构：针对创业机会的市场结构进行5项分析，包括进入障碍、供货商、顾客、经销商的谈判能力、替代性竞争产品的威胁，以及市场内部竞争的激烈程度。由市场结构分析可以得知新企业未来在市场中的地位，以及可能遭遇竞争对手反击的程度。

（3）市场规模：市场规模的大小与成长速度，也是影响新企业成败的重要因素。一般而言，市场规模大者，进入障碍相对较低，市场竞争激烈程度也会略为下降。如果要进入的是一个十分成熟的市场，那么纵然市场规模很大，由于已经不再成长，利润空间必然很小，因此这项新企业恐怕就不值得再投入。反之，一个正在成长中的市场，通常也会是一个充满商机的市场，所谓水涨船高，只要进入时机正确，必然有获利的空间。

（4）市场渗透力：对于一个具有巨大市场潜力的创业机会，市场渗透力

（市场机会实现的过程）评估将会是一项非常重要的影响因素。聪明的创业家知道应选择最佳时机进入市场，也就是市场需求正要大幅成长之际，你已经做好准备，等着接单。

（5）市场占有率：从创业机会预期可取得的市场占有率目标，可以显示这家新创公司未来的市场竞争力。一般而言，成为市场的领导者，最少需要拥有20%以上的市场占有率。但如果低于5%的市场占有率，则这个新企业的市场竞争力显然不高，自然也会影响未来企业上市的价值。尤其处在具有赢家通吃特点的高科技产业，新企业必须拥有成为市场前几名的能力，才比较具有投资价值。

（6）产品的成本结构：产品的成本结构，可以反映新企业的前景是否亮丽。例如，从物料与人工成本所占比重之高低、变动成本与固定成本的比重，以及经济规模产量大小，可以判断该企业创造附加价值的幅度以及未来可能的获利空间。

2. 效益评估准则

（1）合理的税后净利：一般而言，具有吸引力的创业机会，至少需要能够创造15%的税后净利。如果创业预期的税后净利在5%以下，那么这就不是一个好的投资机会。

（2）达到损益平衡所需的时间：合理的损益平衡时间应该能在两年以内达到，但如果三年还达不到，恐怕就不是一个值得投入的创业机会。不过有的创业机会确实需要经过比较长的耕耘时间，通过这些前期投入，创造进入障碍，保证后期的持续获利。在这种情况下，可以将前期投入视为一种投资，才能容忍较长的损益平衡时间。

（3）投资回报率：考虑到创业可能面临的各项风险，合理的投资回报率应该在25%以上。一般而言，15%以下的投资回报率，是不值得考虑的创业机会。

（4）资本需求：资金需求量较低的创业机会，投资者一般会比较欢迎。事实上，许多个案显示，资本额过高其实并不利于创业成功，有时还会带来稀释投资回报率的负面效果。通常，知识越密集的创业机会，对资金的需求量越低，投资回报反而会越高。因此在创业开始的时候，不要募集太多资金，最好通过盈余积累的方式来创造资金。而比较低的资本额，将有利于提高每股盈余，并且还可以进一步提高未来上市的价格。

（5）毛利率：毛利率高的创业机会，相对风险较低，也比较容易取得损益平衡。反之，毛利率低的创业机会，风险则较高，遇到决策失误或市场产生较大变化的时候，企业很容易就遭受损失。一般而言，理想的毛利率是40%。当毛利率低于20%的时候，这个创业机会就不值得再予以考虑。软件业的毛利率通常都很高，所以只要能找到足够的业务量，从事软件创业在财务上遭受严重损失的风险相对会比较低。

（6）策略性价值：能否创造新企业在市场上的策略性价值，也是一项重要的评价指标。一般而言，策略性价值与产业网络规模、利益机制、竞争程度密切相关，而创业机会对于产业价值链所能创造的价值效果，也与它所采取的经营策略和经营模式密切相关。

（7）资本市场活力：当新企业处于一个具有高度活力的资本市场时，它的获利回收机会相对也比较高。不过资本市场的变化幅度极大，在市场高点时投入，资金成本较低，筹资相对容易。但在资本市场低点时，投资新企业开发的诱因则较低，好的创业机会也相对较少。不过，对投资者而言，市场低点的成本较低，有的时候反而投资回报会更高。一般而言，新创企业的活跃的资本市场比较容易创造增值效果，因此资本市场活力也是一项可以被用来评价创业机会的外部环境指标。

（8）退出机制与策略：所有投资的目的都在于回收，因此退出机制与策略就成为一项评估创业机会的重要指标。企业的价值一般也要由交易市场来决定，而这种交易机制的完善程度也会影响新企业退出机制的弹性。由于退出的难度普遍高于进入，所以一个具有吸引力的创业机会，应该要为所有投资者考虑退出机制，以及退出的策略规划。

第七章 大学生创业能力之创业融资

随着我国经济和社会的发展，我国的就业结构与就业方式也发生了巨大的变化。自谋职业、自主创业、灵活就业等已成为大学生就业的重要方式，大学生创业成为我国大学生就业的一种新趋势。但从近几年的实践中发现，我国大学毕业生真正能自主创业的很少，且也不像想象的那么顺利，我们看到的大学生创业遭遇挫败的例子多于成功的例子。其中原因很多，有大学生自身的问题，如知识限制、资金和经验缺乏、创新创业能力薄弱等，也有社会大环境的问题。但最为重要的还是在于创业融资方面，大学生创业融资难是高校大学生创业广泛存在的一个问题。

一、大学生创业融资的内涵与重要性

作为创业主体的大学生大多热衷于自主创业，但基本上还处于非理性阶段，与社会上的中小企业创业融资相比较，大学生融资渠道比较单一，大学生不应仅局限于向亲朋好友寻求资金支持，而应该拓宽思路，吸引企业、银行、担保公司、风险投资机构等多方的关注与支持。大学生创业过分强调资金和社会关系的重要性。当前很多大学生对于创业条件的理解仅仅停留在“物质”层面，而忽视了自身素质与能力的培养，这样，即便拿到资金，创业的失败率也会很高。大学生创业准备不足，尽管大学生们有独立创业的愿望与热情，但真正面对激烈的市场竞争局面，还会因自身底气不足而却步。

二、大学生创业融资困难的原因

（一）支持大学生创业融资的规范性文件较难落到实处

近年来，国家和政府为了支持大学生创业，解决大学生创业融资难的问题，在营造良好法律和政策环境方面做了大量工作。此阶段我国颁布和修订的许多法律中的诸多内容都对支持大学生创业融资产生了很好的作用，如 2007 年 8 月 30

日我国第十届全国人大常委会通过的《中华人民共和国就业促进法》（该法于2008年1月1日实施）。同时，国家近年来出台或修订的其他法律也在一定程度上试图对融资法律制度环境形成合力，如2005年10月27日第十届全国人大常委会第十八次会议修订通过并公布，于2006年1月1日实施的新《中华人民共和国公司法》与原《公司法》相比，修订了众多条款。其中的诸多修订和新制度的引入，对大学生创办中小企业过程的融资行为将产生直接或间接的影响；2007年6月1日起施行的《中华人民共和国合伙企业法》，新增加的有限合伙制度为大学生利用劳务和大公司进行合作提供了一种融资方式的法律模型。除此之外，还有一些针对大学生创业的规范性文件，如中共中央办公厅、国务院办公厅印发的《关于引导和鼓励高校毕业生面向基层就业的意见》；各省、市、自治区纷纷出台大学生创业申请小额贷款的优惠政策，即银行一般要求担保公司提供担保，最后只是在利息上由政府提供一定比例的贴息贷款等。

单从我国目前颁布的法律、法规来看，其对改善我国目前大学生乃至整个中小企业的融资环境起到了重要作用。但在具体的实践应用中，多数的法律与法规主要是从宏观上提倡支持大学生创业，至于如何从大学生创业的各个环节入手，尤其是在支持创业融资方面为大学生创业提供具体可行的帮助则较少涉及，虽然大学生知道国家支持性银行贷款，但去实施的时候，银行却拒绝，其原因是银行虽知道支持大学生创业贷款的信息，但是相关可操作性的细则还不明确。这样使得大学生创业融资制度环境中缺乏与之配套的可操作性强的规范性文件，从而支持大学生创业融资的优惠政策也更难落到实处。

（二）各高校在支持大学生创业融资的不足之处

我国诸多的高校里存有这样的思想，一是开展创业教育是因为就业困难，为此才需要鼓励大学毕业生创业，若自己学校的就业形势好，就不需要开展创业教育。二是认为大学生需要进行创业教育的是极少数，开展创业教育的需求与意义也不大，因此没有积极性。三是根本不看好毕业生创业，认为毕业生属于“三无”，即无场地、无资金、无经验的人员，创业肯定会失败。打着对家长和学生负责的“旗号”，不鼓励创业，也不需进行创业教育。四是学校以科研为主导，创业并不是学校的重点。可见，在这样的思想支配下，大学生个人创业会受到严重抵触，就更谈不上为创业提供融资方面的支持了。

（三）大学生创业的企业自身方面的原因

大学生创业的企业自身方面的原因导致融资困难主要体现以下几个方面：

一是大学生创业的歇业和违约率高。大学生创业企业有较高的歇业比例是银行不愿意向大学生创业的企业提供贷款的主要原因之一。我国大学生创业企业有近29.8%的企业在两年内消失；因为经营失败、倒闭与其他原因，有近35.7%的大学生创业的企业在四年内退出市场。这两项的比例均大大高于我国中小企业。大学生创业企业高比例的倒闭情况使向其贷款比例较高的银行也面临较大的风险，贷款的信息收集和分析成本也会较高。同时，贷款偿还的高违约率也是银行不愿向大学生创业的企业提供贷款的一个重要原因。虽然政府部门会对大学生创业的企业进行金融担保，但城市商业银行也不愿意为大学生创业的企业进行贷款。

二是大学生创业企业发展不稳定，存在较大风险。大学生创业企业自身的特点决定了其经营上的不确定性，具有很高的出生率和死亡率。其在成长过程中主要面临以下几种风险：①技术风险。大学生创业企业因其经济实力弱，缺乏资金进行技术研发和新产品开发，因此面临着比大企业更大的技术风险。②市场风险。大学生创业企业难以投入巨大的人力和物力对自身的产品市场进行深入调查，所掌握的市场信息十分有限，容易做出错误决策。③管理风险。生产经营不规范、管理混乱，是绝大多数大学生创业企业的现实写照。

三是大学生创业企业可用于抵押的资产少。大量大学生创业企业的生产经营因陋就简，有限的资金主要用于维持正常运转，厂房、设备投入并不多。因此大学生创业企业拥有较低的固定资产比例，这使得办理抵押贷款时质押品的价值不足，为此可获得的贷款数额也小。也有不少大学生企业因其土地、厂房所有权证不全，不符合抵押贷款条件，因此不能获得银行贷款。

四是大学生企业信用程度低。大学生企业尤其是个体私营企业，在生产经营恶化之时，企业主会一走了之，逃避一些银行债务，更使银企间的信用基础越来越脆弱。信用缺失是当前社会的一个严重问题，也可以说是一种危机。

（四）大学生自身的原因

在分析我国相关法律的融资规定、政府的融资法规政策、市场的融资渠道、高校的融资指导等问题的同时，还不能忽略一个重要的问题，那就是我国大学生自身的综合素质。若我国大学生的综合素质十分优秀，投向大学生创业的资金收益率很高，比如像西方发达国家一样，其投向大学生创业的资金收益率很高，那么只要把握好金融领域各方面关系，将金融领域纳入我国法治运作平台，并依靠市场手段，特别是依靠资金本身的逐利行为就能解决我国大学生创业融资的问题。现阶段我国大学生本身问题阻碍他们的创业融资顺利进行，主要体现以下几个方面：

一是思想、心理和性格方面。现阶段大学生一般都是“80后”的年轻人，独生子女居多，他们都是成长在亲情中，有的甚至是成长在溺爱的家庭氛围中，缺乏身心磨砺，好逸恶劳，依赖心强，承受挫折的心理能力差，无法理性的对自己身边的人和事做出评价，有的还心胸狭窄，浮躁自大。这些问题在一定程度上影响了他们解决创业融资和创业的问题。

二是社会实践能力方面。社会实践能力主要包括交际能力、动手能力、领导能力、合作能力和团队精神，因为我们国家从小学到高中所注重的是考试得分能力，在这方面重视并不够或无暇顾及，也可以说这种现象的出现是我国高考模式的一个后遗症。

三是诚信方面。诚信是融资的基础，但现阶段的大学生存在一定的诚信缺失问题。如就业信息做假、考试作弊、拖欠助学贷款等问题，这些问题虽不是普遍存在，但也严重损害大学生形象，这在一定程度上也影响着金融机构对大学生信用的判断。

三、大学生创业融资的原则与方式

创业融资是指在持续的生产经营活动中，创业企业为了谋求自身生存和发展而筹措和运用资金的活动。创业融资主要是对创业企业的融资行为的研究，具体包括在一定的融资风险下，如何获得资金，并使融资成本最小，而企业的价值最大化。创业企业获取资金的能力体现在创业融资能力，即在现有条件下，创业企业能够取得的资金规模的最大额度。也就是说，外界愿意提供的额度越高，表明这个创业企业的融资能力越强。

创业融资的原则：及时性，即创业机会的时效性；低成本，即低成本的原则，它不仅包括单位融得资金的成本，还应当考虑投资者所能带来的管理、营销网络、技术和社会资本，以及准确、及时的融资；低风险，即必须考虑到可能出现的不可融资的融资，例如：银行授信额度、政府政策变化从而取消资金支持等，因此应选择稳定、变数较小的融资来源。风险较大、不确定性较强的融资渠道，只能作为备用的融资渠道。

创业融资方式主要是指创业企业筹措资金所采取的具体形式，它体现了资金的属性。认识融资方式的种类与每种融资方式的属性，有利于处于创业期的企业选择适宜的融资方式并进行融资组合。创业企业融资方式一般有以下 7 种：吸收直接投资、商业信用、银行借款、发行股票、发行融资券、发行债券、租赁筹资。

四、大学生创业融资的过程

针对大学生融资的不足，创业者在融资的过程中需要做好以下工作：

第一，在制订大学生融资方案之前要准确评估自己的有形和无形资产的价值，千万不要妄自菲薄，低估了自己的价值。网易公司曾经经过多轮融资和上市，目前丁磊曾拥有超过 60%的股份，这说明丁磊在每轮融资的过程中都只用了少量的股份就达到了自己的目标，这是大学生学习的榜样。

第二，融资过程中要做好大学生融资方案的选择，多渠道融资的比较与选择可以有效降低融资成本、提高效率。如果采用出让股权的方式进行融资，则必须做好投资人的选择。只有同自己经营理念相近，其业务或能力能够为投资项目提供渠道或指导的投资才能有效支撑企业的成长。

第三，创业不仅是实现理想的过程，更是使投资者（股东）的投资保值增值的过程。创业者和投资者是一个事物的两个方面，大家只有通过企业这个载体才能达到双赢的目标。“烧投资者的钱，圆自己的梦”的问题说到底是企业家的信用问题，怀抱这种思想的人不会成为一个成功的创业者。能为股东创造价值的企业家才能得到更多的融资机会和成长机会。因此创业者不仅要加强自身的技术能力，还需要具备企业家的道德风范。

大学生融资问题解决后，就能将自己的技术和创意转化为盈利的工具，才能在激烈的市场竞争中立于不败之地；拓宽大学生融资渠道、对投资人负责才能使自己的企业茁壮成长。

五、大学生创业融资的规划

对于大学生自主创业，有这样一个比喻：与其 1 000 个人去抢一个“工作”的座位，为什么不干脆给自己造一把椅子坐？社会在声声唤着“疏导、分流”大学生就业压力，并且开始给予创业大学生各方面的支持，大学生自主创业成为一项重要的就业方式。那么，大学生创业究竟要做好哪些准备——怎么选择项目？怎样从头开始进行原始资本的积累？又该如何进行规划？

大学生创业项目的选择性是比较广泛的：有开小店卖花、卖衣服的，有跟着父母开餐馆的，还有一些高科技类的项目。“前两者门槛低，技术含量也低，导入也比较容易，但也比较容易被别人替代；后者就是一个需要前期大量投入的项目了，对大学生来说更加不容易，但一旦成功就有了‘垄断’的味道。”笔者认为，可先选择一些门槛较低的项目，在挖到“第一桶金”之后，不仅积累了资本，更积累了经验，到时再转行也不迟。

那么，“第一桶金”到底从哪里来？

（1）寻找投资人。寻找合适的投资人并且要双方互相认可是一个漫长的过程，需要耐心。笔者认为，有创业之心的大学生不要为了钱而过度发愁，只要你的项目好，就一定找得到投资人，所以要坚持下去，但前提是你要有详细的规划和良好的可行性方案。

（2）从“小”开始，积累资金。一些看似不大的业务可以使大学生在积累经验的同时还能积累原始资本。有的大学生毕业之后先去跑出租车，就是为了从一个门槛很低的项目中积累开业资金。

（3）申请小额贷款或者大学生创业基金。很多地方政府为破解自主创业融资的难题，实施了“小额贷款”的创业扶持机制，大学生为创业而申请的话，基本不用抵押担保，但申请人须为在校大学生。此外，还可以申请政府基金。据了解，全国首个扶持大学生创业的政府资助型基金——上海大学生科技创业“天使基金”，用于资助高校毕业生创办科技类企业，兼顾咨询企业。创业规划和职业规划一样重要，“不少大学生创业失败的原因就在于太急于‘上马’，而很少考虑长远发展的问题，更缺少合理科学的规划。”

笔者认为，有长远规划的大学生，创业就已经成功了三分。创业规划的关键还在于实际、合理和科学，多向有经验的人咨询，看看什么是合理的，什么是有可能实现的，一步步踏实地走过去。少几分妄想，多几分学习，很多大学生缺少挫折感和危机感，有想法是很好的，但由于没见过现实的残酷，没在商业浪潮中冲过浪，许多想法也就不知不觉地成了不切实际的“妄想”。这是一个必经的过程，要在实践中多积累和学习，才能避免走弯路，要跟有经验的合伙人学，先自学，再实践。对于创业者来说，要积累的知识、要锻炼的能力、要培养的素质很多，一定要抓紧时间进步！

六、大学生创业融资的渠道

（一）加大政府科技资金的支持力度

一般来说，大学生初创企业在萌芽阶段的风险很大，这时候就需要种子资金的支持，来自政府的直接种子资金投入对大学生创业企业来说是非常重要的。来自政府的直接资金支持体现在以下两个方面：

一是政府的专项资金支持。其主要体现在针对高新技术企业的种子资金支持上。种子资金是指在技术成果产业化前期就进行投入的资本。因为种子资本进入较早，因此风险相对更大，但潜在收益也相对增加。从科技成果产业化的角度来看，种子资本的作用是非常大的。正是因为种子基金的出现，才使许多科技成果能够迅速实现产业化，才能有更大的发展，这就是“种子”的寓意。因为种子基金的高风险性及其在科技成果转化中的重要作用，很多种子资本是由政府提供的，即我们常见的政府种子基金。比如为了应对金融危机对大学生就业的影响，我国政府的大学生科技创业基金就有种子资金的作用。从 2008 年起，政府将连续五年，由政府机关每年各投入 9 亿元，每年向基金会投入 20 亿元科技教育专项拨款，以鼓励和支持大学生进行创业实践。

创业基金分“创业基金”和“种子基金”两类。其中“创业基金”则是以无偿或投资资助方式，支持我国大学生依托自主技术成果创办企业（一般项目支持经费不超过 30 万元）；“种子基金”以投入少量无偿资金的方式（一般项目不超过 10 万元），对我国大学生科技创业进行短期孵化。并且基金对大学生单个项目资助金额一般不高于 30 万元，基金在其资助大学生企业中所占股权不参与分红，两年内基金以原价退出，但大学生项目失败，基金经严格程序进行核销。

二是税收支持。在税收方面，我国对大学生的创业支持可以借鉴国外的成功经验。如英国 2008 年制定的《企业扩展计划》，对大学生企业投资于高技术活动给予税收优惠，对创办大学生企业免征 60%的投资税；对创办的大学生企业免征 100%的资本税；印花税由 20%降为 1%，起征点由 2.6 万英镑提高到 3 万英镑；公司税由原来的 38%降为 30%，并取消大学生企业的投资收入附加税。

（二）完善大学生创业融资和金融领域密切相关的具体制度

完善大学生创业融资和金融领域密切相关的具体制度，包括以下几个方面：一是政府应该将工作的重点放在建设良好的制度环境上。需要深刻认识到要求创业的大学生这一群体在金融生态中的价值和作用，不能片面地将他们视为需要同情和救济的对象。并在为大学生群体提供金融服务的过程中，应设法采取符合大学生创业融资的金融新产品与新技术。二是大力发展经营创业投资基金、风险投资基金等金融机构，提供可供选择的大学生创业的多种融资模式。在我国 90%以上的大学生创业者依赖银行贷款，其余来自其他资金渠道。这种情况说明我国企业融资方式不多且融资模式单一。为此有必要建立多层次、多渠道的融资市场，这其中大力发展多种所有制形式的创业投资基金、风险投资基金等金融机构是解决创业融资市场单一的重要途径。三是建立中小金融机构层次、改变我国的银行结构单一的现状是当务之急，如可以考虑利用各种资金，组建专门为我国大学生创业融资服务的学生银行。

（三）加强我国银行对大学生创业的贷款

加强我国银行对大学生创业的贷款主要体现在以下几个方面：

一是降低贷款的门槛，提供低息贷款。目前银行贷款的门槛相对较高，很多大学生创业者无法得到贷款。创业者贷款需要在生产规模、产业发展方向，经验和市场基础，质押、抵押和担保等方面的条件，而创业者自身缺少相应的抵押物或担保不足。这些贷款的条件对于那些刚出校门创业的大学生来说十分困难，因此，银行需要针对我国大学生创业企业的融资需求特点与发展经营现状，降低贷款的门槛，提供一些融资服务，并提供一定的低息贷款。同时，可以通过担保机构提供灵活的担保形式，为银行金融服务产品与大学生创业企业融资需求相对接，解决我国大学生创业的资金问题。

二是健全信用担保体系，为我国大学生创业者提供小额贷款服务。信用担保是连接创业企业和商业银行的桥梁，也是一项高风险行业。因此，健全信用担保体系需要创业企业信用担保机构在政企分开、独立自主、市场运作的基础上建立保证资金安全运作的规章制度，增加担保业务的透明度。同时在此基础上，可以为大学生创业提供小额贷款业务，解决大学生创业的启动资金困难的问题。

三是完善我国金融服务，发展知识产权质押贷款。知识产权质押是指将自己的知识产权作为一种无形资产质押给银行作为担保，获得贷款；若还款出现问题，由银行将知识产权依法进行折价、拍卖或变卖。这种贷款方式区别于以往的实物抵押贷款，比较适合大学生创业者，银行推广知识产权质押服务，将有利于帮助我国大学生摆脱创业融资困境。

（四）成立组织和机构为大学生创业融资提供帮助与指导

我国各高校可以聘请有创业经验的老师与学生成立创业协会和组织，为大学生创业融资进行帮助和指导。并在此基础上，组织大学生成立创业小组，开展创业竞赛、商业创意大赛等活动，激发毕业大学生的创业热情，营造创业的文化氛围，增加大学生创业实践的机会，进而展现我国新一代大学生开拓创新、勇于进取的时代风采。

（五）选择适合大学生创业融资的策略

因为资金问题使大学生创业半途而废或根本无法启动，这是大学生自主创业失败的首要因素。其实创业所需资金无论采用什么融资策略筹集，攒创业前的“第一桶银”都是必要的。从以上介绍可知，融资策略从形式上具体包括融资的方式与渠道。为此，大学生创业在选择融资策略上，要把握好融资方式与渠道的合理选择。同时大学生创业融资需要通过一定的渠道，采用一定的方式，并使两者合理地配合起来。为此，笔者针对大学生创业自身特点，融资难等现状，提出适合大学生创业期间的融资策略。

一是联合融资。大学生创业融资可以由学校或学生自发组织大学生联合融资，不但能解决融资问题，还能培养合作能力，增强我国大学生的社会实践能力；联合融资的融资风险很小；现代社会因为法律的繁杂性和市场的庞大性，个人的力量是很微弱的，只有突出大学生团队的精神，充分发挥团队的力量才能保证更多的成功机会；联合融资还能结合大学生本身的特点，由于大学生一般喜欢和自己熟悉的同学们在一起创业和合作，这和我们的调查结果也是吻合的。比如某高校组织了48名大学生，一人出资3 000元，成立了一个校园超市，销售特别好，不但为学校的大学生提供了勤工俭学的机会，还为从书本上学习的物流、推销、管理等技能找到了实践机会。

二是寻求风险投资融资。大学生创办高新技术企业可以争取风险投资基金的支持，但能否争取到，这主要取决于项目发展前景及个人信用保证。立志自主创业的大学毕业生可通过委托专门的风险投资公司、创业大赛、在网上或其他媒体发布投资信息寻找投资人。此外，还可以参加创业培训班，在老师的帮助下通过制订科学严谨、可操作性强的“创业计划书”来说服风险投资者，也可争取到“大学生创业基金”。

三是采用银行贷款融资。我国部分金融企业推出的对高校毕业生创业贷款的业务，高校毕业生也可以成为借款主体，需要其家庭或直系亲属家庭成员的稳定收入或有效资产提供相应的联合担保，对创业贷款给予一定的优惠利率扶持。并视贷款风险度的不同，在法定贷款利率的基础上可适当下浮或小幅度上浮。有志于自主创业的大学毕业生可多加关注，并采用此类创业融资的模式。且大学生创业者都希望将自己的技术和创意转化为盈利的工具，为此可以将其知识产权质押作为一种无形资产质押给银行，作为担保，获得贷款；若还款出现问题，由银行将知识产权依法进行折价、拍卖或变卖。

（六）慎重挑选合适的投资者

确定切实可行的融资方式及制定融资策略，还需要明白要寻找什么类型的投资者。创业融资是一个双向选择的过程，投资者在选择创业者的同时，创业者也需要积极的挑选合适的投资者。创业者一般应选择这样的投资者：了解并对该行业投资有兴趣的；的确考虑要投资，并有能力提供相应资金的；能够提供有益的商业建议且与业界、融资机构有接触的；为人处事公平合理，并能与创业者和谐相处的；有名望、道德修养高的；具有此类投资经验的。具有这些特质的投资者是稀缺的、有价值的且难以复制的、不可替代的人力资源，他们可以给创业的企业持久的竞争优势。这样大学生创业在选择投资者时可以从以下几个群体中选择：一是非正规的投资者，如富有的个人；二是友好的投资者，如家人、朋友、未来的雇员和管理者、商业伙伴、潜在的客户或供应商；三是风险投资产业的正规的或专业的投资者。

第八章　大学生创业能力之创业风险

对创业风险的界定，目前学术界还没有统一的观点，大多数国内外学者都只针对自己所研究的领域或角度来界定，而并没有将其一般的概念提炼出来。Timmons 和 Devinney 将创业风险视为创业决策环境中的一个重要因素，其中包括处理进入新企业或新市场的决策环境以及新产品的引入。创业环境的不确定性，创业机会与创业企业的复杂性，创业者、创业团队与创业投资者的能力与实力的有限性，是创业风险的根本来源。

一、大学生创业风险的内涵与来源

研究表明，由于创业的过程往往是将某一构想或技术转化为具体的产品或服务的过程，在这一过程中，存在着几个基本的、相互联系的缺口，它们是上述不确定性、复杂性和有限性的主要来源。也就是说，创业风险在给定的宏观条件下，往往就直接来源于这些缺口。

(1) 融资缺口。融资缺口存在于学术支持和商业支持之间，是研究基金和投资基金之间存在的断层。其中，研究基金通常来自个人、政府机构或公司研究机构，它既支持概念的创建，还支持概念可行性的最初证实；投资基金则将概念转化为有市场的产品原型（这种产品原型有令人满意的性能，对其生产成本有足够的了解并且能够识别其是否有足够的市场）。创业者可以证明其构想的可行性，但往往没有足够的资金将其实现商品化，从而给创业带来一定的风险。通常，只有极少数基金愿意鼓励创业者跨越这个缺口，如富有的个人专门进行早期项目的风险投资，以及政府资助计划等。

(2) 研究缺口。研究缺口主要存在于仅凭个人兴趣所做的研究判断和基于市场潜力的商业判断之间。当一个创业者最初证明一个特定的科学突破或技术突破可能成为商业产品基础时，他仅仅停留在自己满意的论证程度上。然而，这种程度的论证后来不可行了，在将预想的产品真正转化为商业化产品（大量生产的产品）的过程中，即具备有效的性能、低廉的成本和高质量的产品，在能从市场竞争中生存下来的过程中，需要大量复杂而且可能耗资巨大的研究工作（有时需要几年时间），从而形成创业风险。

（3）信息和信任缺口。信息和信任缺口存在于技术专家和管理者（投资者）之间。也就是说，在创业中，存在两种不同类型的人：一是技术专家，二是管理者（投资者）。这两种人接受不同的教育，对创业有不同的预期、信息来源和表达方式。技术专家知道哪些内容在科学上是有趣的，哪些内容在技术层上是可行的，哪些内容是根本无法实现的。在失败类案例中，技术专家要承担的风险一般表现在学术上、声誉上受到影响，以及没有金钱上的回报。管理者（投资者）通常比较了解将新产品引进市场的程序，但当涉及具体项目的技术部分时，他们不得不相信技术专家，可以说管理者（投资者）是在拿别人的钱冒险。如果技术专家和管理者（投资者）不能充分信任对方，或者不能够进行有效的交流，那么这一缺口将会变得更深，带来更大的风险。

（4）资源缺口。资源与创业者之间的关系就如颜料和画笔与艺术家之间的关系。没有了颜料和画笔，艺术家即使有了构思也无从实现。创业也是如此，没有所需的资源，创业者将一筹莫展，创业也就无从谈起。在大多数情况下，创业者不一定也不可能拥有所需的全部资源，这就形成了资源缺口。如果创业者没有能力弥补相应的资源缺口，要么创业无法起步，要么在创业中受制于人。

（5）管理缺口。管理缺口是指创业者并不一定是出色的企业家，不一定具备出色的管理才能。进行创业活动主要有两种：一是创业者利用某一新技术进行创业，他可能是技术方面的专业人才，但却不一定具备专业的管理才能，从而形成管理缺口；二是创业者往往有某种“奇思妙想”，可能是新的商业点子，但在战略规划上不具备出色的才能，或不擅长管理具体的事务，从而形成管理缺口。

二、大学生创业风险的特征

大学生创业，在企业发展过程，随时都可能有灭顶之灾的风险。保持积极的心态，多学习，多汲取优秀经验，结合大学生既有的特长优势，我们相信，大学生创业的步伐，会越走越远，越走越稳。创业的风险特征主要有以下几个方面。

风险一：项目选择存在盲目性。大学生创业时如果缺乏前期市场调研和论证，只是凭自己的兴趣和想象来决定投资方向，甚至仅凭一时心血来潮做决定，一定会碰得头破血流。大学生创业者在创业初期一定要做好市场调研，在了解市场的基础上创业。一般来说，大学生创业者资金实力较弱，选择启动资金不多、人手配备要求不高的项目，从小本经营做起比较适宜。

风险二：缺乏创业技能。很多大学生创业者眼高手低，当创业计划转变为实际操作时，才发现自己根本不具备解决问题的能力，这样的创业无异于纸上谈兵。一方面，大学生应去企业打工或实习，积累相关的管理和营销经验；另一方面，积极参加创业培训，积累创业知识，接受专业指导，提高创业成功率。

风险三：资金风险。资金风险在创业初期会一直伴随在创业者的左右。是否有足够的资金创办企业是创业者遇到的第一个问题。企业创办起来后，就必须考虑是否有足够的资金支持企业的日常运作。对于初创企业来说，如果连续几个月入不敷出或者因为其他原因导致企业的现金流中断，都会给企业带来极大的威胁。相当多的企业会在创办初期因资金紧缺而严重影响业务的拓展，甚至错失商机而不得不关门大吉。另外，如果没有广阔的融资渠道，创业计划只能是一纸空谈。除了银行贷款、自筹资金、民间借贷等传统方式外，还可以充分利用风险投资、创业基金等融资渠道。

风险四：缺乏社会资源。企业创建、市场开拓、产品推介等工作都需要调动社会资源，大学生在这方面会感到非常吃力。平时应多参加各种社会实践活动，扩大自己人际交往的范围。创业前，可以先到相关行业领域工作一段时间，通过这个平台，为自己日后的创业积累人脉。

风险五：管理风险。一些大学生创业者虽然技术出类拔萃，但理财、营销、沟通、管理方面的能力普遍不足。要想创业成功，大学生创业者必须技术、经营两手抓，可从合伙创业、家庭创业或从虚拟店铺开始，锻炼创业能力，也可以聘用职业经理人负责企业的日常运作。创业失败者，基本上都是管理方面出了问题，其中包括决策随意、信息不通、理念不清、患得患失、用人不当、忽视创新、急功近利、盲目跟风、意志薄弱等。特别是大学生知识单一、缺乏经验、资金实力和心理素质明显不足，更会增加在管理上的风险。

风险六：存在竞争风险。寻找蓝海是创业的良好开端，但并非所有的新创企业都能找到蓝海。更何况，蓝海也只是暂时的，所以，竞争是必然的。如何面对竞争是每个企业都要随时考虑的事，而对新创企业更是如此。如果创业者选择的行业是一个竞争非常激烈的领域，那么在创业之初极有可能受到同行的强烈排挤。一些大企业为了把小企业吞并或挤垮，常会采用低价销售的手段。对于大企业来说，由于规模效益或实力雄厚，短时间的降价并不会对它造成致命的伤害，而对初创企业则可能是彻底毁灭的危险。因此，考虑好如何应对来自同行的残酷竞争是创业企业生存的必要准备。

风险七：团队分歧的风险。现代企业越来越重视团队的力量。创业企业在诞生或成长过程中最主要的力量来源一般都是创业团队，一个优秀的创业团队能使创业企业迅速地发展起来。但与此同时，风险也就蕴含在其中，团队的力量越大，产生的风险也就越大。一旦创业团队的核心成员在某些问题上产生分歧不能达到统一时，极有可能对企业造成强烈的冲击。事实上，做好团队的协作并非易事。特别是与股权、利益相关联时，很多初创时很好的伙伴都会闹得不欢而散。

风险八：缺乏核心竞争力的风险。对于具有长远发展目标的创业者来说，他们的目标是不断地发展壮大企业，因此，企业是否具有自己的核心竞争力就是最主要的风险。一个依赖别人的产品或市场来打天下的企业是永远不会成长为优秀企业的。核心竞争力在创业之初可能不是最重要的问题，但要谋求长远的发展，就是最不可忽视的问题。没有核心竞争力的企业终究会被淘汰出局。

风险九：人力资源流失的风险。一些研发、生产或经营性企业需要面向市场，大量的高素质专业人才或业务队伍是这类企业成长的重要基础。防止专业人才及业务骨干流失应当是创业者时刻注意的问题，在那些依靠某种技术或专利创业的企业中，拥有或掌握这一关键技术的业务骨干的流失是创业失败的最主要风险源。

风险十：意识上的风险。意识上的风险是创业团队最内在的风险。这种风险来自于无形，却有强大的毁灭力。风险性较大的意识有投机的心态、侥幸心理、试试看的心态、过分依赖他人、回本的心理等。

三、大学生创业风险的识别与评估

大学生创业失败率居高不下的主要原因归结为以下几个方面：一是缺乏明确的创业目标，缺乏创业项目的市场定位，缺乏有效的商业运作模式；二是缺乏明确的产权界定及内部有效治理的约束机制，财务管理不当造成创业资源的浪费；三是缺乏诚信；四是缺乏专注精神；五是缺乏以人为本的团队合作精神。大学生创业既存在着一般创业风险，同时大学生作为创业的一个特殊群体，其受教育背景、社会环境与创业政策的影响，又具有与众不同的特征。大学生创业存在的风险主要体现在六个方面，分别是机会风险、资金风险、技能风险、资源风险、管理风险以及环境风险。

在大学毕业生的就业路中，自主创业正在悄然兴起，成为一个引人注目的选择。大学毕业生自主创业不仅解决了自身的就业问题，而且还能为他人创造更多的就业机会。

创业，成了近些年解决大学生就业的重要途径之一。新闻中经常报道应届大学毕业生甚至研究生创业成功的例子。作为新思想的前沿群体，大学生自主创业的做法无可厚非，这也是其优势所在。这是因为，大学生能够掌握最新的科技理念，进行创业既可以学以致用，还可以拉动就业，同时也能为创业市场做出努力。

大学生大规模创业，也存在一定风险和问题。因为，根据市场规律，创业行情多变，风险与创业利益并存。创业和其他商品一样，存在运作风险，需要做好风险评估。国家将增加大学生创业扶持力度，支持大学生创业。大学生创业，总体上是一件好事，但需要防范风险。这里，不妨套用社会上警示股民“股市有风险，投资需谨慎”的流行语：创业有风险，投资须谨慎。大力强化大学生创业教育和相关培训，让有创业意愿的大学生及早储备有关知识；建立大学生创业校外实践基地，让创业大学生有机会体验创业过程，历练相关技能。此外，大学生创业不能盲目跟风，应正确选择适合自己的项目。

大学生创业者必须进行创业风险的评估。即将特定的创业机会和创业活动结合，分析和判断创业风险的具体来源、发生概率、测算风险损失、预期主要风险因素，测算冒险创业的“风险收益”，估计自己的风险承受能力，进而进行风险决策，提前准备相应的“风险管理预案”。笔者认为，大学生创业可以从两个角度进行分析和评估。角度一，从技术风险、市场风险、财务风险、政策及法律风险、团队风险等方面，预测特定创业机会、创业活动可能遇到的风险因素。角度二，从系统风险、非系统风险两个方面，预测特定创业机会、创业活动可能遇到的风险因素。两个角度的分析各有其方便之处和不便之处。要进行深入分析，通常需要采用层次分析法，层层细化、逐级分析，以求深入准确揭示可能遇到的风险因素。

四、大学生创业风险的控制

风险的存在是必然的。面对风险，邓小平同志多次鼓励我们要克服畏难情绪和惧怕心理，胆子要大，步子要稳，要迎着风险，迎着困难上。他指出："搞改革完全是一件新的事情，难免会犯错误，但我们不能怕，不能因噎废食，不能停步不前。""没有一点闯的精神，没有一点'冒'的精神，没有一股气呀、劲呀，就走不出一条好路，走不出一条新路，就干不出新的事业。"这种在风险面前的大无畏态度，来自于他对风险的清醒认识和战胜风险的坚定信心。因此，大学生创业应在各个环节做好风险的防范。

1. 大学生自身素质的提升

大学生创业所存在的风险往往是由大学生这个特殊的群体在创业过程中具有的劣势造成的，因此想要规避风险，就必须从实际出发，提升大学生自身能力，让自己具备各项创业所需的技能与素质。分析众多大学生创业成功的案例，他们成功创业可以归因于以下几方面的能力：创新能力、策划能力、组织能力、领导能力、管理能力以及公关能力。也只有同时具备这几方面的能力，大学生在创业中才能技高一筹，降低失败的概率。

2. 准备好创业必备的硬件

俗话说"巧妇难为无米之炊"，没有充分的硬件准备，再好的创意也难以转化为现实的生产力，再优秀的人才也没有用武之地。大学生创业所需要具备的硬件主要是经验、资本和技术。经验的积累避免陷进眼高手低、纸上谈兵的误区；资金为成功创业建立物质基础；技术则是大学生想要在高科技领域占有一方天地的王牌。

3. 进行风险意识教育

各高校可以有计划的开设有关于创业风险的课程，通过实际案例理性分析创业活动的复杂性，让大学生能够清醒地认识到创业历程中存在的风险，以及如何防范和应对创业过程危机，指导大学生在创业前期、创业当中如何对待和化解创业风险，促进大学生进行创业能力的自我培养和技能的提高。

4. 了解政策和相关法律

近年来，为支持大学生创业，国家各级政府出台了许多优惠政策，了解这些政策，才能走好创业的第一步。此外，还要学习相关的法律知识，如工商注册登记、经济合同和税务等法律知识。这些是大学生创业过程必备的知识。只有懂法、守法，并依据法律保护自己的合法权益，才能确保大学生们的创业行动稳健与长久。

5. 创业不同阶段应注意的问题

当然，真正实际操作进行创业时，无论是在创业前期的准备、创业中期的运行还是创业后期的完善也都有许多问题需要注意。在创业前期，要谨慎选择项目，避免盲目跟风，合理组建团队，避开熟人搭伙，注重实践磨炼，回避准备不足。在中期要强化内部管理，培养骨干成员，积极参与竞争，杜绝急功近利，加强内涵建设，创立品牌形象。在创业后期，面对“守业”的艰巨任务，要懂得建立激励机制，凝聚创新人才，尝试权力授予，完善组织架构，逐步合理扩张，健全制约机制。如此，才能算得上成功创业。

五、大学生创业者承担风险能力的评估

在经济高速发展和“互联网+”盛行的当下，到处蕴藏着创业的机会，大学生创业也成为大学生实现自身价值、创造财富的一个重要途径。但是不能否认的是，创业风险也是客观存在、不可避免的。尤其是对资金、能力、经验都有限的大学生创业者来说，并非“遍地黄金”。所以，想要创业的大学生必须用敏锐的眼光去发现风险，用超人的智慧去应对风险，积极投身到创业的潮流中，并在其中站稳脚跟，求得发展。同时，创业大学生要根据自身特点，找准“落脚点”，从害怕风险，不敢迈步之中解放出来，敢于去市场经济的大潮中劈风斩浪，又要在敢于经受商海的历练和锻打中，善于规避风险、化解风险。使自己在迎战风险的过程中站立起来，成熟起来，才能闯出一片真正适合自己的新天地，成为商海的精英和栋梁。

大学生是充满激情的一个群体，但一些大学生创业者因为盲目和冲动，市场预测过于乐观，没有对市场进行充分的调研和细分，缺乏真正有商业前景的创业项目，许多创业点子经不起市场的考验。

在当今竞争激烈的社会中，商场如战场，想要获得成功，就需要经营人脉。人脉资源是潜在的无形资产。表面上看，它不是直接的财富，但缺乏人脉创业很难成功。人脉资源丰富的创业者，在创业路上自然左右逢源。大学生创业者如果在短时间内不能建立广泛的人际网络，创业对他来说一定不易，即使初期能够依

靠领先技术或者自身素质，比如吃苦耐劳或精打细算，获得某种程度上的成功，但事业很难做大。曾任美国总统的罗斯福说过：“成功的第一要素是懂得如何搞好人际关系。”作为创业者，“关系圈”对他们来说尤为重要。想要创业成功，就要营造一个适于成功的人际圈。一个没有良好人际关系的人，即使知识丰富、技能突出，也很难得到施展的空间。对于大学生创业者来说，接触社会的时间有限，阅历不够丰富，因此，积累和经营自己的人脉资源还需要时间和磨炼。

创业的抗风险能力较弱，创业风险是由于创业环境的不确定性，创业机会与创业企业的复杂性，创业者、创业团队与创业投资者的能力与实力的有限性，而导致创业活动偏离预期目标的可能性及其后果。在创业过程中包括技术风险、市场风险、投资风险、政策风险等。大学生创业存在很多风险，他们是否具备风险意识和规避风险的能力，将直接影响创业的成败。对创业风险具有清醒的认识，并充分拥有应对风险的心理准备，是创业成功的必要条件。但是由于大学生受年龄及阅历等方面的限制，未必对创业风险具有清醒的认识，缺乏对可能遭遇到风险的必要准备。一些大学生在创业过程中一旦遇到挫折和失败，往往感到痛苦茫然，甚至沮丧消沉、一蹶不振。商场如战场，竞争风险无处不在，优胜劣汰法则是无情的。据统计，全国每年新开张公司有至少45%不到一年时间倒闭关门。大学生的创业激情很可贵，应该得到全社会的鼓励和保护，但我们在拥有魄力和果敢的同时，更需要理性、深思熟虑，需要脚踏实地才能走得更稳。

六、基于风险评估的大学生创业路径选择

据不完全统计，创业企业的失败率高达70%以上，而大学生创业成功率只有2%~3%，远低于一般企业的创业成功率。那么，如何尽可能地提高大学生创业的成功率，笔者认为应该从以下几个方面入手：

1. 有一份完整的创业计划书

大学生创业必须制订一个完整的、可执行的创业计划书，即可行性报告，这里主要回答你所选的项目能否赚钱、赚多少钱、何时赚钱、如何赚钱以及所需条件等。回答这些问题必须建立在现实、有效的市场调查基础上，不能凭空想象，主观判断。根据计划书的分析，我们要再制定出企业目标并将目标分解成各阶段的分目标，同时定出详细的工作步骤。

2. 要有周密的资金运作计划

资金如同企业的粮食，要保证企业每天有饭吃，不能饿肚子，就要制订周密的资金运作计划。在企业刚启动时，一定要做好 3 个月以上或到预测盈利期之前的资金准备。但开业后由于各种情况会发生变化，比如销售不畅、人员增加、费用增加等，因此要随时调整资金运作计划。而且，由于企业资金运作中有收入和支出，始终处于动态之中，因而创业者还要懂得一些必要的财务知识。

3. 为自己营造一个好的氛围

大学生创业由于缺少社会经验和商业经验，如果把自己独立放到整体商业社会，往往会难以把握。这时可以先给自己营造一个小的商业氛围，进入行业协会是比较有效的一条途径。创业者可以借助行业协会了解行业信息，结识行业伙伴，建立广泛合作，促成自己在行业中的地位和影响。同时，创业者可选择一个能提供有效配套服务的创业（工业）园区落户，借助其提供的优惠政策、财务管理、营销支持等服务，使企业稳定发展。另外，还可以找一个经验丰富的企业管理咨询师做企业顾问，并学会借助各种资源，学会和各方面的人合作，千方百计给自己营造一个好的商业氛围，这对创业者的起步十分重要。

4. 从亲力亲为到建立团队

企业不是想出来的，是干出来的。大学生有文化、头脑灵、点子多，但在创业的初期，受资金的限制，在没有形成运作团队之前，方方面面的事情必须自己去做。只有明确目标不断行动，才能最终实现目标。在做事的过程中，要分清主次轻重，抓住关键重要的事情先做。每天解决一件关键的事情，比做十件次要的事情会更有效。当企业立了足，并有了资金后，就应该建立一个团队。创业者应从自己亲力亲为，转变为发挥团队中每一个人的作用，把合适的工作交给合适的人去做。一旦形成了一个高效稳定的团队，企业就会跨上一个台阶，进入一个相对稳定的发展阶段。

5. 盈利是做企业的最终目标

做企业的最终目的就是盈利，因此无论是制定可行性报告、工作计划还是活动方案，都应该明确如何去盈利。大学生思维活跃，会有许多好的点子，但这些好的点子要使他有商业价值，必须找到盈利点。企业的盈利来源于找准你的用户，因此，企业要时刻了解你的最终使用客户是谁，他们有什么需求和想法，并尽量使之得到满足。

6. 失败是迈向成功的阶梯

在企业的运作过程中失败是难免的，失败了不气馁，调整方案，换个方式和方法继续前进，永远不要停止前进的脚步。对于创业者来说这很重要！看看我们身边一些成功的企业，特别是网络时代的英雄们，没有几个是按他们创办初期的想法赚到钱的，他们大都经历过一个“死而复生”的过程，坚持就是胜利，唯有坚持才使他们成为今天的网络英雄。我们应该明白，失败并不可怕，它是企业迈向成功的阶梯。

第四篇

大学生创业能力培养的实践

第九章 国内大学生创业教育实证分析

国内大学生创业教育起步晚于美国和欧洲一些国家，近年来由于政府和学校的高度重视，有了快速的发展。国内部分高校已经积极开展相关工作，例如：1998 年清华大学成立了中国创业研究中心，作为全球创业观察研究项目在中国大陆地区的唯一伙伴，旨在培养中国高技术创业企业和创业投资组织的成功领导者；南开大学商学院成立了创业管理研究中心，以推动我国创业研究与创业教育为己任，一方面围绕创业管理、公司创业、新企业创建、创业环境等开设相关课题，一方面出版《小企业成长的管理障碍》《企业成长管理九讲》《企业家型企业的创业与快速成长》等专著，还为新创企业开展创业管理的培训；吉林大学也成立了创业研究中心，汇集了一大批国内外知名学者，推动创业学术研究和创业实践活动的发展；浙江大学管理学院与法国里昂商学院联合建立全球创业研究中心和创新人才实践基地，以创业人才、创业企业、创业环境为研究重点，推动创业研究发展。

创业教育模式有多种形式，经过多年的发展，我国创业教育主要形成了三种发展模式。

一是课堂式创业教育。该模式以素质教育、创业教育、终身教育为理念，以鼓励学生创新思维为导向，建立以创业教育为内容的创业教育课程体系，开设专业和选修创业教育系列课程，通过完善教学方案培养学生的创业兴趣和创业意识。

二是实践式创业教育。该模式通过建立创业实验中心和创新基地为大学生提供创业咨询和资金资助，开展大学生创业计划大赛鼓励大学生创业实践和积累创业经验，举办创业教育相关研讨会、论坛提升创业理论知识等，形成以专业为依托，以项目为形式的实践性创业教育。

三是综合式创业教育。综合式创业教育是课堂式创业教育和实践式创业教育的有机结合。既注重创业教育理论知识体系的培养又注重创业实践能力的提升。其核心目标是培养学生的创业素质，将课堂教学与实践教学结合起来，使学生的创业理论知识和实践能力都得到提高。

2002 年 4 月，教育部选择清华大学、中国人民大学、南京财经大学、黑龙江大学、西安交通大学、西北工业大学、北京航空航天大学、上海交通大学和武汉大学九所大学进行大学生创业教育试点，引导试点学校通过不同方式，对大学生创业教育进行实践性探索。自此，我国的大学生创业教育进入了政府引导下的多元化发展阶段。试点院校分别通过不同的方式，对大学生创业教育进行了探索。中国人民大学以课堂教学为主导，将第一课堂与第二课堂结合起来开展创业教育。他们开设了企业家精神、风险投资、创业管理等创业课程，通过将这种专业的创业教育课堂教学与学生的实践结合起来，达到培养学生开创个性，增强学生创新创业能力的目的。有的高校则是以提高大学生创业知识、创业技能为侧重点来开展创业教育，譬如北京航空航天大学通过建立大学生创业园，指导学生如何创业，并为大学生创业提供资金支持和咨询服务。还有的院校进行的是综合式的创业教育。他们一方面将创新教育作为创业教育的基础，在专业知识的传授过程中注重学生基本素质的培养；另一方面，为大学生的创业实践提供力所能及的实质性支持，如必要的资金支持和技术咨询服务。

清华大学是我国大学生创业教育的先行者。1998 年，清华大学管理学院在国内第一个为 MBA 开设了“创新与创业管理”方向专业，其中包括 8 门课程，即创业管理、创业投资、新产品开发、项目管理、企业家精神与创新、技术创新管理、知识产权管理、技术创新与制度创新；同时，高新技术创业管理课程在全校本科生范围内开设。同年，清华大学还举办了首届大学生创业计划大赛，之后每年举办一届。清华大学本着以培养学生的创造个性，提高学生创新、创业能力为目的，通过大学生创业计划大赛为载体的各项学术科研与实践活动，提高了大学生创新、创业的能力，形成了自己的特色。在此基础上通过大学生创业教育探索与实践，形成了以创业计划竞赛为载体，以课外学术科技创新活动为途径，以促进学生个性发展和综合素质提升为目的的创业教育。

复旦大学将创业教育融入日常的教育教学当中，让学生在学习专业知识的同时，获得创业的基础知识和基本技能，增强了学生的创造创新意识和能力。同时，学校为了鼓励和支持学生的创业实践活动，专门设立了创业专项基金，为学生创业实践提供资金支持。复旦大学认为高校应成为学生创业的孵化器。他们以创新为中心，围绕素质教育的要求，针对大学生创业的现状以及社会对创业人才的需求情况，以“在校生创业精神、实践能力和团体精神的培养—毕业生创业指导—创业团体创业过程扶植”为大学生创业教育的主线，并进行相关的创业资助。复旦大学将创业教育融入教学之中，向学生讲授创业所需的基础知识和基本技能，并设立专项基金和提供专门指导，支持学生参加社会实践和科技创新活动。

华东师范大学在全校范围开设了“创业教育课程”，并将其纳入日常教育教学考核的一部分。

北京航空航天大学成立了“创业管理培训学院”，专门负责与大学生创业有关的事务。学校建立大学生创业园，设立大学生创业基金，对大学生的创业计划书经评估后进行“种子期”的融资和商业化运作。北京航空航天大学的创业教育是由多部门、多单位联合实施的，各部门所担负的职责不同、角色不同，但相互配合，形成了一个指导性较强的模式流程。创业管理培训学院还与科技园、孵化器紧密联合，形成整套创业流程，创业者经孵化后直接进入科技园区进行创业，开拓了一个新型的创业教育体制和流程。北京航空航天大学不仅开设了创业教育的选修课程，还责成学校相关部门对大学生创业给予资金支持，并帮助学生解决在创业过程中遇到的注册难、筹资难等实际问题。

中国人民大学的大学生创业教育重在培养学生的创业意识，构建创业所需的知识结构，提高学生的综合素质。将第一课堂与第二课堂相结合来开展大学生创业教育是他们的特点。在第一课堂方面，他们调整教育教学方案，加大有关创业方面选修课程的比例。为此，他们开设了创业管理、企业家精神、风险投资等创业教育系列课程。这些都大大拓展了学生自主选择和促进个体个性发展的空间。在第二课堂方面，他们通过开展创业教育讲座，各种创新、创业竞赛、活动等方式，鼓励大学生创造性地投身于各种社会实践活动中，形成以专业为依托，以项目和社团为组织形式的“大学生创业教育”实践群体。

黑龙江大学成立了创业教育领导小组、创业教育学院、创业教育中心、创业教育协调委员会、创业教育专家组、创业教育顾问团，确立了6个校级创业教育试点单位，全面推进大学生创业教育。学校深化学分制和选课制改革，开放课程，建立了创业教育学分。在专业教学方面，以大学生综合素质的培养为基础，组建创业教育课程群，为大学生提供丰富的创业教学资源。在创业实践方面，学校建立了大学生创业园区，设立了创业种子基金，成立了学生创业团队，建立了创新实验室。学校还开展了创新课题立项和成果评奖，组织各种学术科技竞赛，并且实施了黑龙江大学学生实践企业合作计划。学校通过创业教育的理论研究和宣传，引导广大学生积极参与创业教育的学习和实践，全面提升大学生的就业竞争力和创业综合素质，实现大学生的灵活就业和自主创业。

上海交通大学以素质教育、终身教育和创新教育的“三基点”为基础，以专才向通才转变、教学向教育转变、传授向学习转变的“三转变”为指导思想，注重学生整体素质的培养和提高，确定了创新、创业型人才培养的基本框架和内容。学校为提高大学生的创新能力，投入 8 000 多万元建立了若干实验中心和创新基地，全天候向全校各专业学生开放。学校专门成立科技创新实践中心对学生的创业、创新活动进行咨询、评价和指导。同时，还设立大学生“科技创新基金”，资助学生的科技创新活动，尽可能将从大学生创业大赛中选拔出来的成果走向应用，实现产业化。上海交通大学采用的综合式创业教育，一方面将创新教育作为创业教育的基础，在专业知识的传授过程中注重学生基本素质的培养；另一方面，为学生创业提供所需资金和必要的技术咨询。由该校研究生成立的学子创业有限公司，已经入驻上海“慧谷”科技创业基地。

武汉大学以创造教育、创新教育、创业教育的“三创教育”的办学理念为指导，把培养具有创造、创新和创业精神和能力的人作为学校的人才培养目标。学校在校园营造了浓厚的创业教育氛围，将大学生创业教育理念贯穿于各专业教学的过程中。学校还将创业教育与课外活动紧密结合起来，对学生的创业实践活动进行科学引导和积极支持，切实体现了教学管理为创业教育教学服务的精神。学校围绕“创”字积极推行讲授与自学、讨论与交流、指导与研究、课堂教学与课外活动、创造与创新相结合的多样化人才培养模式和教学方法的改革，突出培养学生的完善人格、复合知识结构、综合素质以及创造、创新与创业的精神和能力。

国内大学生创业教育现状

目前，国内大多数高校创业教育以课堂讲授为主，辅之以社会实践、企业实习、创业计划大赛等第二课堂活动。很多高校采取各种措施，探索出一系列实践方式，如创办以高新技术为主要内涵的科技创业园、创业企业孵化器、与勤工助学相结合的服务性创业园、创业与创新论坛、各种创业能力的竞赛、开放性创新实验室等。这些方式和措施对培养学生的创新能力和创业能力起到了不同程度的积极作用，主要概况为以下几种模式：

1. 将第一课堂与第二课堂结合起来开展创业教育

这种模式以中国人民大学为代表。他们认为，创业教育重在培养学生创业意识，构建创业所需的知识结构，完善学生的综合素质。他们将第一课堂与第二课堂相结合来开展创业教育。在第一课堂方面，调整教学方案，加大有关创业方面选修课程的比例，拓宽学生自主选择与促进个性发展的空间。他们开设了企业家精神、风险投资、创业管理等创业教育系列课程，以鼓励学生以创新思维为导向，倡导参与式教学，改革考试方法等。在第二课堂方面，通过开展创业教育讲座，各种创新、创业竞赛、活动等方式，鼓励学生创造性地投身于各种社会实践活动和社会公益活动中，形成以专业为依托，以项目和社团为组织形式的“创业教育”实践群体。这也是很多学校普遍采取的模式，其差别就在于形式、广度与深度的不同而已。

2. 通过组建职能化、实体化的创业教育教学机构，推进创业教育

这种模式以黑龙江大学、北京航空航天大学为代表。黑龙江大学成立了创业教育领导小组、创业教育学院、创业教育中心、创业教育协调委员会、创业教育专家组、创业教育顾问团，确定了6个校级创业教育试点单位，全面推进创业教育。学校不断深化学分制和选课制改革，开放课程，建立创业教育学分，深入开展读书工程和创新工程，建立学业导师制。在专业教学领域，以综合素质培养为基础，建立创业教育课程群，为学生提供丰富的创业教学资源。在创业实践领域，建立学生创业园区，设立创业种子基金，成立学生创业团队，建立创新实验室，开展创新课题立项与成果评奖，组织各种学术科技竞赛，推进黑龙江大学学生实践企业合作计划。学校还通过创业教育的理论研究和宣传，引导广大学生参与创业教育的学习和实践，全面提升学生的就业竞争力和创业素质，帮助学生实现灵活就业和自主创业。

北京航空航天大学成立“创业管理培训学院”，专门负责与学生创业有关的事务，开设创业管理课程，建立大学生创业园，设立创业基金，对学生的创业计划书经评估后进行“种子期”的融资和商业化运作。创业管理培训学院并与科技园、孵化器紧密联合，形成整套创业流程，创业者经过孵化后直接进入科技园区进行创业，开拓了一个新型的体制和流程。

3. 以创新为核心的综合式创业教育模式

这种模式是将创新教育作为创业教育的基础，在专业知识的传授过程中注重学生基本素质的培养，同时为学生提供创业（创办公司）所需资金和必要的技术咨询。具有代表性的是上海交通大学、复旦大学和武汉大学。

上海交通大学以“三个基点”（素质教育、终身教育和创新教育）和三个转变（专才向通才时转变、教学向教育的转变、传授向学习的转变）为指导思想，注重学生整体素质的培养和提高，确定了创新、创业型人才培养体系的基本框架和基本内容。较为突出的是，学校以培养学生的动手能力为目的，投入 8 000 多万元建立了若干个实验中心和创新基地，全天候向全校各专业学生开放。学校实施了“科技英才计划”，成立专门的科技创新实践中心对学生的创业、创新活动进行指导、咨询和评价。学校还设立学生“科技创新基金”，资助学生进行科技创新活动，尽可能地将从大学生创业大赛中选拔出来的成果向应用端延伸，使学生成果走向产业化。

复旦大学认为高校应成为学生创新创业的孵化器。他们以育人为中心，围绕素质教育的要求，针对学生创业的现状和社会对创业人才的需求情况，以“在校生创业精神、实践能力和团体精神的培养—毕业生创业指导—创业团体创业过程扶植”为创业教育的主线，并进行创业项目的资助，具体的做法与上海交大相近。

武汉大学以“三创教育”（创造教育、创新教育、创业教育）的办学理念为指导，把培养具有创造、创新和创业精神和能力的人作为才培养的目标。他们将学生分为三类因材施教：对于基础扎实、智力超常的学生实施创造教育，培养他们的创造精神和创造能力，鼓励他们探索新知识、新技术，为将来做出突破性的重大成果奠定基础；对于一般学生提出创新教育的要求，重点培养创新精神和创新能力，使他们能够顺应时代的变革，能够根据条件变化对现有事物进行革新；对于那些开拓意识强，具有领导气质的学生实施创业教育，鼓励、引导他们参与社会实践，培养创业精神和创业能力，为参与市场竞争、开创新事业做必要的准备。他们围绕“创”字积极推行讲授与自学、讨论与交流、指导与研究、理论学习与实践实习、课堂教学与课外活动、创造与创新相结合的多样化人才培养模式和教学方法的改革，着力加强学生自学、课堂讨论、实践实习、科学研究、创业训练等培养环节，突出培养学生的完善人格、复合知识结构、综合素质以及创造、创新与创业的精神和能力。

国内大学生创业教育存在的问题

当前国内高校在创业教育方面都在做诸多尝试和探索，但做的还远远不够，而且针对性不强，指导性不够，实际功效有限，主要存在以下问题。

1. 对创业教育的认识不足

对于有的高校来说，创业教育仅仅是为通过毕业生创业开办公司提供就业岗位，增加学校毕业生的就业率，如果学校就业率已经很高就不需要再来开展创业教育，创业教育就是培养学生进行创业、开办公司的教育，因为有了这种错误认识的引导，有的人把大学生创业理解为摆地摊、开公司、办企业，甚至误将大学生参加的勤工助学活动等同于创业。实际上，创业涉及市场、金融、营销、管理等多个方面，大学生需要掌握各方面的知识，高校需要对大学生进行各方面能力的培养。创业教育的主要任务是对大学生进行创业潜质、创业技能及创业知识等创业能力素质的培养，使得大学生对创业有明确的认识，一方面是为了大学生在未来创业活动要取得成功，一方面是为了提高大学生就业的核心能力，在今后的工作岗位上有创业的想法，做出创新的业绩。创业教育其实更是对大学生综合能力素质的全面培养，一些高校认为对没有创业想法的学生，就不需要进行创业教育，他们只需要学好文化课就可以的看法是错误的。通过创业能力素质培养的这些综合能力素质包括果断自信、意志坚定、自制力强、遇事沉着理性、有责任感、能承受压力、敢于创新等素质，不仅对创业非常重要，而且对大学生今后走上工作岗位后能有良好的发展也一样特别重要。

2. 创业课程体系不完善

大部分高校的创业教育仅仅是开设几门与创业直接相关的课程，与学科专业教育并没有形成有机的联系，并没有把创业教育纳入高校教育的核心体系中。主要表现在：创业类的课程没有纳入学校的教学体系中，没有专门的创业课程，教学大纲、教材等都不完善；开设的创业课程也多是如创业学、企业管理等创业方法类的课程，缺少针对心理品质教育的如创业心理、人际交往常识等通识课程。大部分高校还没有开设创业教育系列课程，即使有也缺乏系统性、针对性、可操作性，与专业本身的课程设置不能有效地融入，在创业教育中设置的同专业学习没有直接关系创业或创新的课程，其重点是创业的技巧和技能，使学生失去了依靠自身专业优势进行创业的有利条件。

3. 实践参与范围局限

创业教育实践活动的开展始于清华大学开展的创业计划竞赛，这虽然是一种比较经典的创业实践形式，但在各高校实际开展此活动的过程中，往往会由于资金等限制条件，使创业计划大赛的活动成为少部分精英大学生才能参加的活动，在活动的目标中也是只能突出少部分人的优秀成绩，然而大部分人由于能力、专业等原因，并不能参加到这样的实践活动里来，从而造成了此项活动的精英化，把大多数人都排斥在外，当然也就挫伤了大多数大学生参加创业活动的积极性，形成一种社会创业实践活动的脱节，从而创业实践活动也就不容易大面积推广发展。创业实践活动必须要能够跟学生暑期社会实践、学生课程实践、认知实习等开展成熟的、学生参与面广的实践活动联系到一起，才能发挥创业实践活动在创业教育中的真正作用。

4. 培养模式趋同化

当前制约高校大学生创业能力水平的原因之一在于高校人才培养质量不高，培养出的学生往往社会适应力不强，创新、创业能力不足。之所以如此，是因为大众化教育阶段的高校在适应市场经济发展中培养的人才和市场需求不对接，产生结构性错位。而这种错位导致了人才培养目标的偏差，人才培养目标的偏差又影响了高校学科专业的设置，学科专业设置的偏差最终导致了课程体系建构的偏差。这种统一的培养模式给各高校发展预设了一个基本框架：统一目标、统一要求、统一规格，这就导致了趋同培养模式的出现。因此，难以满足社会和市场对人才的灵活性、多样性、流动性要求。

5. 高校缺乏一套科学完整的创业教育体系

首先，当前高校的创业教育形式单一，重理论轻实践，在创业能力培养上缺乏系统的课程设置，创业教育与学科专业教育“两张皮”，没有真正融入学校整体教学体系之中，造成大学生在专业背景基础上难以形成合理的创业知识结构，而创业教育失去了学科专业这一最有力的依靠，俨然成为课外时间进行的“业余培训”，致使创业学子们激情有余而内功不足。其次，许多高校已经尝试进行创业能力培养，但并没有渗透到整个大学的培养计划中去。学校开展的创业大赛也有极强的精英化痕迹，参与的只是极少数人，大部分学生只是袖手旁观的“看客”。最后，缺乏一支高素质的创业教育师资队伍。授课老师往往只具备理论知识，而缺乏创业背景，且聘请校外成功企业家和专业培训师的相对较少。

6. 政府、社会、学校没有互相配合发挥有效推动的作用

第一，目前国内的创业政策很多，但大量的政策没起到应有的作用，相关优惠政策没有落到实处。比如说，有关高新企业税收的各种优惠，对于新创企业没有什么作用，因为它们本来就不挣钱，给它免所得税没有任何意义。此外，在资金援助方面，政府援助力度还不够。第二，社会支持度不够。社会评价高校的一个硬性指标为招生和就业，而自主创业往往被排除于正常就业之外，这在一定程度上影响了高校创业教育的正常开展。第三，学校创业能力培养的效果欠佳。虽然许多高校已积极投入到创业基础设施的建设和创业教育课程建设中，但由于学校在培养大学生创业能力时，形式过于单一，理论课程与实践课程不相匹配。虽然政府、高校都已清楚认识到创业实践的重要性，但是在实践平台建设和支援服务上仍无法满足实际需求。

国内大学生创业教育对策

1. 明确创业教育培养目标

为了提高学生自我就业、自我创业能力，完成以培养被动就业型人才向培养主动创业型人才目标的转变，使更多的大学毕业生能成为工作岗位的创造者。因此，应该注重以下几个方面：一是以提升大学生综合素质为目的，使学生得到全面发展；二是以培养大学生的创造能力为创业教育的主要内容，引导学生勇于创业、敢于冒险、开拓进取的创业意识，发掘学生的潜能，培养学生的开拓能力和创业精神；三是个性化教学，针对有创业意识和创业能力的学生要注重正确引导和专项培训，对有创业意识但创业能力水平较低的学生要注重创业能力和技能培训，对无创业意识的学生要通过讲座、论坛等形式增强学生的创业意识。改进和优化创业课程设置的目的就是提高大学生创业能力，因此创业课程设计必须符合这一目标，诸如创业意识培养、机会识别、资源利用与整合、企业管理、风险控制等内容都应在课程设计上有所体现。此外，在课程教学中要注重引导和开发学生参与教学、主动思考的能力；课程结构安排上可采取基础知识教育、职业基础理论教育、职业专业知识教育、创业教育四个层次的教育体系；课堂内教学与课堂外教学、主修课程和辅修课程、理论学习和实践学习多管齐下，这种有针对性的、多角度的、综合性的课程设计，能够有效提高学生的创业素养和能力。

加强课外活动和实践教学环节的组织创业活动是操作性很强的实践活动，创业者如果具备一定的创业经验，创业实践活动的成功率将大大提高，因此，高校应该积极推动创业计划设计大赛、大学生课外作品竞赛、暑期学生社会实践活动等。通过举办创业大赛、开展科技创新实践活动，既能增强学生创新创业意识、锻炼和提高学生创业能力，又能为大学生将创新创业作品转化为实际生产力产生价值提供平台。高校应该科学设计实践教学课程，在实践教学的内容上要极具吸引力，提高学生对课程的兴趣。在形式上要极具开放性、综合性，让学生掌握实践教学的主动权；在目的上要明确实践教学既能巩固学生理论知识、扩展知识面、开发智力，又能磨炼学生意志、培养创业能力。高校还应该促进教师自身素质的提高。实践性教学要求教师具有较为全面的理论和实践知识，一方面学校教师应不断深造学习和实践，通过教学、科研、企业挂职锻炼、产学研合作等多种形式提高自身水平；另一方面可聘请有丰富创业管理经验和能力的校外企业家兼职或客座讲师、教授、创业导师等，协作、丰富实践性教学环节。大学生创业实践活动，是在实践中检验理论知识和接受创业实践教育的过程。仅仅掌握理论教育中的创业知识还不能够称之为完善的创业知识体系，只有经过创业实践的检验，才能逐渐形成完善的创业知识体系，具备高水平的创业能力。大学生创业园能够为大学生自主创业提供优良的创业环境、高水准的创业服务，通过大学生创业园将学生的优秀成果转化为有实际价值的产品。研究表明，在大学生创业园中创业的学生普遍具有“知识结构合理、动手能力强、综合素质高、富有创新精神和创业意识”的特质，因此，必须重视大学生创业园的作用。建立以课堂教学体系、课内外大学生实践基地、大学生创业园实践体系为核心的三位一体的实训体系。通过课堂教学提升大学生的创业素质和理论知识积累，通过课堂内外实践基地提高大学生创业能力，通过创业园实践体系检验大学生创业能力。

2. 以学生为主体，提高创业意识

学校开展培养创业能力素质的活动，因为最终的接受者是学生，所以必须树立以学生为主体的思想，真正地了解学生对创业能力素质需求的状况，从而实施有针对性的培养方案。当前，不少大学生对创业过程的不了解和对创业风险的畏惧，造成了大家对创业兴趣偏低的情况；而同时也存在着部分大学生对创业成就期待过于强烈、对创业渴求过分执着的情况。因此，我们要转变高校的创业教育观念，激发大学生的创业意识，并且认识到这个过程始终要由大学生自己去完成，高校只是一个引导者。所以，高校领导者除了要改变自身教育理念，还要引导大学生树立创业意识，鼓励学生积极投身到各种社会实践活动中去，发掘自身优势，展现自身才华，积极主动创业。大学生创业能力素质培养方案的实施，就应定位于对大学生创业精神和创业意识的培养。我们应该对有创业动机意向的学生，重点进行创业知识和技能方面的相关培训。一些没有认真想过创业问题，但非常有创业潜质的大学生，如果没有对他们进行创业能力素质的培养，他们的创业生涯可能就会推迟，或者是永远消失。所以要在全体大学生中进行创业意识培训扩展，也就是说创业能力素质培养应面向全体学生，唤醒和激发他们的创业意识和热情，挖掘其创业潜质。

3. 以课程建设为重点，完善知识结构

构建完善的课程体系，对于大学生创业能力素质的培养起到至关重要的作用。通过课堂教学培养大学生的创新能力，要把创业能力素质培养纳入高校的课程体系，努力探索多样化教学模式，在课堂中设计情境环节，采用启发式的教学方式，引导学生学会提出、分析和解决问题的科研思路，充分锻炼其发散思维，提高其创新意识，深入学习并熟练掌握创新方法。大学生就业指导课作为全校必修课列入教学计划，从低年级开始就接受职业生涯规划和创业教育，积极开展大学生各类创业带头人培训，对有创业愿望的学生进行针对性指导，在校大学生接受创业指导和创业技能培训全覆盖。并分别针对不同年级同学开展创新创业教育专题培训，创业者风云论坛、创业沙龙、斛兵青年有约、杰出校友报告、教授论坛等教育活动，聘请知名企业家与学校学生分享创业经历和创业故事，邀请全国杰出学生创业典型作创业辅导报告。建立专业课程与创业课程有机结合的新型课程体系。首先，在掌握学科专业知识的基础上，为大学生增设经济、管理、法制等门类的社会学科选修课，并邀请知名专家开展知识讲座，拓宽大学生的知识视角，增强大学生的文化底蕴。其次，将毕业前进行的就业指导课改为学业生涯规划中的全过程就业创业指导课，以必修形式进行。在课程教授的过程中，逐步让学生明白创业是就业的有效补充形式，可以成为职业生涯规划的一种新型路径。同时在以选修课形式进行时，应侧重创业综合知识的传授，使大学生能够从中汲取创业所需的基础知识和能力。最后，加大创业选修课程比例，增强课程的选择性与弹性，拓宽大学生自主学习空间，一方面可以使得具有较强创业意识的大学生能够掌握创业知识和技能，另一方面可以激发大学生学习的兴趣，启发、唤醒、挖掘大学生创业潜能，培养大学生的创业精神与创业意识。

4. 以实践活动为载体，增强动手能力

全面实施切实有效的创业能力素质培养策略，让更多的大学生把自主创业作为实现其人生价值的一种选择，进一步加强大学生的创新精神和实践能力的培养，使其能主动适应未来复杂多变的环境，积极应对未来社会的严峻调整，是我国高等教育改革面临的重要发展任务。创业实践活动是一项复杂而艰巨的系统工程，是创业者在把握创业机会的基础上，整合运用各种创业资源来实现目标的过程，是解决其在创业过程中的技术、市场、经济、管理和社会关系等各种问题的过程。俗话说“工欲善其事，必先利其器”，创业更需要具备相应的能力、方法和条件，现在很多大学生在创业方面已经转变观念，越来越看重创业意识、创业素质和能力的培养。所以，培养的创业型人才应尽可能多地掌握创业活动中必要的实践能力，如实用技能、所需专业知识、领导能力、创新能力等综合能力素质，让大学生学会利用自己掌握的各种能力和方法来适应新的生活，在遇到困难险阻时，能够发挥自身的优势和本领来克服，积极适应新时代的需要，确保创业活动成功，开创自己辉煌的事业。高校通过实践环节能够培养并强化大学生的创新能力，可以通过引导大学生观察及动手实践来提高大学生的创新思维能力。首先要引导大学生学会观察实验，因为观察是创新的入门阶段，所以必须先让大学生学会如何观察，进而使他们掌握观察方法，并以此来提高大学生敏锐的观察能力。其次，高校教师应指导大学生对待实验要思维开放、大胆设计。同时，为了强化大学生实践，高校应加强实验室、校内外实习基地的建设，努力构建大学生实践能力培养基地，能够让更多地大学生享用科研平台，进而提高大学生的创新能力和动手能力，使大学生能够在实践中学会如何获取新想法，得到新方法，为大学生提高其创新实践能力提供舞台。最后，可以把科技竞赛活动作为实践活动的途径，以此来培养大学生的创新意识，锻炼大学生的创新实践能力。同时应鼓励大学生参加国家、社会、高校组织的各种课外科研活动、创新科技竞赛等，因为开展科技创新活动既可以培养大学生的自学能力、动手能力、科学思维能力，又可以提高大学生的综合能力素质，增强实践能力，培养创新意识与团队精神。因此，高校应积极开设各种类型的创新科研基金，完善大学生科研机制。对于培养大学生的创业能力来说，这些科研项目资金的支持可起到很好的催化作用，可以最大限度地调动大学生的积极性。具体有如下措施：丰富校外实践活动，提升大学生学习实践力。大学生学习实践力一般是指大学生在创业过程中应该具备的快速学习以及实践的能力。它主要包括专业知识技能、创新能力、信息收集能力、概念能力、财务基础、积极接受新事物、独立学习思维能力、独立思考能力、关注新闻动态、了解商业计划书。要着力提升大学生的学习实践力，应当在更大程度上丰富大学生的校外实践活动，而不仅仅是停留在书本的教育上。此外，还可以积极探索并开展针对大学生的创业模拟实验，参考的形式有创业大赛、创业计划书比赛、创业实践教学、走访企业、兼职体验等。通过学校的指导，既丰富了大学生的理论基础，又进行了创业模拟实验，能够快速激起大学生的创业兴趣和创业动机，并激发大学生去学习更多的创业知识。在大学生创业之前，学校应该在一定程度上为大学生提供良好的渠道，便于大学生选择适合的企业来进行上岗实习，从而能在实践中了解企业运行的多方知识，为以后的创业打下基础。

5. 强调社团活动的重要性

在大学校园中，多种多样的校园社团是一道亮丽的风景线。这些社团中的大学生正是学校中的活跃分子，他们的创业意愿可能会更强。因此，要注重大学社团活动中创业观念、创业知识、创业政策的宣传与推广。

6. 改革人才培养模式，培养大学生机会把握力

机会把握力一般是指大学生在创业过程中，能够及时发现机会，并且紧抓机会，实现创业目的的能力。它主要包括竞争意识、善于发现并抓住机遇、前瞻性、战略眼光、好奇心、社交圈广、关系能力。在大学生创业过程中，决定其创业成败的往往就是一个好的项目或者好的机遇。如果能够抓住机遇，创业就会获得成功，但是如果没能抓住机会，创业很可能会遭遇失败。因此，对于机会的识别与把握，在大学生创业过程中起到了至关重要的作用。首先，完善知识结构，强化认知能力。对机会的识别和把握，往往取决于大学生自身知识结构的覆盖面。因此，应当着力提升大学生的知识结构。首先，应该夯实专业基础知识的学习。着力加强大学生创业知识、创业政策、创业理念的学习与培养。应该结合创业实践进行摸索，从而能够快速识别机会，并且抓住机会。其次，拓宽融资渠道，转变传统观念对机会的把握。大学生创业的融资渠道单一且风险较大，正因如此，更应该着力提升大学生的融资渠道，从而在一定程度上降低其创业风险，进而提升其机会把握力；转变传统观念，积极接受新鲜事物，善于发现别人未发

现的机会，也很重要。

7. 加强创业逆境锻炼，塑造大学生挫折抗压力

挫折抗压力一般是指大学生在遇到创业困难或困境时，能够坚持创业梦想并且不懈努力的能力。它主要包括良好的心理素质、良好的身体素质、自信心、环境适应力、吃苦耐劳、抵抗挫折能力、勇于承担风险、有责任心、乐观积极的心态、能够控制情绪。首先，学习创业失败案例，警示自身创业风险。大学生创业，失败的有很多，但是如果能从中汲取教训，总结经验，这对于大学生创业来说，也是有积极作用的。学校和社会应当组织大学生参观、学习创业失败案例，并邀请专家点评原因，从而找出问题所在，为大学生创业指明方向。其次，加强身心锻炼，提升抗压能力。大学生创业，考验的不仅仅是大学生的知识结构、技术水平、管理能力、资金实力等，它也在一定程度上对大学生的心理素质、身体素质提出了要求。因此，应当着力保证大学生的良好心理素质以及过硬的身体素质，这样才能全身心地投入创业中。

8. 更新观念拓宽眼界，强化大学生资源整合力

资源整合力一般是指大学生在创业过程中运用自身能力，将各种资源汇集到自己创业中的能力。它主要包括融资能力、人才发掘能力、统筹全局、有创造性的提出解决方案、公关能力、了解公司运作流程。首先，人力资源整合能力。大学生创业，绝不仅仅是大学生个人的行为。因此，就需要大学生在创业过程中组建自己的创业团队，并共同为目标而奋斗。这就对大学生的人力资源整合能力提出了要求。大学生创业者要有一定程度的识别人才、抓住人才、使用人才、激励人才的能力，这样才能把创业所需的人才留在自己身边，为创业做出应有的贡献。其次，财务资源整合能力。财务资源对于大学生创业来说，是至关重要的。正所谓“巧妇难为无米之炊”，如果没有财务支持，大学生创业只能是空谈。财务资源主要包括两点：第一，进一步拓宽大学生创业的融资渠道。第二，进一步降低大学生创业的融资成本。

9. 完善创业生态链条，夯实大学生组织管理力

组织管理力一般是指大学生在创业过程中所应具备的一种能力，这种能力的存在能使企业有效率、有效果的运行。它主要包括团队精神、领导沟通能力、决策迅速且效果良好、能够接受他人意见、敢作敢为、果断、管理力、道德心、个人魅力、口头表达能力、沟通协调能力。所谓组织就是这样一个机构，因为有它

的存在，使得一件事情更有效率、更有效果。具体来讲，应从以下几方面来提升大学生的组织管理力。首先，大学生创业者应充满信心并且信念执着。大学生创业者，不仅需要做一个实干家，也需要成为一个组织的管理者，因此，他应该具备充足的信心。信心不仅表现在独自思考或工作时，也应该表现在与员工共处时，这样才能给员工以信心，促进组织健康发展。其次，大学生创业者应当善于询问和倾听。作为企业领导者，需要做的不仅仅是果断决策和紧抓机遇。在遇到重大问题时，还需要学会询问周边人的意见。当遇到困难时，大学生创业者也应该做一个好的倾听者，不仅倾听，还能够与员工深入交流，最终提升组织的效率。

第十章 国外大学生创业教育现状及启示

创业能力研究和实践最早兴起于美国，目前，美国、德国、英国、日本等发达国家已经不再追求研究领域广度上的扩展，而是集中在如何推进现有研究成果的深度。比较明显的现象就是国外有部分大学和商学院逐步开设了一些新的创业课程，这些课程旨在提高大学生的创业能力，如创建新企业，小企业管理、创建和运营新企业，创业计划书撰写等课程。并且，许多高校还开设了创业学或者创业研究专业，成立了创业教育中心和创业教育研究会。因此，国外大学生创业能力的研究目前已朝着专业化、规范化和系统化的方向发展。

在国外，创业被认为是一项有意义、受人尊敬的工作，因此国外大学生创业发展的更为迅猛。以美国为例，德克萨斯州大学奥斯汀分举办了商业计划，也就是后来的创业计划大赛，从此创业大赛为美国经济发展做出了不可磨灭的贡献。此外，国外良好的社会文化基础使得创业更容易为人们所接受；在先进创业教育的引领下，创业大赛得以蓬勃发展。

在美国，对学生的创业教育从小学就开始普及，一直到大学，而且还有专门的创业课程培训，如此完善的创业教育机制是国外创业形势一片大好的重要因素。在行业分布上，国外创业主要集中于高新技术产业，他们的创业多数以技术为核心，以高科技为导向，而这一特质使得大学生创业拥有较强的竞争力，为创业成功提供了良好保障。由此可见，国外大学生创业正处于蓬勃发展期。

一、日本大学生创业教育现状

日本创业教育研究专家松田修一认为，成为创业家绝非易事，在影响创业家诞生的 3 个关键因素（创业能力、设施支援、创业热情）中，创业能力显得格外重要。而自主创业能力需要经过一个培养的过程，它不是与生俱来的潜能。因此，大学生创业能力就是指大学生在学习期间，通过接受创业理论教育，经过创业技能培训，掌握创业基本技能知识，增强个人创业心理品质，并将其转化为自身素质，从而能够在时机成熟的条件下获得自主创业、自我发展的一种综合性能力。在日本，创业教育作为一个崭新的教育理念已得到广泛传播，并达到一定规模，其大学生创业能力的培养策略也独具特色。由于日本与中国具有较相似的东方文化背景，认真研究并借鉴日本高校大学生创业能力培养的成功经验，对构建中国大学生创业能力培养模式具有一定的指导意义。

日本大学生创业能力培养策略

日本创业教育研究中心采用问卷访谈法，针对日本大学创业教育的模式提出了一个符合日本文化特色的基本框架，框架公式为："创业家诞生" = "首先开发可能的创业素质（包括心理素质、非心理的素质和知识）" +通过"成长的经历、家庭状况和教育"树立企业家精神+通过政、产、学的密切配合营造良好的"创业外部环境"。

1. 创业素质教育是创业能力培养的基础

日本高校创业教育课程的设置有三种情况：一是依托专业。许多创业教育课程都是基于大学原有专业课程，再结合创业知识开发出来的，比如创业工学、创业管理学、创业经营等课程。二是产学结合。通过高校与企业联合的方式，融合大学知识和社会知识，培养大学生的企业家精神，以此建立起学术和产业的新中心。比如早稻田大学设置了风险企业家诞生的基础课程，资产运用的世界、风险企业的创造等创业课程。三是结合地域特色。从振兴地域经济的角度出发开设创业课程，切实培养学生的创业技能，比如和纸创业、商店街创业等课程。以此构建了"差异性"的创业教育课程。创业教育的师资力量雄厚，外聘教师的组成比较合理，达到授课内容丰富，培养目标全面，涉及面广泛。

2. 企业家精神的培育是创业能力培养的核心

管理大师德鲁克在《创新与企业家精神》中说：企业家精神是一种行动，而不是人格特征，它的基础在于观念和理论，而非直觉。也就是说企业家精神是一种可以依据系统的理论知识，通过自身的努力而培养出的能力。

日本在企业家精神的培养上主要体现在三个方面：

一是努力营造积极向上的创业氛围。日本企业家的创业动机是以挑战自我为中心，不同于中国的"为自己挣钱"和美国的"追求个人与家庭幸福"。并且日本的创业教育具有一定的普遍性，"让每一个学生都能以服务社会为已任"的教育理念渗透于创业教育之中。

二是重视家庭教育和过程教育。创业所需的许多能力都是从个人最基本的特质中衍生而来的。日本家庭从小就培养孩子的自主意识和顽强毅力，向其渗透诸如社会奉献、创造财富的喜悦等信息，这也算作创业的启蒙教育。在日本，企业家精神的培养是一个过程教育，为成就未来创业者，日本倡导从小学到大学的连贯体系，以企业家精神教育为主线，针对学生的学习能力和思维发展，进行创业能力的培养：小学阶段就注重激发创业意识，培养创业精神，利用早上上课前的两三个小时勤工俭学，如给人送报纸等；中学阶段在创业精神教育的基础上，开始企业经营方法的教育，比如文部省通过新的课程改革，在“综合学习时间”内开设“商店街活动”“创业发明大王”等活动和课程；而大学阶段则在创业精神教育的基础上，进一步加强企业经营方法的教育，同时开展创业知识、创业技能的培养。

三是注重实践能力的培育。企业家精神并不单单局限于风险企业经营者所必备的资质，还应该包含各种职务和行业所必需的共通知识和能力。也就是说，在激烈竞争的社会中，学生们除了需要具有相关知识和技能外，还应该具备求知欲，自己发现、判断、解决问题的资质和能力，即学习能力。再加上丰富的人性和健康、体力，这三者综合起来即为生存能力。

因此，日本高校在开展创业能力教育时极其注重实践能力的培养。

3. 良好的创业外部环境是创业能力培养的保障

国家及地方政府是大学生创业教育的坚强后盾。经济产业省、文部科学省、厚生劳动省等将创业教育视作国家发展的重要课题，共同研究、共同思考、共同行动。

近年来，政府越来越意识到创业教育的重要性，不仅在简化新公司申请程序和资金支援方面出台新政策，还积极主动推动全国规模的创业教育信息流通，促进创业教育的开展。

由于日本缺少一个创业教育的全国性信息交流团体组织，大学之间教学方法共享存在困难，而大学的教育内容又大多依赖个人的经验人脉等现状。日本的经济产业省于 2009 年 5 月设立了“大学·大学院创业教育推进网络”，该网络囊括了已经和即将从事创业教育的大学教师、期望向后代传授创业经验的企业家、从事创业实践教学的外聘教师等。该网络不仅组织构成多样化，其创业教育推进活动也十分广泛，例如发行网上杂志，推进外聘教师的认定及利用，促进教材案例的普及，开展全国性论坛，促进风险企业的实习，提供创业竞赛信息等。企业在大学生创业教育中扮演着积极推动者的作用。

一方面，企业主动为学校提供人才需求建议，向学校输入经验丰富的外聘教师，和大学联合开发具有地域经济特色的课程设置，编著创业教育教材，设计创业型人才培养方案。另一方面，企业为大学生提供实习岗位和实践基地，为有潜力的创业计划提供风险资金，设置投资制度。具体包括两大实施项目：一是派遣创业家和风险企业经营者作为外聘教师，二是介绍实习接收企业。

自从项目实施以来，产生了两大效果：

一是对于想在大企业就职的学生来说，可以接触到平常不可能有交集的创业家和风险企业，扩大了创业边缘；二是对于已经有创业想法的学生，可以通过密切接触创业家和风险企业，加速创业实现的进程。高校是大学生创业教育中牢固的基石。在创业基础设施方面，高校重视创业孵化器、创业支援机构的建设。国立大学有60%以上设置了创业支援机构，从支援的内容来看，近70%的学校实施创业辅导以及知识产权相关支援，部分学校实施资金层面支援。

在创业教学内容方面，学校重视创业实践环节，在政府和企业的配合下，广泛开展创业活动和创业竞赛。创业师资方面，具有优秀创业家资质和创业经历的“双师”通过建立与企业的双向交流通道，提升创业教育质量。此外，日本众多高校充分利用校友资源，实现对在校大学生创业的“传帮带”作用。大阪商业大学以企业家精神的涵养和创业资质、能力的培养为目标实施创业教育，开展了“向现实社会学习、各类社会问题的发现、问题解决方案的思考、解决方案的实际推行”一系列活动，包括举办“创业想法比赛”活动，设置“大商大创业·实验室”孵化基地设施，邀请当地的小商店、大型企业参与实践研讨会，联合当地创业家开设企业经营的有关课程。其中社会和中小企业、地区产业振兴论等课程就是学校利用其位于中小企业聚集的东大阪市的地理优势，聘请当地企业中第一线的经营者讲授的，这不仅仅是理论知识的传授，更是经营者心声的传达。

二、日本大学生创业教育对中国大学生创业教育的启示

（一）营造大学生创业能力培养的良好社会氛围

日本一直将企业家精神贯穿于大学生创业能力的培养中，而在中国，大学生

创业教育被理解为一项重要的就业政策。中国社会将赚钱的多少视为衡量创业成功与否的唯一标准，对创业教育的真正意义还没有准确定位。相较于日本大学生以挑战自我为中心，以企业的长远发展为趋向的创业动机，我国大学生的价值观显得局限和偏激，致使大学生在创业过程中遇到挫折后容易退缩，失去信心，大大降低了大学生创业成功率。

为了能形成良好的创业氛围，一方面，高校应该正确定位创业教育价值取向，在不忽视个人发展的基础上，引导学生建立起以国家和人民利益为己任的长远、完整的创业价值观。将创业能力的培养融入教学渠道，将其作为教学质量的评价标准，并且建立起相应的评价和考核机制。在学生综合素质评价中加大创业素质的比重，促进学生不断进取，勇于创新，提高创业能力。考核内容除了专业基本理论知识，还应包含学生的创新能力、学习能力、研究能力和社交能力。理论知识的考核可以采用笔试的办法，而学生创业能力可以采用实验设计、调研等方法进行测试。在评奖评优的过程中也可以将其引入综合测评环节合理评价学生的综合素质。

另一方面，社会应该积极发挥引导作用。充分利用电视、网络等媒体的宣传教育，激励大学生转变所谓稳定的职业观念，克服因传统观念造成的不敢创业、不愿创业、不会创业、不能创业的心理障碍，将勇于尝试自主创业作为成就事业的重要选择途径。广泛宣传创业成功案例，同时加大宣扬屡败屡战的创业者，鼓励失败的创业者重新创业。在全社会形成鼓励创新、崇尚创业、包容失败的文化氛围。

（二）树立完整全面的大学生创业能力培养的教育体系

我国的大学生从小接受的是灌输式应试教育，相比日本启发式、开放式的教学，我国教育相对封闭与保守，从而造成了学生普遍缺乏创新与冒险精神。因此我国可以在这方面借鉴日本的成功经验。

首先，政府应该提高对大学生创业能力培养的重视，通过制定政府计划、政策，将创业能力的培养普及到每个公民，将其纳入基础教育体系中，从小学开始培养学生的创业意识。同时，建立一贯制的英才教育体制，即在初中、高中就开始设置创业教育课程，在大学、研究生阶段则设置特殊的专门课程。根据不同阶段的思维发展水平和知识学习能力情况，有针对性地培养学生的创业能力。

其次，学校作为创业能力培养的主力军，应设置科学合理、多层次的课程，丰富课程类型，加强师资建设。高校应将创业能力培养贯穿于整个大学阶段的教学之中，并注重融入专业教育。先是以公共课的形式，培养全校学生创业素质；接着增设创新创业课程，培养创业专业人才；随后在原有专业课程的基础上适当增加创业元素，培养学生在专业背景下的创业能力。科学设置教学环节，改变以往只从书本中获取知识的单一教学手段，将理论学习和实践活动相结合，采用讲座、模拟、论坛、实习等多种途径，从创业理论的系统学习到具体案例的分析，从学习创业到模拟创业再到实践创业，通过多种渠道让学生全方位接触创业。此外，高校的创业教师应该专、兼职相结合，引进既有学术背景，又有优秀创业家资质和创业经历的“双师”，将教学和实际紧密结合，提升创业教学的实用性和有效性。

最后，注重与区域经济相结合。创业能力培养只有和经济建设密切结合才具有鲜活性。重视区域特色产业与高校的联系，并将振兴地方经济作为人才培养目标。高校所在地区的企业可以提供学生开展市场调查、寻找企业优势、开拓市场空间、参与产品开发的实践机会。

另外，包括地方工商联合团体、经营团体、非营利机构在内的各类社会网络，共同推进创业计划，开设创业中心，使有关机构人员、企业代表、大学生创业者彼此交流意见，共同促进地域经济的发展。

（三）构建一个政、产、学紧密配合，多元化的创业环境保障机制

鉴于我国大学生创业教育资金规模不大、支持体系尚未形成的现状，可参照日本成功经验，构建紧密配合的政产学创业支持体系。

首先，政府应起到引导作用。一是强化政策实施机制建设。比如，放宽企业审批、简化程序，减免行政收费，加大税收优惠，从而降低大学生创业成本，优化商业环境，激发大学生创业热情。二是拓宽融资渠道。其中包括完善小额贷款政策，设立国家创业资金，调动社会资源参与大学生创业融资。三是设置创业保障制度，一定程度上消除大学生创业的后顾之忧。政府在支持大学生创业时，除了要进一步规范和细化创业政策，增强可操作性外，还需要引导大学生全面了解与善于利用已有的创业优惠政策。

其次，企业承担起协助角色。一是积极对高校进行反哺，比如捐助成立高校

的创业中心，并且对具有良好前景的大学生创业计划提供风险资金。二是主动参与到高校创业教育体系中去，为大学生提供实习机会和实践基地。三是科技园、创业培训机构、创业者校友联合会等社会网络为大学生提供技术支援、信息咨询等各类创业咨询服务，使大学生在创业过程中享受到免费的陪伴式辅导。

最后，高校应加大扶持力度。高校应在原有基础设施之上，加强创业孵化器、创业辅导机构等创业基础设施的建设。另外，加强与校外的广泛联系。一方面充分利用丰富的校友资源，协助大学生创业能力的培养；另一方面应尽快通过网站、论坛等建立起校际联通平台，使政府、企业、学校和学生能利用这一平台实现沟通和对接。加强创业教育的国际参与度，互通创业教育信息。

三、美国大学生创业教育现状

近年来，随着全美创客行动（Maker Movement）的快速发展，美国越来越多的高校开始将创客教育（Maker Education）作为培养学生创造与创新能力以及创业就业能力的重要途径。创客教育的核心是支持学生开展基于创造的学习，而基于创造的学习的关键是对学生学习主体性、实践性、深度参与性、连续性与完整性（学生往往需要完成从规划到设计再到开发制作产品的完整过程）的充分尊重。学生在基于创造的学习过程中需要主动发现、自主探究，在发现、分析与解决问题的过程中产生、验证、发展出自己的创想，在提升问题解决能力的同时又保持创造的激情与信心，这些是创造与创新能力的核心品质。我们基于对美国高校实施创客教育的具体举措与经验的梳理与总结，分析了美国高校开展创客教育的基本路径：

在意识层面积极响应全美创客行动，充分重视创客教育在高等教育中的价值，这是实施创客教育的起点与目标指向；在规划层面注重对学校开展创客教育的整体设计，充分关注与社区创客教育的联动，这是实施创客教育的重要前提；在实践层面着力打造优质的创客空间提供创客教育环境，灵活选择适切的创客教育实施方式，这是创客教育得以真正实施的重要依托。

不断发展的技术手段与工具、逐渐降低的技术应用成本、日益丰富的开源软件与资源，以及由于技术介入而变得更为便捷的分享与交流方式，使得人们有机会独立或协同完成从设计到建模再到生产个性化产品的完整创造过程。近年来，“创客”与“创客行动”逐步成为全球关注的热点。据世界知名的“创客大会”

官方网站显示，2014 年海湾地区与纽约举办的世界创客大会有 21.5 万人参与，同年全球各地举办了 119 次独立的创客大会，包括在日本东京、意大利罗马、美国底特律、挪威奥斯陆、中国深圳举办的 14 场大规模创客大会。美国将自身定位为“创造者的国度”，在 2014 年 6 月举办的第一次“白宫创客大会”上，奥巴马总统在发言中指出“美国应该坚持走一条发现、实验与创新之路。创新不但是人类进步的重要标志，也是国家进步的标准”，倡议要“充分释放美国人民的想象力，以确保美国是一个创造者的国家、确保下一代技术革命发生在美国”，强调要让美国学生成为世界的创造者，而不仅仅是世界的消费者。

近年来，创客教育作为重在培养学生创造与创新能力的新型教育方式，无论是在美国中小学，还是在美国高校都受到了越来越多的重视。美国新媒体联盟发布的 2015 年高等教育地平线报告显示，创客教育将给高校教师的教与学生的学带来深刻变革，未来 2~3 年，用于创客教育的创客空间将会在众多高校中得到采用。

（一）意识层面

1. 积极响应全美创客行动

（1）全美创客行动。“创客行动”由知名的创客杂志于 2005 年发起。2014 年举办的美国白宫创客大会则有力地推动了美国全民参与“创客行动”。美国将第一届白宫创客大会举办日 2014 年 6 月 18 日定为“国家创造日”，并将第二届白宫创客大会的举办日期（2015 年 6 月 12~18 日）定为“国家创造周”，号召全美“每个企业、每所大学、每个社区、每位公民都加入到支持全美各地民众成为创造者的行列中来”。2014 年白宫创客大会倡议国内企业尤其是制造业与信息技术类企业能积极提供创造工具与资源支持各级各类学校校内创客空间的建设与校外创客项目的实施，能够让有经验的企业员工担任创客导师；倡议美国各市市长与社区发起相关行动推进创客行动。自 2014 年第一届白宫创客大会举办以来，美国已有超过 100 座城市采取了相应的行动与举措推进创客空间建设，并安排专人或工作组对外建立合作关系以充分支持本地区创客的创造过程。2015 年“国家创造周”活动，美国白宫又进一步提出了以下有助于推动全美创客行动的倡议：一是要为学生提供基于亲自动手实践的学习机会，让他们在课内外都能够通过创造过程投入对科学、技术、工程与数学（STEM）以及艺术与设计方面的学习之中；二是要进一步提升女性与特殊群体、小群体公民参与创客行动的机会；三是要大力支持低成本原型建模工具的开发；四是制造业要加大参与创客行动的力度，努力提高自身的创造与生产能力，以开发出更多、更好的产品供全国创客使用；五是提升各地创客在解决当地甚至是世界难题方面的贡献力度，让创客更加投入于解决这些问题的过程。

（2）美国高校积极响应创客行动。美国高校对白宫关于全民参与创客行动的倡议给予了积极回应。在2014年第一次白宫创客大会后，150余所高校校长联名表示要积极参与创客行动，认为总统的号召让高校更有激情创生新的想法。改革高等教育、提升高等教育质量，声明要积极建设校园创客空间，不但供本校师生利用，也要开放校园创客空间并提供相应的支持，全力促进当地的创客行动。为此，美国高校通过多种方式推进创客行动。

2014年10月，亚利桑那州立大学主办了由美国知名高校负责人参与的全美高等教育创客高峰论坛，讨论美国高校如何更好地参与创客行动，并在会上推介值得借鉴与学习的高校创客行动案例，研讨内容包括：探索如何将创客行动整合于现有的高校学位课程中；如何开发或支持当地创客空间的建设；如何在高校招生过程中将学生的创客经历、创造能力纳入入学考核内容；如何拓展、深化高校与本地创客的交流；如何更有效地支持本地社区更好地参与创客行动。参会者还可以直接加入创客工作坊，实际体验、参与创造过程以及创客行动规划过程。另外，美国高校也积极通过校际交流协同推进创客行动。比如，众多高校利用由美国国家科学基金资助建设用于支持高校跨学科联合创新的分享与交流平台，分享创客成果、创客行动案例并协同推进创客项目。

2. 充分重视创客教育在高等教育中的价值

高等教育被视作美国社会与经济发展的关键支撑，对学生创新能力培养的成效如何是评价高等教育质量的重要指标。例如，美国多所知名高校基于美国联邦政府的支持成立了专门的工作组，建议重新修订2008年发布的高等教育法案的前期研究，并于2015年3月发布了相关研究报告，其中将创新作为高校的重要职能，将培养学生的创新能力视为大学的重要责任，希望修订完善高等教育现有法案以给高校更多的空间促进高校的创新。

在强调高校创新与高校学生创新能力培养的宏观背景下，美国高校对全美创客行动的响应显然不是一种盲目的跟随，而是基于对创客教育的价值尤其是对培养高校学生创造与创新能力、创业就业能力方面重要价值的深刻认识。

（1）创客教育有利于培养创造与创新能力。创客媒体（Maker Media）创始人、世界创客大会发起人戴尔 2013 年在印第安纳大学东南分校做了题为“创造的魔力：让学生成为创造者”的主题发言，认为正是“创造”让人们看到世界充满了无尽的可能性以及值得解决的问题，认为基于创造的学习是一种看上去较为松散的、非正式的学习方式，实质是一种“有魔法效果的、可以创造奇迹的学习方式”。基于创造的学习往往是自发的，一方面，创造的过程是学生独立或协同地发现问题、分析问题并利用多种工具与资源创造产品解决问题的过程，是学生基于自驱动、综合多学科的知识寻找问题解决最佳路径的过程。创客教育情境下的学生对自己的学习任务、路径与资源选择有自主权，带着问题学习的同时又为了解决问题，深度卷入学习过程之中，更容易生成新的创意。学生因此不但提高了发现问题、分析问题与解决问题的能力，而且更容易保持学习的激情、增强学习的信心，而这些品质正是创造（creative）与创新（inno-vative）能力的重要构成。另一方面，在基于创造的学习过程中，作为创客的学生可以深度参与设计、创造、建设、开发与发现过程，不断经历失败却又努力再次尝试直至完成创造过程，教师通过观察学生的创造过程，可以更充分、科学地认识到真正具备创造与创新能力的人才应具有哪些核心技能、思想与智慧。由此可见，创客教育本身指向对学生创造与创新能力的培养，同时又有利于帮助高校教育者深入思考创造与创新能力培养的目标、内容与途径。

（2）创客教育有利于培养就业创业能力。高校与中小学在创客教育上的重要区别在于：中小学的创客教育在客观上更偏重让学生体验创造过程、培养学生的创造兴趣与创造能力。高校的创客教育除了实现上述目标之外，还常常与学生未来的就业创业能力发展相关，创客教育为培养学生的创业就业能力提供了新的视角与途径。例如，亚利桑那州立大学 2014—2015 学年至少要支持全校 10%的学生参与“创新挑战”项目，培养学生就业创业能力。创客教育情境下学生往往能够接触到前沿技术知识，有助于学生积累新的就业技能。与此同时，学生在创客教育情境下并不限于利用特定的某一种或几种工具，而是需要根据创造的需求主动寻求资源与工具加以综合利用，这样有利于培养学生的终身学习能力。更为重要的是，由于创客行动在一定程度上变革了现实生活中的产品开发与销售流程，比如个人创客的力量加快了新产品的设计与开发速度，让产品更具个性化特征与家庭适用性（因为这些创客往往来自于普通民众），产品在正式上架前往往基于众多创客充分的讨论与决策，得到了不断的优化与改进从而提高质量。与此同时，随着技术发展与使用成本的降低，允许学生参与真实的产品创造过程。由此，创客教育可以让学生直接体验、参与真实的产品制作以及销售过程，知道如何实现产品的个性化设计、协同优化与改进，可以有效地锻炼其创业就业能力。

（二）规划层面：高度重视整体设计，充分关注与社区的联动

1. 高度重视对实施创客教育的整体设计

注重将创客教育纳入本校发展中，例如，2013 年麻省理工学院成立了创新倡议委员会（the MIT Innovation Initiative），以期集中全校力量研究如何提升学校创新能力。2015 年 3 月，该委员会举办以“创造过程中的创新”为主题的工作会议，将创客行动作为学校创新的重点，拟跨学科建立科学与政策创新实验室，研究创新过程、搜集创新数据，为企业与政府的决策提供咨询。会议特别强调要利用全校师生（包括毕业生校友）甚至全球的创客力量来生产更多的新观点，推进学校更有效地创新。芝加哥艺术学院则将创客教育理念作为本校教育的核心理念，从创客教育的实施方式、推广路径到学校创客文化的培育都进行精心的规划。

2. 重视对实施创客教育所需条件与支持的规划

例如，麻省理工学院负责学校信息系统与技术的副校长在 2015 年接受采访时表示，该校正在采用一套新的信息系统与技术解决方案和服务模式，以提升对该校创新与创客文化的支持功用；2015 年麻省理工学院进行校舍改革的重要任务之一是在改造本科生宿舍楼中，在一楼建设创客空间。

另外，麻省理工学院还注重对如何支持学生有效利用创客教育资源与参与创客教育进行规划。如果学生能够找到适当的创客教育资源则更容易树立创造的信心，充分体验创造过程带来的乐趣，从而更容易投入创造过程中实现主动创造与有效创造。目前麻省理工学院有近 11 150 平方米的创客空间，但是学生由于不太清楚创客空间的开放时间、付费方式，或者未能及时获得相关培训信息而难以有效参与，为此麻省理工学院拟开发一个称之为 Mobius 的网络与移动 APP 支持学生快速查询、定位校内可用的创客空间与工具，并且跟踪记录学生已经接受过哪些工具应用的培训，从而向学生推荐适当的创客工具与资源。

3. 重视对创客教育推广进程的规划

创客教育是一种新的教育形式，需要人力、物力与财力等的支持，因此对其推广进程应该有所规划。比如，芝加哥艺术学院认识到，一般新的技术工具或资源使用之初往往比较专业化，需要使用者专门学习使用技能，技术工具的性能也往往不稳定，使用成本高。创客教育的实施过程常常需要用到新技术、新工具，这时学校最好是先让少数有信心、有兴趣的教师以及有一定知识与技能准备的学生先参与创客教育，待其应用成熟后再由这些先行者对学校其他师生进行培训与指导。技术自身也会随着发展而大幅降低使用成本，功能也会越来越丰富且性能越来越稳定，使用越来越便捷，这时再向全校推广将是更好的时机。3D 打印技术在该校的应用就是这样得以快速推广的。

4. 关注与社区的联动，多方位推进创客教育

白宫创客大会倡议高校要从多个角度推进社区创客行动，其中包括：第一，在高校招生环节加入“创客档案（Maker Portfolio）”，注重对申请学生创客经历与能力的考核；第二，要求高校在校园中创建更多的创客空间，允许当地社区创客使用；第三，要求高校加强研究，推动本地、区域、国家层面的创客行动，通过研究开发出更好的可用于支持创客创造的软硬件工具。美国高校在规划创客教育实施时非常重视与社区创客教育的联动。一方面，高校认为自身有义务推动社区创客行动，众多高校的创客空间都对本地社区开放，有些高校还建设或者帮助建设了供当地社区甚至世界各地创客利用的创客空间。比如，斯坦福大学创建的 Fablab 是个全球性创客空间；卡耐基梅隆大学的“娱乐技术中心”2010 年创建了第一个儿童专用的博物馆创客空间，还帮助芝加哥 Harold Washington 图书馆与匹兹堡 Carnegie 图书馆建设创客空间。雪城大学利用夏季为高中生提供 3D 设计与产品制造课程，帮助高中生通过实践学习原型建模与设计的方法，学会创新性地解决问题并以团队形式开发自己的创意。另一方面，美国高校又期望充分利用社区力量促进学生创造与创新等能力的发展。例如，伊利诺伊州立大学商学院创建了以“学习、创造与分享（Learn，Make and Share）”为理念的创客实验室（Makerlab），供社区创客利用。学生通过创客实验室学习创客教育课程后，由创客实验室组织社区创客大会，要求学生在创客大会上展示课程学习成果（学习成果是学生在课程学习过程中形成的产品），向社区居民推荐与销售自己创造的产品，售出越多代表创造的产品越成功，所学课程就可以获得越高的分数。

（三）实践层面：着力打造创客空间，灵活选择创客教育方式

1. 着力打造优质创客空间

创客空间是创客教育得以实施的基本依托。“创客空间”不仅仅是一个物理空间或工具空间，还内含基于人际互联的社区，具有一定的教育目标指向——主要指向让创客能够主动、积极、有效地设计、建模，创造作品；创客空间的组织形式多种多样———可能是基于创客个体自发形成的相对松散的、主要支持个体之间分享的空间，也可能是由一些营利性组织提供的专属创客空间，或者公益创客空间，他们的共同目标都在于为创客提供接入创造设备、工具与资源的机会。目前美国比较知名的高校创客空间包括斯坦福大学的 Fa-b Lab 创客实验室、华盛顿玛丽大学的 Think Lab 创客实验室、威斯康星州立大学的 Garage 创客空间、内华达大学的科学图书馆创客空间（Science Library Makerspace）、北卡罗来纳州立大学的开源硬件创客空间（Open Hardware Makerspace）。

美国高校打造创客空间时常关注以下三方面。

（1）把握创客空间的特征，采用适当的创建策略。是否能够成为优质创客空间并不取决于物理空间的大小或活跃创客的数量，也不取决于其中是否有高级的传感系统（虽然这些对打造优质创客空间是必要的），而取决于是否真正激发了创客的积极性与创意。

（2）重视将图书馆打造为重要的创客空间。创客空间不同于一般的专业实验室，只对一定专业的学生或教师开放，而应具有充分的开放性以支持不同学科背景的创客参与。因此，很多推行创客教育的美国高校都将创客空间设在图书馆，因为图书馆是全校甚至当地社区居民都可利用的共同空间。例如，内华达大学基于图书馆的创客空间——科学图书馆创客空间被美国创客杂志（Maker Magazine）评为最有趣的创客空间。该创客空间的设计理念是“学生与学校所在社区能够利用这个空间而不需要先预设他们能做什么或不能做什么，不管成功失败，关键在于创造与创新的过程”。该创客空间提供自主学习区，并向用户提供多样化的软件与 3D 技术服务，包括 3D 打印机与扫描仪、手持扫描仪以及激光切割机，这些设备可以用于支持学生完成课程作业，也可以用于支持他们独立或协同开发社会需要的产品模型；创客空间提供的软件与学生的电子设备、自用软件具有兼容性。该创客空间设有网络预约系统，允许学生根据需求进行预约，同

时图书馆工作人员可以随时提供支持。目前该校科学、工程学、艺术与设计专业学生对该创客空间的利用率较高。

(3) 重视校企合作，促进创客空间建设。美国在整体上推进全民创客行动，要求企业尤其是技术类、制造类企业要积极提供创造工具，支持学校开展创客教育。美国众多企业除了为中小学提供公益性支持外，还注重与高校的合作共赢，为高校提供创客教育技术与相关资源支持的同时又融合高校的研究与开发能力推动企业自身的发展。美国有部分高校正是利用校企合作的机会，大力推进创客空间的建设，以推动本校创客教育的发展。例如，成立于1979年的福赛大学（Full Sail University）是一所享誉世界的专门培养娱乐、媒体、技术、艺术专业人才的高校，自建校以来就非常强调学生基于真实世界体验的学习，提出了“真实世界教育（real world education）”理念，重在让学生直接体验、参与创作，一直将创新教育作为其核心教育目标。福赛大学拟通过与 Maker Studio 的合作，共同打造一个集在线视频传输系统、制作技巧、数字故事于一体的创作创新中心，形成一个新的、整合性的创客空间，为学生提供参与真实的专业制作的机会、支持学生基于创造的学习，发展学生的专业创造与制作能力，让他们更有力量去掌握适当的技术技巧成为数字内容生态系统中的一部分。又如，Intel 公司 2013 年启动了“Intel Galileo”大学捐赠项目，从当年 11 月开始利用一年半的时间向全球 1 000 所大学捐赠 5 万个搭载了英特尔 Quark 处理器芯片的 Galileo 开发主板。该开发主板兼容物联网体系架构下 Intel 的其他多种设备，能够支持高校学生实现他们自己的创造与创新，美国众多高校参与了此项计划。

2. 灵活选择适当的创客教育实施方式

美国高校开展创客教育的方式主要有三种：一是构建组织松散的、完全开放的创客教育空间，由学生自己根据学习需求自行使用创客空间的资源或者参与学校组织的一些主题式创客活动；二是将创客教育有意识地整合于常规课程之中；三是开设专门的创客教育课程。

(1) 整合于常规课程中的创客教育是指利用创造工具与资源支持学生的常规课程学习，这是美国高校开展创客教育比较常用的一种方式，其重点在于关注如何将创客教育整合于已有的课程教学中，既支持课程教学又间接实现创客教育的目标。例如 3D 打印技术作为允许用户自下而上地建造对象的典型创造工具与资源，对于激发高校学生的创意想法、支持学生自主设计与创造有重要的应用优势，常常被美国高校以多种方式整合于学生的课程学习过程中。芝加哥艺术学院非常重视创客教育与常规课程的整合，认为虽然看上去创客教育所依赖的 DIY（自己动手做）与传统课程的固化结构有一定冲突，但是可以通过设计综合利用传统课程教学资源与新兴技术资源创建有效的创客空间来优化常规课程的教学效果、提升课程教学质量，同时又培养学生的实践能力、创造与创新能力的目标。该院有三个系成功地将创客教育有效地融合进课程教学，其中建设与设计系组织学生参加创客夏令营，给每个学生发放一套 DIY 3D 套件，允许学生独立利用 3D 打印机，要求学生从创意到产品制造都独立完成，促进相关课程的学习；2013 年秋，艺术与技术研究系成立了创客实验室，提供沙箱环境与大量工具支持学生的创作；现当代实践系将 3D 打印资源整合于供一年级学生利用的选修课程项目，为学生进行艺术研究提供基于技巧的教学指导与概念探索支持。

（2）目前，有越来越多的美国高校开始开设专门的创客课程推进创客教育。有些学校以设置辅修学位的方式开设系列化创客教育课程。例如，从 2014 年秋季学期开始，卡内基梅隆大学推出了 8 个交叉学科辅修创客课程项目，开设了 30 门新的跨学科的以工作室方式推进的创客教育课程，旨在支持全校所有本科生开展跨学科的创新学习；麻省理工学院 2015 年 3 月讨论将开设关于商业、领导力、管理与创新的创新创业辅修专业课程。另外，有些高校充分利用本校的专业化资源开设特定的创客教育课程供学生选择。例如，麻省理工学院自 2002 年起，每年均开设面向研究生的创客课程“如何制作（几乎）一切东西［How To Make (almost) Anything］”。2014 年秋季学期此课程共开设16 周，教学内容包括导论、计算机辅助设计、项目管理、计算机控制的切割、电子产品设计与生产、3D 打印与扫描、计算机控制机械、建模与铸造、嵌入式程序设计、材料合成、输入装置与输出装置、网络与通信、端口与应用程序设计、机械与机器设计以及项目开发。伊利诺伊州立大学商学院创客实验室 2014 年春季学期开设了“制作物品”（Making Things）课程，学生来自于工商管理、工程学、艺术与设计等专业；2015 年春季学期该创客实验室又开设了“数字制作”（Digital Making）课程，以帮助学生学会使用数字化技术与工具制作产品。卡斯顿州立大学（Castleton State University）是一所重点关注教师教育并设置了多个教育类本科专业与硕士培养项目的综合性大学。2015 年夏季学期该校开设了“利用 3D 打印技术参与创客行动”课程。其中有 5 天集中教学，其他学习通过在线方式完成。学生通过课程考核，将获得3学分。该门课程旨在帮助未来从事教师职业或正在从事教师职业的学生形成一定的、将来自己教育学生如何利用3D打印机设计与创造产品设计项目的背景知识与专业技能。参与此课程学习的学员要学会如何创建3D模型，如何利用3D打印机打印作品，学会背后的教育学原理及创造产品在真实生活中的应用原理。课程的具体目标包括熟练应用3D建模软件，熟练应用3D打印机，能够利用3D模型完成作品，理解产品在真实世界中的应用，能够为学生设计与开发关于3D打印的完整教学单元。该课程在实践层面的要求包括：参加此课程学习的学生需要阅读必要的学习材料，观看教学视频，以便更好地参与面授教学环节的互动；要实际设计一个具有实用性的关于3D打印的教学单元；完成网络课程每周的作业；创建实际的3D模型。

3. 美国大学生创业教育模式

美国拥有一批行之有效的大学生创业教育模式，这也是美国大学生创业教育能够高速发展的重要原因。目前美国高校开展创业教育主要遵循两条轨迹。一是以创业学学科建设为目标的发展路径，主要采用聚焦模式（focus-model）。这种模式只针对商学院或管理学院的学生来进行创业教育，旨在培养专门的创业人才，可以直接从事创业活动、创业研究等。二是以提高学生创业素质为目标的发展路径，即以全校学生为培养对象进行创业教育。主要采用磁石式（magnet-model）、辐射式（radiant-model）和混合模式（mix-model）三种模式。

斯特里特根据2000年《成功杂志》及《美国新闻与世界报道》的创业教育项目排名结果，对排名最靠前的38所大学的创业教育模式进行了分类。结果发现，排名最靠前的38个项目中，10所高校（26%）采用了聚焦模式，28所高校（74%）采用其他三种创业教育模式。

从管理机构、师资、培养对象等几个角度区分美国大学生创业教育有以下四种典型模式。

第一种是聚焦模式。这种模式属于传统的大学生创业教育模式，起源于哈佛大学，它将创业教育限定在商学院或管理学院。具体来说，商学院或管理学院全权负责创业教育的所有环节，提供系统而专业的课程。聚焦模式的培养对象不仅只能是商学院或管理学院的学生，而且还要进行遴选。因此，聚焦模式培养出的学生能够真正创办企业的可能性非常大。另外，创业学作为一门独立的学科在商学院或其他相关学院获得发展也得益于该模式的创业教育。哈佛大学商学院是采用聚焦模式进行大学生创业教育的典型代表。哈佛商学院赋予了“创业精神”一个新的定义：代表着一种没有机会创造机会、没有资源创造资源的行为。创业不再只是一个经济行为，更多的是一种创新行为。因此，哈佛大学商学院很多学生在毕业后选择了创业类的工作。哈佛大学创业教育的三大原则是其成功的另一个原因，主要包括：第一，创业是团队行为过程，个人的行为只是整个创业活动中的一部分，完整的创业过程需要团队协作完成；第二，每一个人都能成为创业者，创业教育的目的在于使学生认同创业并具备创业所需能力和素质；第三，创业之所以是一种值得骄傲的行为，不仅在于它带来的成就，更是因为它需要付出非比寻常的努力。

第二种是磁石模式。采用磁石模式进行创业教育的高校相信创业行为并不是商学院学生的专利，商学院以外的学生也能够成功创业，因此，所有的学生都应该接受创业教育。针对全校学生开展的创业教育模式中58%都是磁石模式，该模式的创业教育管理中心仍旧设在商学院或管理学院，也就是说所有的创业教育活动都由这些学院提供，但是教育对象扩充为全校学生。磁石模式又分为单一磁石模式（singlemagnet）和多重磁石模式（multiplemagnet）。前者只有一个创业教育管理中心，大部分高校采用的磁石模式都是单一磁石模式，如麻省理工学院；后者有多个相对独立的创业教育管理中心，如斯坦福大学就拥有三个创业教育管理中心。

(1) 麻省理工学院的创业教育

麻省理工学院工程学教授鲍曼于1958年就开设了创业学课程，因此，该校是美国最早实施创业教育的高校之一。1996年麻省理工学院创业教育中心在斯隆管理学院建立，开始为全校学生提供创业教育，并促使更多与创业相关的跨学科组织、学生社团和项目产生，因此，在麻省理工学院形成了氛围浓厚的创业生态系统。MIT创业中心提供五大类创业相关课程：①基础性创业课程；②专业性、知识性创业课程；③专业技术领域的创业教育；④体验性创业课程；⑤与众不同的创业课程。学生可以不受专业限制来自由选择课程，因此不同学院的学生和教师可以在一起学习和交流，从而分享各自的学习经验和方式方法，促进了学生创新创造思维的形成与发展。创业教学方式也是丰富多彩，邀请校友分享和突出亲身体验等是MIT创业中心的特色，其重点在于经验的传承。

麻省理工学院与创业相关的组织还有很多，但这些组织的创业教育活动都在

MIT创业中心展开。其中，创业辅导服务中心拥有独特的信念："有一个好的思想和一个好商业计划，但创业者没有足够经营技能和经验相匹配，那么刚会飞的商业是很难成功的。"因此，该中心为创业者提供有创业经验的导师，对他们进行一学期免费的多对一辅导。

（2）斯坦福大学的创业教育

斯坦福大学的创业教育起步于硅谷创业热潮的爆发，并且在发展中不断拓展和完善创业教育领域。为了更好地整合商学院已有的创业课程和研究资源，斯坦福商学院于1996年成立了创业研究中心，这也为后续成立的研究中心提供了参考模板。之后工程学院的斯坦福创业伙伴项目中心与法学和科技项目中心也相继成立，至此，三个创业中心开始共同面向全校学生实施创业教育。斯坦福大学对创业教育内涵进行了独特诠释：一是通过创业教育将创业者的创业经验、创业知识和创业技能，以及他们对创业的理解传递给学生；二是通过对学生进行创业教育，将创业精神内化为学生的精神气质，使创业成为学生的一种生活方式和思维方式。

所以斯坦福大学所提倡的创业教育是为了培养具有开拓精神的人才。斯坦福大学的课程设置日趋完善，如今斯坦福商学院创业研究中心已经开发了21门创业学科领域的课程，这些课程不仅面向MBA学生，同时也对其他学生开放。斯坦福工学院的技术创业项目（简称STVP）的目标是促进高技术创业教育，培养未来工程师和科学家所需的创业技能。该项目为了更具针对性，对本科生、研究生和博士生开设了不同层次的课程，另外，医学院、法学院和教育学院也开设了创业方面的课程。斯坦福大学创业教育方面的课程特点非常鲜明：理论与实践紧密结合，学院与业界良性互动。很多课程都聘请了资深的企业家或者有丰富创业经验的创业者作为客座教授，对学生进行直面指导。部分课程在使用案例的时候往往把案例中的主人公请进课堂进行现身说法。除了正式的课程以外，学生还积极参与相关的课外活动。MBA俱乐部的活动非常丰富，一年一度的创业者大会主要由MBA学生发起和具体运作，值得一提的是，斯坦福大学创业计划大赛也完全由学生发起和组织。

第三种是辐射模式。采用这种模式进行创业教育的高校也为全校学生提供创业教育，同时鼓励不同学院及其教师积极参与创业教育过程，也就是鼓励更多的学院将参与到创业教育的过程中来，这也是辐射模式与磁石模式最大的区别。该模式在学校层面成立创业教育委员会，指导创业教育活动的实施，参与学院则负责具体的创业教育工作。这种模式立足于学生的专业背景来开展创业教育，并实现了不同学院的课程资源共享。

（1）仁斯里尔理工学院的创业教育

仁斯里尔理工学院是一所私立大学，有 5 000 名本科生和 4 000 名研究生，商学院学生占 10%~12%，其他绝大多数为理工科学生。如此集中的学生分布也成为其创业教育遍布整个校园的原因之一。1995 年，经美国国家企业孵化器协会确认，仁斯里尔理工学院孵化基地成为全国大学中最好的孵化基地，根据《成功》杂志的评选在 2000 年该校创业教育排在全美第六位。

仁斯里尔理工学院创业教育的特色是技术创业，并将创业教育贯穿于课程教育大纲的始终。该校创业教育课程大纲中为本科生开设了 4 门创业学必修课程：创业原理是基础课程，重在理论学习；技术创业导论是入门课程，它为创业实践做准备；发明、创新和创业旨在提高创造力；最后一门技术创业实验课程通过专业实践活动使学生具备创业技能。作为创业教育的重要组成部分，仁斯里尔理工学院有一个成功的外延拓展计划。其中，仁斯里尔技术创业委员会是技术商业化办公室、科技园、孵化器、创业中心以及其他创业活动的顶层领导中心。仁斯里尔企业孵化器自建立起一共创办了 100 多个新技术企业，其中 2/3 的企业都是由在校学生、院系的教职工和毕业的校友开办。此外，学校还拿出 300 万美元对科技园进行投资，吸引学生在校内进行带有学分项目的合作、实习以及兼职工作等。学校定期举办创业家年度庆典等活动，郎迅公司还出资 100 万美元赞助该校的创业计划竞赛。

（2）康奈尔大学的创业教育

康奈尔大学是在赠地运动中迅速发展起来的公立大学，康奈尔大学特别强调公平的原则，主要体现在它认为每一个接受创业教育的学生都能在任何工作岗位产生重大价值。创业教育管理委员会由参与学院院长组成，委员会统一指导和协调全校的创业教育活动，委员会主席每两年改选一次。在创业教育过程中，创业课程与专业紧密结合，学生还可以选择不同学院和专业的课程。因此，学校需要更多更优秀的教师，为了吸引和培养优秀教师，康奈尔大学每年对创业教育做出重大贡献的教师进行奖励，同时与校友保持密切联系。

康奈尔大学的创业教育，对学生而言，结合专业知识的创业教育更具操作性；对教师而言，与不同分院的教师和学生交流，促进了自身能力的提高；对学校而言，不同分院参与创业教育使培养出的学生更具竞争性。当然，辐射模式的运行和管理面临着协调、募捐、课程设置、师资等方面的困难。协调是辐射模式所面临的最大挑战，康奈尔大学的9个参与学院提供了很多创业课程，各个分院根据各自专业背景设置了不同的课程，由于课程之间的衔接度低，导致整个创业教育过程不连贯。另外，辐射模式的本质要求学院教师将创业教育内容渗透于专业课程，如何获得和培养合格的创业师资，动员其他教师加入创业教育的行列是采用辐射模式进行创业教育的高校急需解决的问题。

第四种是混合模式。这种模式的创业教育就是在一所学校内，其创业教育项目的一部分集中于商业、工程等专业的学生，但另一部分是面向全校学生，其实就是专业教育和普及教育的综合。目前，创业家不再只是商学院的“独家产品”，其他学院的创业者也层出不穷，他们拥有建筑、医药等各个领域的新鲜点子，因此，采用混合模式进行创业教育的大学越来越多。大学校园中，创业精神全面爆发。在密歇根大学，许多学生在入学前就开始为创业寻找机会。一份调查显示，多达15%的大学新生已经启动自己的生意。现今高等教育面临的挑战是，如何在创业这一经济发展的关键领域中支持学生。

在密歇根大学致力于开发新的旨在培养学生创造精神的教育项目，为学生们带来成功创业所需的知识和信心。在密歇根大学，已经拟定了一个支持各种创业活动的框架——包含100多种课程、企业孵化器、风险投资和创业竞赛，校园也弥漫一种拥抱风险、鼓励承担风险的文化氛围。除了在商学院和工程学院设立创业中心外，密歇根还在全校范围建立学生组织MPOWERD，旨在推广创业精神。因此，密歇根大学既对商学院、工程学院的学生进行系统的创业教育，也鼓励其他学院学生接受相应的创业教育。另外，为学生创立公司服务的企业加速器TERHARB帮助学生们草创的企业迅速取得突破，并为草创企业提供帮助，使创业者迅速学习，成长为企业家。2011年约20家学生建立的公司参与了TERHARB项目，其中一家名为Mobiata的公司通过创造最好的苹果iphone旅行应用软件，实现了100万美元销售额。创新的一个关键要素是协作。发明家在实验室孤军奋战的景象已经过时，取而代之的是：一组来自不同学术领域的思想家各自贡献出他们最好的点子。密歇根大学与本州的另外两个重要研究型大学——密歇根州立大学及韦恩州立大学缔结了特殊的合作关系，称为“大学研究走廊”。他们致力于通过该合作促进密歇根州经济的转型、强化和多元化，打造一支理解创业方法并能在将来创造就业岗位的劳动力，这是更广泛地促进经济发展的重要组成部分。

四、美国大学生创业教育对中国大学生创业教育的启示

近年来，随着全美创客行动的兴起，美国越来越多的高校开始将创客教育作为培养学生创造与创新能力以及创业就业能力的重要途径。创造教育的核心是支持学生进行基于创造的学习，而基于创造的学习的关键是对学生学习的主体性、实践性、深度参与性、连续性与完整性（学生往往需要完成从规划到设计再到开发制作产品的完整过程）的充分尊重。学生在基于创造的学习过程中需要主动发现、自主探究，在发现问题、分析问题与解决问题的反复过程中创新、验证、发展自己的创想，提升自己的问题解决能力同时又保持创造的激情与信心，而这些正是创造与创新能力的核心品质。另一方面，较之于中小学创客教育，美国高校的创客教育更加注重让学生参与实际产品的创造过程而不仅仅局限于支持学生创造体验以及对学生创造兴趣与能力的培养，高校学生制作的产品甚至可以推向社区与市场，借助社会与市场来检验学生的创造与创新能力，同时发展创业就业能力。创客教育的实施需要对技术资源、人力资源以及其他可能用到的材料性资源等的有效利用，创客教育的有效实施需要选择适宜的推进路径。众多美国高校能够充分认识到创客教育对于高校发展的重要价值，因此在意识层面能够主动关注、高度重视创客教育。在实际推进过程中，美国高校创客教育的开展从整体设计、支持体系建设、推广计划等方面进行了精心的规划，积极响应政府倡议的全民创客行动，注重与社区创客教育的联动。在实践层面，美国高校非常注重打造优质创客空间，并通过开放式创客教育、创客教育与常规课程的整合、开设专门的创客教育课程等方式实现创客教育。当前，我国政府提出“全民创业、万众创新”，社会发展要求高校重视对学生创造与创新能力、创业就业能力的培养，但较之于美国高校的创客教育，我国高校在开展创客教育时需特别注意以下三个方面可能面临的挑战。

首先，如何转变学生的学习观念与学习方式，以促进其适应“基于创造的学习”，支持学生深度卷入基于创造的学习过程。学生能够重视创造、乐于创造、善于创造、习惯创造，这对于创客教育的有效实施起至关重要的作用。杜威提倡

的基于“做中学”的实用主义教育思想对现代美国教育有深刻的影响，创客教育强调的“基于创造的学习”与“做中学”一脉相承、紧密相关。在“做中学”教育环境下成长起来的美国高校学生在一定程度上可能更容易适应基于创造的学习方式。由此，国内高校有必要先支持学生的创造体验，促进学生主动关注、参与创造过程，形成主动创造、独立或协同创造、坚持创造的意识与基本能力。其次，创客教育的实施离不开软硬件资源的支持，尤其是个人化、个性化、使用便捷化与低成本技术工具的介入，需要高校精心设计与建设创客空间。美国在技术开发及应用推广方面一直处于领先地位，具有相对优势。我国高校需要充分结合发展需求与自身资源多方位、多层面进行针对性的建设。最后，创客教育离不开师资的建设。创客教育的主体是学生，但有规划的创客教育离不开教师的设计与指导。美国无论是中小学还是高校都投入了大量的人力、物力与财力加强 STEM 师资培养，企业介入高校创客教育的方式之一也是为高校提供有经验的创造与制作导师。这些教师/导师对于美国创客教育的发展起到了重要的作用。

实际上，创客教育的实施虽然对推动学生、高校、国家与社会的创新发展有其重要的现实意义与实践价值，但由于它毕竟是一种新型的、在很大程度上依赖于技术发展与应用、直接与社会创造与生产相关的教育方式，因此还面临着一系列需要解决的问题。例如，至今还未形成一套普适性或高推广价值的创客教育模式，其成效也难以评价，其评价标准的建立、评价方法的选择等都需要深入探索。另外，创造本身的合法性问题也值得考虑，例如，学生利用 3D 打印机直接打印艺术家的作品，是否涉及版权问题，如何保护版权？又如，创客教育往往在很大程度上依赖于对技术的应用，那么技术在不同高校、不同地域是否得到了同样的推广与应用，如果没有技术支持的地方怎么推进创客教育？另外，还存在伦理、道德与可能引发的犯罪以及公平、公正和不平等问题。比如，生物学领域利用 3D 打印设备打印人体器官，如何引导学生正确认识其中可能涉及的问题，等等。由此来看，创客教育的发展显然还有很长一段路要走，需要在深入把握创客教育的教育内涵、社会价值、实践意蕴的基础上进行更为合理的规划与科学实践。

1. 中美大学生创业教育相似之处

（1）目标的相似之处

一方面，中美大学生创业教育的总体目标都是使学生具备创业素质。另一方面，中美大学生创业教育目标都与终身教育相结合。美国于2004年6月发布的《创业教育国家内容标准》（简称《CEE国家标准》），提出了“创业是一项终身的学习过程”。我国则将创业教育归入终身教育的工作计划中，视创业教育为终身教育的途径之一。

（2）理念的相似之处

中美大学生创业教育理念都是高等教育的创新理念。我国当前的高等教育是以提高大学生综合素质为根本宗旨，美国高等教育旨在造就自由全面发展的大学生。大学生创业教育以培养学生的创业素质为核心，它包括五个方面的内容，其目标更加具体、更加升华、更加与时俱进。因此，确立创业教育是中美高等教育的深化和具体化的理念，其现实意义在于使大学生获取创新精神、创业意识和创业能力根植于高等教育之中。

（3）过程的相似之处

中美大学生创业教育过程的共同点是都是围绕课程和实践而展开的。美国大学生创业教育始于商学院，发展至今已经出现全校性的创业教育。根据不同的学生群体，创业教育的过程有所差别，但是，所有创业教育的活动都围绕课程、实践而展开。聚焦模式要求学院所有的学生都有创业教育必修和选修课程，全校性模式中也有必修课程，大多数是作为选修课程。纵观我国大学生创业教育的几种模式，也是围绕课程和实践来开展创业教育。但是，设置创业教育课程的高校还不是很多，课程内容也有待进一步完善。

（4）条件的相似之处

中美两国对大学生创业教育都予以很高的期望。美国大学生创业教育的发展受到社会各界的关注和支持，创造了良好的创业氛围。多渠道的创业教育支持、多样化的创业教育组织机构等使创业教育在美国迅猛发展，发达的融资和创业投资体系为创业提供了资金支持。另外，美国在近几十年来颁布了多部职业培训和职业教育的立法。我国的大学生创业教育已经成为高等教育的一个组成部分，但所占比例不是很大。随着经济和社会的发展，国家要为创业教育提供更多人力物力财力支持，逐渐把创业教育纳入整体教育规划之中，并大力推动大学生创业教育工作。

（5）评价的相似之处

美国的高校都有相应的创业教育管理中心来负责创业教育评价工作，聚焦模式和磁石模式由隶属于商学院或管理学院的创业中心来负责，辐射模式和混合模式由校创业教育委员会来负责。我国也有很多学校开始进行自我的一些创业教育评价活动，同时不断健全创业教育评价机制。

2. 中美大学生创业教育不同之处

（1）目标的不同之处

中美大学生创业教育总体目标一致，但不同的创业教育模式的具体目标存在差异。聚焦模式的创业教育，其目标不仅仅是让商学院的学生都成为企业家，更看重的是具备创业精神；磁石模式、辐射模式、混合模式都是以提升学生创业素养和创业能力为目标、以全校学生为培养对象的创业教育。课堂主导模式侧重于帮助学生构建创业所需知识结构；实践主导模式以提高学生创业知识、创业技能为重点；创业园区模式重在培养创业所需素质和能力；综合教育模式注重学生创业知识和创业能力的综合培养。各个模式在总体目标的指导下，根据自身特点朝着不同的方向发展。

（2）理念的不同之处

美国大学生创业教育理念已经趋于成熟，而我国的创业教育理念还有待进一步探索和研究。其原因在于：创业教育文化背景不同。美国大学生创业教育是自然出现和发展起来的，具有其独特的文化和哲学理论基础。创业教育在美国的发展根源正是有美国独特文化的源头活水。美国清教徒的宗教文化、移民文化、个人主义与实用主义的哲学理论对美国创业教育的产生和发展有着深层次的影响。而我国受到几千年士农工商的排位影响使得创业在中国受到阻碍。中国人深受儒家文化的影响，“学而优则仕”的传统教育思想影响了一代又一代的学者，致使中国人缺失创业文化。服从大于变革的思想也影响着现在的大学生，他们按部就班地学习，重视文化课程学习而忽视整体素质的提高，在就业和创业的选择上也倾向于前者。

（3）过程的不同之处

美国的创业教育过程完整而系统，我国创业教育过程趋于片面，创业教育活动分布零散，没有串联成连续而有序的创业教育过程。主要体现在：

第一，创业教育管理机构。美国大学生创业教育不管在采用聚焦模式的高校还是采用全校性创业教育模式的高校，都有创业教育最高指挥中心——创业教育中心或创业教育指导委员会。它全权负责创业教育的整个过程。这是能够有条不紊地进行创业教育活动的条件之一，也是创业教育得到实际重视的表现之一。我国在2010年成立了教育部高等学校创业教育指导委员会，但并未发挥实效。从大部分的高校实践过程中可以发现，创业教育的实践体系主要由创业园区建设和创业类竞赛举办组成。创业园区的建设由科技部负责，创业类竞赛如创业计划大赛、“挑战杯”全国大学生系列科技学术竞赛等，基本上是由校团委牵头，学生通过分院报名参加。没有相应的指导中心导致大部分大学所开展的创业教育活动普遍而没有重点。

第二，创业教育课程体系。过去的20年，美国高校的创业教育课程发展很快，如今美国高校提供的大学生创业教育课程已经超过5 000门。美国完善的创业课程体系使创业教育过程趋于系统化。我国不仅创业教育课程内容编写的独创性、科学性、系统性不足，其数量与美国也是相差悬殊。可见我国大学生创业教育课程系统还需进行优化。

(4) 条件的不同之处

由于我国大学生创业教育践行的时间比较短，很多创业教育条件与美国相距较远。主要表现在：

第一，师资力量。美国多渠道引进师资已经形成成熟的教师队伍，不论在理论上还是实践中都能给予学生较全面的指导。美国高校除了通过构建创业学学科体系培养具有专业化创业知识和技能的教师，还通过多渠道吸引创业师资。我国的师资力量则相对薄弱：首先，缺乏具有创新、创业意识的教师队伍；其次，缺乏专业型教师队伍。高校开展创业教学和培训的教师一般分为两类，一类是原先从事企业类管理学科教学的教师，另一类是学生就业指导老师。共同的弱点在于知识讲授多于实践经验，缺乏创业经历。

第二，社会支持。美国社会各界都非常支持大学生创业教育，并对高校的创业项目提供资金资助，而美国高校通过各式各样的资助形式逐渐将这样的捐赠传统制度化。另外，美国创业领域的杂志和学术期刊一直在增加，其中有不少已经成为创业或创业教育领域的权威期刊，而我国目前还没有专属于创业与创业教育领域的学术期刊。此外，我国大学生创业率低，创业成功率更低，这也导致了我国社会对创业教育的关注不多。企业界对大学生创业不感兴趣，自然也不会提供实际支持。因此，我国的大学生创业教育还没得到大范围的社会支持。

第三，创业文化。校园文化对学生的影响很大，良好的校园文化能够激励学生奋发图强，形成健康向上的精神面貌，而迂腐的校园文化则会颠倒学生的价值观。美国校园文化如个性发展、民主公正、独立自主等推进了创业教育的开展。我国校园文化非常强调团结协作的精神，学子们将自身的价值融入集体价值当中，造成很少关注自身发展的状况，导致创新能力、创造能力薄弱。因此，可以说我国高校并未形成创业文化氛围。

（5）评价的不同之处

反馈和评价是大学生创业教育必不可少的环节，它对创业教育的目标、内容、手段产生重要影响。我国大学生创业教育评价还处于启动环节，美国大学生创业教育评价已经处于完善环节。美国不同对象、不同层次、不同方法的创业教育评价使创业教育朝着正确的方向快速前行，也扩大了创业教育的社会影响力。我国的创业教育评价还只停留在自我评价阶段，缺乏更多的机构和媒体对创业教育进行评价，这也体现了我国创业教育的社会影响力还不够大。

第一，评价主体。美国对大学生创业教育的评价来源具有多样性，小企业和创业协会、学者、媒体从不同的方面对大学生创业教育的情况进行客观地评价，使之立体化、全面化，并将信息反馈给教育者，进而有针对性地完善各个环节。美国小企业和创业协会是全力关注创业教育和发展的机构，它举办年度“国际创业教育和培训会议”为来自世界各地的创业教育者提供沟通和交流的平台。著名媒体也介入高校创业项目排名，其结果迅速在社会中形成强烈反响。我国大学生创业教育的评价主体单一，只是局限于教育界自身。相比之下，我国的大学生创业教育评价缺乏客观性和全面性。

第二，评价内容。美国不同的评价机构对大学生创业教育的评价内容也有差异，主要是针对课程和项目。学者们从 20 世纪 90 年代开始了挖掘高校创业教育项目评价指标的研究。维斯帕和加特纳在 1997 年就提出了评价创业教育项目七个最重要的指标。芬克尔调查美国高校创业中心发现，教师和管理者对如何评价创业教育项目有着不同的理解。我国对大学生创业教育的评价主要集中在质量考核方面，这是评价主体单一造成的结果，也是社会各界不重视大学生创业教育的体现之一。与美国相比，我国评价内容不仅单一，而且缺乏科学性。

第三，评价方法。评价方法是保证评价过程客观和可靠的重要因素。美国大学生创业教育的评价方法有很多，不同的主体会根据所需评价的内容来选择不同的评价方式：专家咨询法、问卷调查法、基准法等。因此，评价结果更具权威性。中国大学生创业教育的评价方式只是根据各个高校不同的情况进行考核，与美国相比，我国缺少一套切实可行的评价方法。中美大学生创业教育模式比较的启示是高等教育大众化之后的必然趋势，也是社会和经济改革与发展的必然选择。我国大学生创业教育取得了一定的成效，但还存在着诸多不足之处，而美国大学生创业教育在具体的实施过程中，取得了优异的成绩和良好的发展，并为美国的经济发展做出了重大贡献。因此，将中美大学生创业教育模式进行比较对完善大学生创业教育模式而言具有积极而重要的启示作用。

3. 对国内大学生创业的启示

(1) 更新创业教育理念

我国主流传统文化底蕴与创业教育思想的关联度不高，直接导致我国对创业教育的不重视。虽然近几年创业教育在很多高校开始出现，但创业教育理念仍旧受制于传统文化。与我国相反，美国独特的文化促使他们较早地嗅到了创业教育思想的气息，形成了具有前瞻性的创业教育理念。其中蒂蒙斯与众不同的创业教育理念——“创业遗传代码”，诠释了创业教育的真谛——着眼于未来的发展，用经验去启示未来。鉴于此，高等院校应该树立全局意识，立足现在、着眼未来，不断完善创业教育模式，牢固树立以培养创业素质为核心的教育观。另外，在此理念的指导下，美国不同的创业教育模式根据具体情况确立侧重点不同的理念。我国显然可以以此为鉴，更新大学生创业教育理念。

①知识先导理念，是指将知识看作获取长期竞争优势的关键因素，并且能够清晰认识属于自己核心能力的知识、现有知识与实现创业目标所需知识的差距，从而有意识地增强对知识的管理和培育，通过运用集体智慧提高创新创业能力。知识经济时代，知识改变了劳动的形式，产生了以知识为本的劳动方式。知识可以看作是劳动的资本，具有重大的经济价值。因此，知识是劳动者的无形资产，也是劳动者竞争力的核心组成部分。课堂主导模式侧重于构建学生创业所需的知识结构，致力于培养具有全面创业知识的创业型人才。可见，课堂主导模式应该确立知识先导理念，通过知识的学习、创新和应用实现个人发展远景规划和长远战略。实践为本理念是指将实践活动作为创业教育最根本的培养方式，即通过创业实践体系的探索和研究推动创业教育发展。创业以实践先行，通过实践持续不断地学习，为实现目标制定计划和战略。书籍、讲座以及对创业能力的培养起辅助性作用，创业能力还需要在创业实践中获得。实践为本理念认为在创业实践

中，要善于利用自己的原始资源，从现在到过去至创业初始，在此中间完成经验积累、市场经济的洗礼，体会做企业的艰辛，懂得创造的重要，这样才能在创业实践中成长。而实践主导模式认为在创业教育系统中，相对于理论的传授，实践是更重要的教育环节。创业实践活动增强学生的社会认知，感悟自身价值，是一种了解社会的途径和方式。实践主导模式应该以实践为本理念为指导，优化整合教育资源，提供创新创业教育实践平台和机会，培养和提高大学生的创新创业能力，形成良好的职业素养。

②科学孵化理念，是指在创业实践中，提供资金、管理等多种便利，促进科技成果转化，提高创业成功率。科技成果转化，是科学孵化的重点，高校科技成果转化主要是对教师或学生的科研成果中有实用价值的那部分进行后续开发和应用，形成可被市场接受的新产品、新工艺等，发展成为新的产业的过程。促进科技成果转化、加速科技成果产业化，成为目前世界各国科技政策的新趋势。科技孵化理念主张把即将具有创新性的技术成果从科研单位转移到生产部门，使新产品增加、工艺改进、效益提高，最终促使创业获得成功。创业园区模式旨在通过孵化科技成果使大学生从真实的创业过程中获取创业知识，提升创业能力，领略创业精神，形成良好的创业心理品质。创业园区模式应确立科学孵化理念，推动高新技术产业的发展，孵化和培育中小科技型企业，振兴区域经济，培养新的经济增长点。

③系统优化理念，是指设计达到创业教育目标的策略和行动过程，即依据一定的方法、程序和原则，对创业教育相关因素进行优化组合，从而更好地实现创业教育的目标。创业教育拥有复杂的创业教育过程，不断优化是其能够顺利进行创业教育活动的基本前提。系统优化理念提倡完整而系统的教学计划与教育体系。综合教育模式主张通过理论传授和实践锻炼相结合来提升学生的综合素质，因此，综合教育模式应以系统优化理念为指导，通过优化调整教学、实践、实习等环节，并将其整合为一个系统，促使大学生最大程度提高自身的创业素质。

（2）优化创业课程体系

我国大学生创业教育模式都有相应的理论课程体系和实践课程体系，但是课程数量少且内容实现程度低，并不能够获得很好的创业教育成效，而美国大学生创业教育课程体系比较完善，其文理结合、教研结合以及文化教育与职业教育相结合的基本原则有效地促进了创业课程的发展和教学方法的革新。他山之石，可以攻玉，我国高校应该基于自身情况从理论和实践两个方面优化现有创业课程体系。

①创业理论课程体系是创业课程体系不可缺少的一部分，创业理论课程体系的优化主要体现在以下两大类课程的优化。

基础课程：具备较完善的理论教育课程体系，首先是将创业教育渗透到课程设置当中，这主要体现在基础课上。基础课程旨在培养高校学生掌握一系列对所有学习领域而言必需的技能以及帮助学生整合不同领域的知识。因此，它并非某个特定学院或者系科的责任，而是全校性的、跨学科的学习。基础课程帮助学生打下扎实的基础，从而有助于他们进行专业学习及终身学习。创业教育被认为是一种理想的大类教育。适用于不同学习领域，同时能够提供具有启迪意义的视角来分析文化价值、社会制度、经济政策、法律活动等对人类行为的影响。创业精神能够从本质上将经常分散教学的学科整合在一起。例如，美国大学为所有学生设计的创业入门（基础）课程能够谈说或者解释核心文化价值如何体现在广泛的人类活动中，如经济、法律、政策、文化等。将创业融入基础课程中，能促使学生切实了解我国经济和社会运行机制的全面图景。

专业课程：具备较完善的理论教育课程体系，还必须把创业教育理论渗透于专业课程当中。美国的本科教育是建立在学科基础之上。所有的学生都必须学习某个或者某些特殊领域的“主修”或者“专业”。目前的研究表明，我国的专业学习也是学生本科学习的核心。“学科以不同的方式影响学生的教育经验。学生所要学习的多样性知识、批判性思维、定量推理、信息素质和技术等都是按照学科来分类的。学科被视为培养学生这些技能的最佳教育策略。”“学科的划分不仅对本科三、四年级的学生，而且对一、二年级的学生也同样重要。本科教育就是通过特殊的学科来开展的。”

因此，为了增强创业对学生的影响力，创业教育必须在不同的学科中找准自己的位置，将创业教育理论渗透于专业课程当中。创业具有天然的、广泛的适用性，各个学科都可以发展出独特的创业内容，因而将创业融入不同的学科具有广泛的发展前景。例如，历史学可以阐述创业者在人类历史长河中的作用；文学可以为学生提供创业者与创业故事的精彩描述；关于政府政策对创业影响的内容可以整合到政治学或政治经济学中。

②创业是一种实践行为，因此，创业教育不仅只需要课堂教育，更需要实践

活动。创业实践课程是大学生运用创业知识进行创业从而提升创业能力的必要途径。实践课程不同于理论课程，它是在理论课程的基础上将课堂中学到的创业知识转化为内在的创业能力。因此，创业教育必须通过多样化的活动才能真正培养学生所需的精神和技能，需从课程实践和活动实践两个方面来对创业实践课程体系进行优化。

课堂实践：课堂实践就是学校开设专门的课程供学生进行创业实践。例如麻省理院所提供的五大类课程中就有体验性课程和特殊性课程，这些课程为大学生提供了创业实践平台。学生要完成课程布置的任务就必须走进社会，甚至职场，切身体验创业过程中可能会遇到的各种问题。除此之外，学校还会安排学生与成功企业家进行面谈，让这些特殊的创业导师教授创业知识，传授创业经验。

活动实践：活动实践主要是指提供外部环境的创业活动来进行实践。例如，开设专门的办公室或者工作场所，使学生创业者能够找到所需的信息、财务、人力等各种资源，这些活动能够帮助学生创业者获得真正有用的建议和鼓励，以坚持他们的创业项目。同时，学校本身也是受益者。学生创业者为大学校园带来了独特的活力和能量。学生创业者将校内学习和校外工作、问题解决与个人成就等结合起来，丰富了大学文化的内涵。

（3）健全创业教育机构

创业中心已经成为美国实施创业教育最重要的正规组织。目前，美国共有约150个创业中心，它们是集教学、研究和服务于一体的大学生创业教育管理机构。我国大学生创业教育缺乏这样的领导中心，虽然成立了教育部高等学校创业教育委员会，但不可能对每一所大学都进行具体指导。因此，在现有的大学生创业教育模式中，并没有完整意义上的创业教育指导中心，创业教育学院也不能完全包括上述所有的功能。美国创业教育指导中心数量多、功能全，能够为我国建立创业指导中心提供有效参考。因此我国应该从以下几个方面来健全创业教育机构。

①组建创业教育领导小组，该小组应由学校领导以及各个相关部门负责人组成。由主要领导担任组长，分管校领导为副组长，党办、院办、宣传部、教务处、学生处、招生就业部门、科研处、高等教育研究所、财务处、团委和各学院分管领导为组员，通过整合各个部门的资源形成对全校创业教育的整体把握，从而指导创业教育具体工作部署，同时在创业教育过程中及时发现问题并进行调

整。各个学院也应该成立相应的创业教育小组，在院领导的指导下开展创业教育的各项活动。

②任何一门学科，研究都是教学的基础。因此高校应健全创业研究机构，对创业教育的相关内容进行研究，进而帮助学校选择合适的创业教育模式，并且根据实际情况加以调整，在研究中不断完善本校的大学生创业教育模式。国外已有不少高校成立了创业研究和教育中心，这些机构开展的研究活动有力推进了高校的创业教育和研究工作。如麻省理工学院、哈佛大学等院校的创业管理研究中心，围绕创业与创新、创业和企业成长等一系列问题展开研究，取得了较丰富的研究成果。

③创业教育教学活动应该统一管理，因此必须健全教学管理机构。首先，改革学籍管理制度，实行真正的弹性学分制。学生可以有机组合必修课程和选修课程，形成独一无二的培养计划。教师根据不同年级、不同专业进行不同的创业教学活动。其次，明确各个部门职责。例如，教务部门负责制订有利于创业教育教学的计划和方案。学生工作部门负责创业教育活动类课程及项目的落实，科研管理部门负责指导创业科研活动。同时，要充分发挥各方面优势，为学生创业提供各方面的支持，促进科研成果的转化。

④设立创业基金管理机构，以此推进大学生创业活动的顺利开展。一方面，基金管理机构可以通过企业募捐、政府申请等途径筹措大学生创业基金，为大学生创业提供资金帮助；另一方面，基金管理机构可以帮助大学生在创业过程中合理使用创业基金，避免创业活动的失败以及创业基金的浪费。此外，基金管理机构还可以将大学生创业项目向企业和社会推广，提高其影响力，从而促使大学生创业活动获得更多更好的发展前景。

（4）改善创业教育条件

大学生创业教育不是高校凭一己之力就能完成的任务，需要社会各界努力来推进大学生创业教育的发展。美国大学生创业教育的条件非常优越，这也是促使其迅速发展的主要原因之一。因此，改善创业教育条件是保证我国大学生创业教育能够高速发展的条件之一。主要包括以下几个方面：

①组建创业师资队伍。美国大学拥有专业化的创业教师，可以有效指导大学生创业基础知识的学习以及创业实践活动的开展。他们不仅对创业知识了如指掌，而且具有创业经验。其中，他们的创业经验使他们的教学过程更为精彩。对

于没有创业经验的教师，美国大学也对他们进行创业项目培训，丰富其教育经验，提高教学和科研水平。并通过邀请创业者、企业家等参与教学活动，弥补教师创业经验的不足。培养和引进既有理论知识又有实践经验的“双师型”教师是我国高校在短时间内建设一支较强的师资队伍的有效途径，具体可以从以下几个方面进行。

第一，举办创业教育培训项目。各个学校选择和派送优秀教师到培训基地或者培训学校进行进修，通过学习来提高自身的创业素质。一方面要学习最新的理论，可以通过聘请国外优秀的专职创业教育导师来进行授课；另一方面要去企业进行实践锻炼，可以通过挂职的形式参与企业的生产、管理等过程，了解企业的运作流程、创办企业所需的知识结构、最新的科技成果等，从而提高教师自身的创业能力。通过创业教育培训项目，不仅能培养一批称职的创业教育师资，而且还能通过参与培训的教师把最新的创业教育资讯带回所在院校。

第二，引进企业人员参与创业教育。可以通过开设讲座、兼职教师、创业导师等形式引进企业的人力资源，为大学生传授创业经验。企业管理人员所掌握的创业知识不断更新，他们可以不断完善学生的创业知识结构。校企合作的方式更是可以实现高校和企业的共赢局面。

第三，共享高教园区创业教育师资。全国的高教园区不断涌现，它们将各个高校的距离缩短，也使得高校之间的联系更加频繁和密切。通过教师互聘能够实现各园区高校创业教育师资的共享。

②设置创业实践基地。美国大学创业教育非常注重创业实践活动。哈佛大学商学院为学生设置了企业孵化器，让学生亲身感受创业的整个过程；斯坦福大学为学生提供了实习机会，深入企业，熟悉环境。在这些形式各样的实践活动中，学生在体验创业过程的同时，将创业知识运用到实践中解决实际问题，从而巩固了学生的创业知识并形成了创业能力，提升了学生的创业素质。因此，建立创业教育实践基地是使学生实现从创业理论到创业实践的转变，是创业教育中必不可少的环节。高校要在校内和校外建立不同环境的创业教育实践基地。校外方面，通过和企业进行联合办学，在企业中建立创业教育实践基地；校内方面，学校通过集合各方资源，在校内建立创业实践基地，为学生提供创业实战演习场所。这方面我国近几年非常重视，创建了各式各样的创业园区，但是创业园的可持续发展能力不强。尽管创业园内集聚了一批学生创业公司，但是企业基本是以盈利为

主要目的，这就使得享受免房租、税收等优惠措施的学生创业公司，其自主生长能力不强，很难从创业园孵化走向社会。要避免这种情况的恶化，就需要我们认清创业园的真正功能，不能盲目追求眼前的利益。学校应根据不同的专业背景进行不同的创业指导，制订相对应的教育计划，使学生在不影响日常学习的情况下进行真实的创业活动，体验创业的快乐和辛苦，从而培养学生的创业意识。

③创造创业文化氛围。与美国独特的创业文化相比，我国并未形成浓厚的创业文化氛围，但我们可以通过各种方法来传播创业文化，改善创业氛围，使创业文化成为主流文化之一。高校可以充分利用广播、报纸、杂志、微博等媒介宣传创业文化，使学生能够更多地接触到创业文化。此外，课外活动也是传播创业文化的有效途径，通过举办创业类的实践活动吸引大学生积极参与，让他们在亲身体验的过程中感受创业文化的魅力。创业实践活动能够增强大学生的实践能力、创新能力，培养他们的创新思维和潜在创造力，完善他们的知识结构并提高他们的综合素质。这样的活动促使他们对创业产生兴趣，激发创业热情，并最终形成创业意识。创业实践活动结束后还可以进行成果展示，在校内展示创业实践活动的真实过程。另外，开设创业教育相关讲座也是形成创业文化氛围的有效途径。一方面，可以邀请校内正在进行创业的学生或者参加过创业实践活动的学生，他们的创业经历或者比赛经历会引起其他学生的兴趣，他们所经历的困难、学习到的知识等也会启迪更多的学生；另一方面，可以邀请校外的企业家分享他们的创业经验，其中成功创业的校友往往会受到学生认可，因为相同的教育背景更能激发他们创业的勇气。除此之外，还可以邀请工商、税务等部门的专业人士来介绍企业经营管理所需关注的知识，这在一定程度上也帮学生了解了创业的过程。

④建立社会支持系统。美国大学生创业教育的成功得益于强大的社会支持系统。基于此，我国应当加大对学生科研和创业教育的资金及政策支持力度，从多方面构建宽容的社会环境。主要包括以下几个方面：第一，金融支持。创业教育金融支持系统包括社会、政府和高校的金融支持。政府对创业教育的直接财政支持体现在建立风险投资基金、提供各种补贴和奖励。创业教育过程中需要大量的资金和资源，除了政府设立创业基金，高校创业教育实践所需资金大部分来源于创业基金。同时，学校的创业资金是极其有限的，创业教育也需要社会基金组织的介入，需要企业界的帮助，需要企业家提供资金、人才和技术支持，而这些又需要政府部门的指导和支持。第二，政策支持。创新创业教育制度是创业教育顺

利进行的重要条件。这首先需要进一步转变政府职能，完善的创业教育信息咨询、技术支持、市场引导、法律保障和财政支持，建立科学合理的资助体系，提供一定程度的政策倾斜和法律保护，完善创业教育补助金制度。政府可适当出台相关政策，明确指导思想和目标，提出正确的原则和要求，在高校评估指标体系中加入创业教育的内容，创造一切有利条件来深化创业教育。第三，态度支持。社会态度对创业教育的影响，即社会对于创业教育的态度，也就是社会对创业教育的重视程度、对大学生创业教育活动的支持程度，良好的社会氛围可为创业教育创造良好的成长发展环境。

⑤完善创业教育评价体系。我国缺乏行之有效的评价体系，这也是导致大学生创业教育发展缓慢的原因之一。美国拥有成熟的大学生创业教育评价体系，我们可以根据现今大学生创业教育的具体情况，借鉴美国的评价体系，来逐步完善我国大学生创业教育的评价，实现多主体、多方面、多层次的评价。主要包括学校评价、企业评价、社会评价和政府评价。

学校评价：学校评价就是高校对自身的创业教育具体情况进行评价，也是最基本的评价。高校需要对创业教育的各个方面进行不同的评价，从而保证创业教育评价的有效性。因此，学校评价应该从学校、学生和创业项目三个层面进行具体评价。学校层面主要包括了教学评价和服务评价。创业教育教学评价取决于课堂教学和实践教学。课堂教学主要体现在创业教育机构的建设情况，师资队伍的建设情况，创业理论课程设置情况等。实践教学主要包括课外创业实践活动，校内创业实践基地以及企业内创业实践基地的建设情况，大学生创业园的建设情况，等等。服务保障职能评价主要评测高校创业舆论环境的营造，创业教育校园文化的建设，高校创业教育的政策制度和创业教育榜样模范作用的宣传，创业基金管理机构的设立，教师和学生的激励措施。进而全面评价创业教育的整体氛围，促进高校管理者工作作风、教师教风、学生学风的提高。学生层面创业教育的评价主要是对学生创业素质的五个方面进行评价。创业意识的评价主要是考查学生创业兴趣、创业热情和创业态度方面；创业知识评价可以通过课程测评进行；创业精神评价和创业心理品质评价则考查学生在平时的创业实践活动中的表现；创业能力评价主要通过考查学生创业实践活动的完成数量和质量。创业项目评价主要通过考查创业项目的创新度和挑战性来进行。首先，通过考查创业方案的设计是否具备创新点、学生是否具备良好的综合能力和素质、项目成果能否转化并被市场接受来评价创业项目的可行性；其次，统计学生创办新企业的情况以及已经毕业学生的企业运行情况、毕业生就业率等来综合评价创业项目的影响力。

企业评价：大学生创业教育的最终目的是使学生具备创业基本素质，能够创办新企业或者在就业岗位上创造新的价值。所以学生毕业后进入企业工作，并不意味着创业教育评价环节的结束，企业评价也是创业教育评价系统不可缺少的一部分。企业评价系统主要针对在企业任职的毕业生，他们在企业任职期间的表现是主要的评价内容。考虑到毕业生就业后的工作成果并不能在短时间内就能体现，因此，企业对其评价应该是在任职3~5年后进行。主要包括以下几个方面：工作态度和工作素质的评价。工作态度评价内容包括工作是否主动和积极，有无团队意识和团结协作性，是否拥有吃苦耐劳的工作品质，是否具备乐观进取的工作精神面貌。工作素质评价内容包括出勤情况；遵守公司各类管理规章制度情况；个人素养，个人卫生、言谈举止等形象；工作的责任感与奉献精神；职业道德与操守，遵纪守法情况。工作能力和工作业绩评价。工作能力评价内容包括业务能力、管理决策的能力，组织与领导能力，沟通和协调能力，开拓与创新能力，执行与贯彻能力。工作业绩评价内容包括团队的稳定性、工作运转顺畅，各人员纪律性；6S管理情况（整理、整顿、清扫、清洁、素养、安全）；工作目标达成性（人均产能目标、管理目标）；工作计划达成性（工作按拟定计划实施）；工作质量、效率。

社会评价：社会评价的主体一般是非政府组织或社会舆论。社会评价也是社会对创业教育支持的体现，社会评价不能进入高校对其创业教育实际情况展开调查，通常以毕业生为评价对象，从以下两个方面来进行。一方面是受教育者的综合能力。综合能力的评价包括以下几个方面：运用知识解决实际问题的能力、获取信息和处理信息的能力、运用知识和信息进行创新的能力、利用工具的能力，交际能力、表达能力，组织规划活动的能力，团队协作能力、合作竞争的能力，适应新环境的能力和学习新知识的能力。另一方面是社会影响。毕业生在职或主导企业的产品的市场占有率、在其行业内部的认同度、提供岗位的数量等方面构成了对毕业生社会影响力的评价体系。市场占有率主要是指企业产品在市场同类产品中占有的市场份额；行业内部的认同度主要包括行业内对企业文化的认同度、对企业领导人的认同度以及对产品的认同度；提供的岗位的数量，也就是看企业能为社会解决多少就业问题。

政府评价：政府作为公办大学最主要的投资主体和行政领导，其对大学教育质量的评价最具有权威性。从2002年开始，教育部对各个高校的本科教学质量进行了评估，反馈结果促使各个高校推行教学改革并提高教学质量。“以评促建、以评促改、评建结合、重在建设”的指导思想，也促进了高校高素质人才的培养。因此，政府应采取不同的方式对大学生创业教育进行评价。评价内容包括三个方面：一是每一届大学生毕业后的创业率，二是大学生毕业后的创业成效，三是提供就业岗位的数量。与企业评价相似，政府对大学生创业教育的评价也应该在大学生进行创业行为之后的3~5年展开，以保证评价的有效性。

附录 1　大学生创业贷款申请程序

大学生创业贷款是国家给大学生提供的创业优惠措施，为支持大学生创业，国家各级政府出台了许多优惠政策，涉及融资、开业、税收、创业培训、创业指导等诸多方面。创业贷款是指具有一定生产经营能力或已经从事生产经营活动的个人，因创业或再创业提出资金需求申请，经银行认可有效担保后而发放的一种专项贷款。符合条件的借款人，根据个人的资源状况和偿还能力，最高可获得单笔 50 万元的贷款支持；对创业达一定规模或成为再就业明星的，还可提出更高额度的贷款申请。创业贷款的期限一般为 1 年，最长不超过 3 年；为了支持下岗职工创业，创业贷款的利率可以按照人民银行规定的同档次利率下浮 20%，许多地区推出的下岗失业人员创业贷款还可以享受 60%的政府贴息。

一、需要准备的材料

1.《普通高校毕业生自主创业申请审批表》；

2. 毕业证原件及复印件；

3. 本人身份证原件及复印件；

4. 报到证；

5. 一寸照片两张；

6. 本人档案需移交到人事局毕业办。

二、申请条件

1. 大学生创业贷款申请者年满十八周岁，具有合法有效身份证明和贷款行所在地合法居住证明，有固定的住所或营业场所；

2. 大学生创业贷款申请者持有工商行政管理机关核发的营业执照及相关行业的经营许可证，从事正当的生产经营活动，有稳定的收入和还本付息的能力；

3. 大学生创业贷款申请者投资项目已有一定的自有资金；

4. 大学生创业贷款用途符合国家有关法律和银行信贷政策规定，不允许用于股本权益性投资；

5. 在银行开立结算帐户，营业收入经过银行结算。

三、具体步骤

第一步：申请。毕业生持各类材料，到市人事局申请。

第二步：初审。由市人事局负责小额贷款贷前审核，对毕业生是否符合贷款条件及贷款申请项目是否属于小额贷款财政贴息微利项目进行审核并出具推荐表，同时，对申请小额担保贷款的毕业生进行创业能力评估。

第三步：复审。由区县（市）人事局复审，报送到本区县（市）担保机构审核。

第四步：担保。担保机构对贷款申请人的担保申请及所提供的反担保措施进行审核。

第五步：审批。由经办银行联合区县（市）人事局和担保机构，共同对贷款项目进行评审，负责对贷款申请进行最后的审定。经审定同意贷款的，由经办银行与担保机构签订担保合同，同时与贷款申请人签订贷款合同。

第六步：放贷。高校毕业生（含大学专科、大学本科、研究生）从事个体经营的，自批准经营日起，1年内免交个体户登记注册费、个体户管理费、经济合同示范文本工本费等。此外，如果成立非正规企业，只需到所在区县街道进行登记，即可免税3年。

附录 2　教育部关于做好 2016 届全国普通高等学校毕业生就业创业工作的通知

教学〔2015〕12 号

各省、自治区、直辖市教育厅（教委），有关省、自治区人力资源社会保障厅，部属各高等学校：

高校毕业生是实施创新驱动发展战略和推进大众创业、万众创新的生力军。高校毕业生就业事关经济发展和民生改善大局，关乎社会安定稳定，党中央、国务院高度重视。为全面贯彻落实党的十八届五中全会精神，按照《国务院关于进一步做好新形势下就业创业工作的意见》和《国务院办公厅关于深化高等学校创新创业教育改革的实施意见》等文件要求，现就做好 2016 届高校毕业生就业创业工作通知如下：

一、着力加强创新创业教育和自主创业工作

（一）加快推进创新创业教育改革。各地各高校要把提高教育质量作为创新创业教育改革的出发点和落脚点，根据人才培养定位和创新创业教育目标要求，促进专业教育与创新创业教育有机融合。从 2016 年起所有高校都要设置创新创业教育课程，对全体学生开发开设创新创业教育必修课和选修课，纳入学分管理。对有创业意愿的学生，开设创业指导及实训类课程。对已经开展创业实践的学生，开展企业经营管理类培训。要广泛举办各类创新创业大赛，支持高校学生成立创新创业协会、创业俱乐部等社团，举办创新创业讲座论坛。高校要设立创新创业奖学金，并在现有相关评优评先项目中拿出一定比例用于表彰在创新创业方面表现突出的学生。

（二）落实完善创新创业优惠政策。各地各高校要深入实施“大学生创业引领计划”，积极会同有关部门进一步加大政策落实力度，落实创业担保贷款、小微企业减税降费、创业培训补贴等各项扶持政策，重点支持高校学生到新兴产业

领域创业。推动相关部门加快制定有利于互联网创业的扶持政策。要按照《普通高等学校学生管理规定》要求，制订本地本校创新创业学分转换、实施弹性学制、保留学籍休学创新创业等具体措施，支持参与创业的学生转入相关专业学习，为创新创业学生清障搭台。

（三）加大创新创业场地建设和资金投入。各地各高校要建设和利用好大学科技园、大学生创业园、创业孵化基地、大学生校外实践教育基地等创新创业平台。高校实验室、实验设备等各类资源，原则上向全体在校学生开放。高校要通过合作、转让、许可等方式，向高校毕业生创设的小微企业优先转移科技成果。要通过学校自设、校外合作、风险投资等多种渠道筹集资金，扶持高校学生创新创业。充分运用市场机制，引导社会资金和金融资本支持大学生创业活动。

（四）不断提升创新创业服务水平。各地各高校要配齐配强创新创业教育专职教师，聘请各行各业优秀人才担任兼职教师，建立全国万名优秀创新创业导师人才库。要创新服务内容和方式，为准备创业的学生提供开业指导、创业培训等服务，为正在创业的学生提供孵化基地、资金支持等服务。高校要建立校园创新创业导师微信群、QQ群等，发布创业项目指南，实现高校学生创业时时有指导、处处有服务。要进一步完善高校学生创业服务网功能，为高校学生提供项目对接、产权交易、培训实训、政策宣传等服务。

二、积极拓宽重点领域就业渠道

（五）鼓励高校毕业生到基层就业。各地各高校要进一步加大政策引领和服务保障，全面落实高校毕业生到中西部地区、艰苦边远地区和老工业基地县以下基层就业的学费补偿和国家助学贷款代偿政策。继续实施好“农村教师特岗计划”、“三支一扶”、“西部计划”、“大学生村官”等基层项目。鼓励各地结合实际，开发实施社区服务、健康养老等新项目。积极推进健全从政法专业毕业生中招录人才的规范便捷机制，促进政法专业毕业生就业。

（六）围绕国家发展战略开拓就业岗位。各地各高校要鼓励和引导毕业生到国家重点行业、重点地区、重大工程、重大项目就业。要结合“一带一路”、“长江经济带”、“京津冀协同发展”等国家重大发展战略，积极向沿海沿江沿线经济带输送毕业生。要结合实施“中国制造2025”和“互联网+”行动计划，大力开拓就业岗位。要结合新型工业化、信息化、城镇化和农业现代化，引导毕业生到战略性新兴产业等领域就业创业。

（七）引导高校毕业生到新兴领域就业。各地各高校要因地制宜，结合地方经济发展需要，深入挖掘新技术、新产业、新业态创造的就业机会。要大力引导高校毕业生到金融保险、节能环保、电子商务、现代物流等生产性服务业和旅游休闲、健康养老、社会工作、文化体育等生活性服务业就业。要适应现代农业发展方式转变和新农村建设需要，鼓励高校毕业生面向农业新技术、新品种研发和现代农业经营管理等领域就业。

（八）继续做好高校学生征兵工作。各地各高校要与兵役机关密切配合，建立定期会商机制，及早部署 2016 年高校学生征兵工作，认真落实大学生征兵任务。逐项落实各项政策，重点落实好退役高校学生士兵专项研究生招生计划、新生宣传单、复学升学、就业创业等政策。逐校落实工作任务，明确责任，一级抓一级，层层抓落实。逐人开展宣传动员，办好“网上咨询周”、“征兵宣传月”等活动，对大学新生、在校生、毕业生等不同群体开展有针对性的宣传动员，确保高校学生征兵数量和质量进一步提高。

（九）支持毕业生到中小微企业就业。中小微企业是增加就业的主体，各地各高校要会同有关部门完善落实中小微企业吸纳毕业生的社保补贴、培训补贴、税费减免等优惠政策。要针对中小微企业特点，主动组织中小微企业集中开展校园招聘活动，引导毕业生到中小微企业就业。要持续关心到中小微企业等基层就业毕业生的成长和发展，通过跟踪服务、定期回访等方式，帮助解决工作和学习上的困难和问题，让他们切实感受到组织的温暖和关心。

三、大力提高就业指导服务能力

（十）建立精准推送就业服务机制。各地各高校要充分利用“互联网+”技术，根据毕业生需求，将他们的求职意愿与用人单位岗位相对接，实现智能化供需匹配，为毕业生精准推送就业岗位。广泛利用手机等移动终端，开展订制服务，为毕业生“送岗位、送政策、送指导”，实现就业服务个性化、信息化。要充分发挥校园市场的重要作用，通过举办分层次、分类别、分行业的招聘活动，提高招聘活动效率。高校要主动联系用人单位，结合毕业生专业特色，提供相应的就业见习岗位。

（十一）建立未就业毕业生统计机制。健全高校毕业生就业创业状况统计指标体系。从2016年起，各地各高校要重点统计有就业意愿尚未就业毕业生、暂不就业毕业生等指标。建立三级联动机制，辅导员（班主任）及时了解每一位毕业生的就业状况和意愿，院系认真核实汇总就业数据，学校实时更新就业监测系统相关信息。高校要有针对性地加大对有就业意愿尚未就业毕业生的指导服务力度，帮助他们尽快实现就业创业。

（十二）进一步提升就业指导服务质量。要把高校学生职业发展与就业指导课程融入人才培养全过程，结合行业动态和发展需求，建立以课堂教学为主渠道，讲座、论坛、培训为补充，以大学生职业生涯规划大赛、创新创业设计大赛等实践活动为载体的多形式就业指导课程体系。要针对不同层次、不同专业毕业生的特点和需求，广泛开展个性化的咨询服务。加快建设一支职业化、专业化、专家化的就业创业指导工作队伍，高度重视解决就业创业指导教师专业技术职务评聘问题。在专业技术职务评聘中充分考虑就业创业指导教师的工作业绩，并在同等条件下予以适当倾斜。

（十三）加强就业创业政策宣传。各地各高校要认真学习领会、分类归纳、精准解读国务院文件精神和中央部门、地方促进就业创业的政策措施。要建立教育部门、高校、院系、班级四级联动的政策宣传网络，学校领导、院系领导、辅导员、班主任都要主动宣讲就业创业政策。要充分利用微博、微信等新媒体，采用图表、动漫等方式，根据毕业生求职需求，分时段、分类别推送基层就业、自主创业、参军入伍、困难帮扶等政策措施，让政策宣传接地气、见实效。

（十四）优化规范就业工作管理。各地各高校要按照简政放权、放管结合、优化服务的要求，加强与有关部门的配合，切实做好毕业生档案、户口、组织关系等转递和手续衔接工作，做到简便、快捷、高效。要牢固树立安全意识，确保各类校园招聘等活动安全、有序。要坚决反对任何形式的就业歧视，凡校园招聘活动严禁发布含有限定院校、性别、民族等歧视性信息。高校要加强维权教育，切实防范“试用期陷阱”等危害毕业生权益的不法行为。要进一步加强毕业生就业数据信息监督管理工作，完善毕业生实名查询就业状况功能，确保就业数据信息真实、准确。

（十五）做好就业困难毕业生帮扶。要准确掌握家庭困难毕业生、少数民族毕业生、农村生源毕业生、残疾毕业生等各类就业困难群体的具体情况，实行“一生一策”动态管理，通过开展个性化辅导、组织专场招聘等活动，做到精准发力、精准帮扶。各地各高校要积极协调配合人力资源社会保障、财政等部门，做好求职创业补贴申请和发放工作。要进一步与人力资源社会保障部门做好信息衔接和服务接续工作，实施好离校未就业毕业生就业促进计划，持续为他们提供就业信息和指导服务，切实做到"离校不离心、服务不断线"。

四、推动高等教育更好适应经济社会发展需要

（十六）进一步优化高等教育结构。围绕国家和区域经济社会发展需求，优化院校布局、学科专业布局和人才培养机制，提高教育教学质量。鼓励具备条件的普通本科高校向应用型转变，加快应用型、技术技能型、复合型、科技创业人才培养。进一步完善专业学位研究生教育体系，扩大培养规模。建设现代职业教育体系，推进产教融合、校企合作，推进高职院校开展现代学徒制培养。

（十七）切实提高毕业生就业创业能力。把深化高校创新创业教育改革作为推进高等教育综合改革的突破口，推进人才培养与社会需求间的协同，探索建立需求导向的学科专业结构和就业创业导向的人才培养类型结构调整新机制。推进高校与政府、企业、社会的协同，继续加强对"全国高校实践育人创新创业基地"的培育指导工作，促进产学研用紧密结合，推动高校学生参加形式多样的实习实训、社会实践和创新创业活动，增强学生创新精神、创业意识和创新创业能力，推动毕业生更高质量就业创业。

（十八）积极发挥就业反馈作用。进一步完善高校毕业生就业质量年度报告发布制度，各地各高校要在每年年底前编制和发布就业质量年度报告，将创新创业相关情况以及有就业意愿尚未就业毕业生、升学、暂不就业等内容纳入就业质量报告，更加科学、客观地反映高校毕业生就业创业状况和特点。要积极发挥就业创业状况对教育教学的反馈作用，进一步完善学科专业预警、退出管理办法，健全就业与招生计划、人才培养、经费拨款、院校设置、专业调整的联动机制，促进人才培养与经济社会发展紧密对接。

五、进一步加强就业创业工作组织领导

（十九）健全协调机制。各地各高校要切实落实"一把手"工程，把就业创业工作摆上重要议事日程，及时研判形势，协调解决存在问题，确保高校毕业生就业局势稳定。各地要建立相关职能部门会商机制，因地制宜出台新举措，逐项

落实就业创业政策。各高校要健全就业部门牵头，招生、教学、学生、武装、团委等部门齐抓共管的工作机制，定期研究毕业生就业创业工作，做到开学有部署、工作有分工、过程有检查、年终有总结。

（二十）建立督查机制。各地各高校要建立高校毕业生就业创业工作督查机制，把各项政策措施和年度重点工作的落实完成情况作为督查重点。开展日常督查和不定期抽查，及时查找问题、总结经验，以督查促整改、抓落实。要加大对高校毕业生就业创业工作问责力度，对落实不力的，要限期整改并追究领导责任。

（二十一）完善保障机制。各地各高校要进一步健全就业创业工作机构，配备指导教师，开辟专用场地，加大经费投入，切实做到“机构、人员、场地、经费”四到位。各地要积极协调地方政府将高校毕业生就业工作经费纳入同级财政预算，切实保障各项就业创业服务工作开展所需经费。要加快建设一批省级和校级示范性就业创业指导服务机构，促进就业创业指导服务水平进一步提高。

（二十二）加强思想教育和舆论引导。各地各高校要把思想教育和毕业教育有机结合起来，深入学习贯彻习近平总书记系列重要讲话精神，不断丰富思想教育内容和方式。积极组织干部讲政策、专家讲形势、师生讲感受、企业家讲经验，引导广大毕业生树立正确的人生观、价值观和成才观。要把创新精神和创业意识的培养融入思想教育，激励更多高校学生在就业创业实践中成就有梦想有奋斗有奉献的精彩人生。要积极开展全国高校创新创业总结宣传工作，加强对高校创新创业教育典型经验和高校学生就业创业典型的宣传，坚持正确的舆论导向，营造促进就业创业工作的良好氛围。

教育部

2015年11月27日